转型发展系列教材

现代物流管理

Xiandai Wuliu Guanli

主　编　马贵平　谢家贵

副主编　唐俊丽　周玉清　陈全朋
曾思瑜　陈　佳　古姗鹭
何　玥　李　焕

西南交通大学出版社
·成都·

图书在版编目（C I P）数据

现代物流管理 / 马贵平，谢家贵主编. —成都：西南交通大学出版社，2017.6（2018.8 重印）

转型发展系列教材

ISBN 978-7-5643-5469-5

Ⅰ. ①现… Ⅱ. ①马… ②谢… Ⅲ. ①物理管理－高等学校－教材 Ⅳ. ①F252

中国版本图书馆 CIP 数据核字（2017）第 127503 号

转型发展系列教材

现代物流管理

主编　马贵平　谢家贵

责任编辑　罗爱林
特邀编辑　罗　旋
封面设计　严春艳

出版发行　西南交通大学出版社
（四川省成都市金牛区二环路北一段 111 号
西南交通大学创新大厦 21 楼）
邮政编码　610031
发行部电话　028-87600564
官网　http://www.xnjdcbs.com
印刷　四川森林印务有限责任公司

成品尺寸　185 mm × 260 mm
印张　17.75
字数　443 千
版次　2017 年 6 月第 1 版
印次　2018 年 8 月第 2 次
定价　45.00 元
书号　ISBN 978-7-5643-5469-5

课件咨询电话：028-87600533

前 言

物流是20世纪中期发展起来的一门新兴学科，最早产生于第二次世界大战时期的美国，时至今日，经过半个多世纪的发展，现已成为企业管理与社会活动中不可或缺的重要组成部分。物流学的诞生使原来在经济活动中处于潜隐状态的物流系统显现出来，揭示了物流活动各个环节的内在联系，它的发展日臻完善，是现代企业在市场竞争中制胜的法宝。

在发达国家，物流被经济学家和企业界形象地称为：继降低人工和材料成本以及提高劳动生产率之后的“第三利润源泉”，是“降低成本的最后处女地”。实施物流管理的目的，就是要尽可能地在最低的总成本条件下实现既定的客户服务水平，即寻求服务优势和成本优势的一种平衡，并由此创造企业在竞争中的战略优势。

物流自20世纪80年代中期以来逐渐被我国的学者和企业所认识并付诸实践，获得了快速的发展，尤其是进入21世纪，我国的物流业有了更加迅速的发展。发展物流产业，建立稳定、合理而高效的物流系统已经成为中国经济的一大热点。在政府部门、企业界和学术界，物流领域理论研究、学科发展、经营与管理实践等得到了高度的重视。当然，与发达国家如美国、日本和欧盟各国相比，我国的物流总体水平还比较低，还需要一个不断完善和发展的过程。物流作为社会赖以生存和发展的基础，对我国市场经济体制的建立和完善起着积极的保证和促进作用。

本书重点介绍了现代物流的基本概念和内涵，国内外物流发展的现状，第三方物流和第四方物流运作状况，以及物流发展的趋势。本书广泛参考了国内外相关物流著作和论文，在吸收它们的理论、思路、方法与实践经验精华的基础上，结合作者多年的教学实践，以现代物流管理理论与实践为主线，突出重点，强调深入浅出，通俗易懂。本书立足于基本理论、基本知识和基本技能的教育，着眼于运用，可作为普通高等院校物流管理课程的教学用书，也可供成人教育学生、企业物流管理人员和相关专业人员自学、提高之用。

本书共分十一章：第一章为现代物流管理概述；第二章为运输管理；第三章为储存管理；第四章为配送管理；第五章为包装和包装技术；第六章为装卸搬运管理；第七章为流通加工管理；第八章为物流信息化；第九章为企业物流管理；第十章为物流成本与服务管理；第十一章为第三方物流和第四方物流。为了让讲解深入浅出，本书在每章学习内容开始前设有案例引入与问题思考。案例使用了时下物流行业中的热点事件，用问题思考的方式开启每一章内容。同时，在课后增加了习题，便于对每章的学习效果进行检验。

本书的编写过程中参考了大量的相关书籍和论文，引用了其中的有关概念和论点，在此对所引用书籍和论文的作者表示衷心感谢！

由于作者的学识水平和实践知识所限，加之时间仓促，书中难免存在不足之处，敬请读者批评指正。

马贵平

2016 年 11 月

目 录

第一章 现代物流管理概述

【学习目标】

1. 了解物流历史的发展阶段，国内外物流的发展历史。
2. 理解物流的相关学说。
3. 掌握物流的基本概念及其功能要素。
4. 理解物流的划分方法。
5. 了解物流系统的相关要素及系统建设的重要性。

【引导案例】

理想与现实的差距

晚上7点，位于保安机场附近的顺丰速运一级分拨中心开始忙碌起来。此时，在分拨场外排队等候的，是满满堆放着全天从各分部、点部取回来的外寄包裹的几十辆货柜车，等待分拨场被快速清空。

分拣的场面很壮观：在月台上是十几条可移动伸缩式皮带机，货物上了皮带以后，汇流至主流水线，进入分拣大厅。几十位员工站在流水线的两边，他们各自负责一块目的地区域，分拣员工需要根据包裹运单上的客户地址或电话号码的地区号把属于自己负责的区的快件从皮带机上拖下来。这可是需要眼明手快、手脑并用的体力活。

属于同一区部的快件被拖下来以后，由各区的操作人员根据运单上的详细地址，把快件按分部分成堆，在做完收件巴枪后装车（巴枪即手持式扫描仪，做收件巴枪是指用扫描仪读取运单上的条形码，记录该包裹已经被本中转场分拣完毕，准备装车发往目的地。然后该条码信息被传到信息系统中，客户就可随时查询到自己的包裹到了什么地方，目前处于什么状态）。

深圳是顺丰速运业务最繁忙的区域，深圳机场一级中转场也是其吞吐量最大的中转场，但为什么仍采用人工分拣的方式呢？

确实，人工分拣的缺点是很明显的，诸如：① 效率不高，员工再眼明手快也比不上自动识别系统，会受到如疲劳、注意力无法长时间集中等众多生理条件的限制。② 差错率高，漏捡或错捡时有发生。③ 信息滞后，只能延时分批手动上传信息等。但是人工分拣最大的好处就是运营成本低，分拣中心建设投资小，尤其是目前顺丰有一大部分分拣场是租赁的，在这些场地上进行大规模的固定资产投入是不合适的。而招聘和培训分拣线上的员工相对容易得多。但随着业务量的进一步增大，人工分拣方式的弊端会越来越突出，会成为速递全过程中的瓶颈问题，所以分拣方式更新已经迫在眉睫。

“我们也正在寻找切实可行的改进方案，但是面临的问题很多，即需要实现中转场布局工艺流程科学化，分拣高效化、自动化，并且要具有可操作性的性价比投入，合理满足业务中转时效与场地中转的需求。”运作部高级经理如是说。

“全自动分拣当然是最先进、效率最高的，但是其投资太大，同时运行维护费用也很高，在国内的应用也存在一些技术与经济上的问题。最理想的识别手段是RFID，但如果每个包裹上贴一枚RFID标签，按照2009年顺丰3.5亿票的量计算，光一次性RFID标签消耗的费用一年就达2个亿元以上，这个成本目前是根本无法接受的。”

“还有一种方案是半自动分拣，这种方案初始投资相对较小，但是人工成本和人工分拣方式一样高，而且同样面临信息识别方式的问题，并且还得重新探索适合的中转处理流程。”“其实所有这些方案，在技术上国外已经做得比较成熟，只要有资金和人力投入，实现起来并不困难，关键是如何低成本地实现与公司的业务发展相匹配，不是最先进的就是最好的，也不是成本最低的就是最好的，最合适的才是最好的。分拨系统如何从目前的人海战术一步步升级到自动分拣，这可能是一个漫长而又充满挑战的过程。”

问题思考：

1. 按照物流的划分，快递属于哪一种物流？简述其特点。

2. 我国的物流发展经历了哪几个阶段？在现在的经济现状下，高成本的先进物流是否适用于所有企业？

第一节　物流基本概述

一、物流的定义

（一）中国国家标准

《物流术语》的定义指出，物流是“物品从供应地到接收地的实体流动中，根据实际需要，将运输、储存、装卸、搬运、包装、流通加工、配送、信息处理等基本功能实施有机结合来实现用户要求的过程”。

物流中的“物”是物质资料世界中同时具备物质实体特点和可以进行物理性位移的那一部分物质资料；“流”是物理性运动，这种运动有其限定的含义，即以地球为参照系，相对于地球而发生的物理性运动，称之为“位移”。流的范围可以是地理性的大范围，也可以是在同一地域、同一环境中的微观运动，小范围位移。“物”和“流”的组合，是一种建立在自然运动基础上的高级的运动形式，其相互联系是在经济目的和实物之间，在军事目的和实物之间，甚至在某种社会目的和实物之间，寻找运动的规律。因此，物流不仅是上述限定条件下“物”和“流”的组合，更重要的在于，是限定于军事、经济、社会条件下的组合，是从军事、经济、社会角度来观察物的运输，从而达到某种军事、经济、社会的要求。

（二）美国的定义

美国“物流管理协会”（2004年已更名为“供应链管理协会”）2000年下的定义：物流是供应链的一部分，是为满足客户需要，对商品、服务及相关信息在源头与消费点之间的高效（高效率、高效益）正向及反向流动与储存进行的计划、实施与控制的过程。

（三）欧洲的定义

物流是在一个系统内对人员和商品的运输、安排及与此相关的支持活动的计划、执行与控制，以达到特定的目的。

（四）日本的定义

日通综合研究所出版的《物流手册》中这样解释：“物流是将货物由供应者向需求者的物理性移动，是创造时间价值和场所价值的经济活动，包括包装、搬运、保管、库存管理、运输、配送等活动领域。”

日本工业标准的定义：“物流将实物从供给者物理性移动到用户这一过程的活动，由于空间上的间隔，物流的运输和仓储功能便应运而生。”同时，商品买卖与交换成为联结生产主体与消费主体之间的纽带。商流与物流的最大区别就在于：商流一般要经过一定的经营环节来进行业务活动，而物流则不受经营环节的限制，它可以根据商品的种类、数量、交货要求、运输条件等，使商品尽可能通过最少的环节，以最短的物流路线，按时保质地送到用户手中。

二、物流概念的比较（physical distribution 和 logistics 的比较）

“distribution”一词最早出现在美国。1921年阿奇·萧在《市场流通中的若干问题》一书中提出“物流是与创造需要不同的一个问题”，并提到“物资经过时间或空间的转移，会产生附加价值”。这里，时间和空间的转移指的是销售过程的物流。

在经济领域使用 logistics（后勤）一词，是第二次世界大战以后的事。美国从20世纪60年代开始，逐渐用 logistics 一词取代了 physical distribution 一词。90年代“后勤”一词引入日本，日本同样翻译成“物流”，但是却按新的解释来解释，也即赋予了物流一些新的含义。

logistics 和 physical distribution 也即后勤和实物分销的区别在于，前者在后者的基础上有了一定的延伸和扩展，但本质上是相同的。当然，也不能小视这一延伸和扩展，这是建立在现代科学技术手段可以实现对这一延伸扩展控制的基础上，是建立在能管理和协调这么大的系统的基础上，所以虽然本质相同，却仍有很大的差别。后勤的思想具有战略性而不着眼于既得利益，是企业发展的战略举措而不是一时谋取利润的手段方法。因此，它不是一项单纯性的职能活动，而是企业制定经营战略的一项基本原则。可以理性地讲，后勤是一种思维方式，按这种观念可以建立起企业新的管理模式。

三、物流功能要素

（一）运输功能

运输是物流的核心业务之一，也是物流系统的一个重要功能。选择何种运输手段对于物流效率具有十分重要的意义。在决定运输手段时，必须权衡运输系统要求的运输服务和运输成本，可以将运输机具的服务特性作为判断的基准：运费、运输时间、频度、运输能力、货物的安全性、时间的准确性、适用性、伸缩性、网络性和信息等。运输是物流配送各环节中最主要的部分，是配送的关键，有人把运输作为配送的代名词。运输方式有公路运输、铁路运输、船舶运输、航空运输、管道运输等。

没有运输，物品只有存在价值，没有使用价值。没有运输连接生产和消费，生产就失去了意义。运输也可以划分成两段：一段是生产厂到物流基地之间的运输，批量比较大、品种比较单一、运距比较长；另一段是从物流基地到用户之间的运输，人们称其为“配送”，就是根据用户的要求，将各种商品按不同类别、不同方向和不同用户进行分类、拣选、组配、装箱送给用户，其实质在于“配齐”和“送达”。

（二）仓储功能

在物流系统中，仓储和运输是同样重要的构成因素。仓储功能包括对进入物流系统的货物进行堆存、管理、保管、保养、维护等一系列活动。仓储的作用主要表现在两个方面：一是完好地保证货物的使用价值和价值；二是为将货物配送给用户，在物流中心进行必要的加工活动而进行的保存。随着经济的发展，物流由少品种、大批量物流进入到多品种、小批量或多批次、小批量物流时代，仓储功能从重视保管效率逐渐变为重视如何才能顺利地进行发货和配送作业。流通仓库作为物流仓储功能的服务据点，在流通作业中发挥着重要作用，它将不再以储存保管为其主要目的。流通仓库包括拣选、配货、检验、分类等作业并具有多品种、小批量，多批次、小批量等收货配送功能以及附加标签、重新包装等流通加工功能。物流系统现代化仓储功能的设置，以生产支持仓库的形式，为有关企业提供稳定的零部件和材料供给，将企业独自承担的安全储备逐步转为社会承担的公共储备，减少了企业的经营风险，降低了物流成本，促使企业逐步形成零库存的生产物资管理模式。

（三）包装功能

包装可大体划分为两类：一类是工业包装，或叫运输包装、大包装；另一类是商业包装，或叫销售包装、小包装。工业包装的对象有水泥、煤炭、钢材、矿石、棉花、粮食等大宗生产资料。用火车运煤和矿石时，只要在车皮上盖上苫布，用绳索固定即可。从国外进口大麦、小麦，只以散装的形式倒入船舱，不必进行装袋。水泥运输也强调散装化，以便节约费用，便于装卸和运输。但无论是无包装也好，还是简单包装也好，有一个原则不能违背，即保证要防水、防湿、防潮、防挤压、防冲撞、防破损、防丢失、防污染，同时还要保证运输途中不变质、不变形、不腐蚀、保鲜、保新等。此外，还有几点也是包装应该遵守的原则，就是产品包装后要便于运输、便于装卸、便于保管，保质保量、有利于销售。工业发达的国家，在产品设计阶段就要考虑包装的合理性、搬运装卸和运输的便利性、效率性以及尊重搬运工人的能力（如每个包装单位不超过 24 千克，这样的重量妇女也可以承受）等。商业包装的目的主要是促进销售，因此包装要精细考究，以利于宣传、吸引消费者购买。由此看来，包装的功能和作用也不可低估，注重包装是保证整个物流系统流程顺畅的重要环节。

（四）装卸搬运功能

装卸搬运是随运输和保管而产生的必要物流活动，是对运输、保管、包装、流通加工等物流活动进行衔接的中间环节，以及在保管等活动中为进行检验、维护、保养所进行的装卸活动，如货物的装上卸下、移送、拣选、分类等。装卸作业的代表形式是集装箱化和托盘化，使用的装卸机械设备有吊车、叉车、传送带和各种台车等。在物流活动的全过程中，装卸搬运活动是频繁发生的，因而是产品损坏的重要原因之一。对装卸搬运的管理，主要是对装卸搬运方式、装卸搬运机械设备的选择和合理配置与使用以及装卸搬运合理化，尽可能减少装卸搬运次数，以节约物流费用，获得较好的经济效益。

（五）流通加工功能

流通加工功能是在物品从生产领域向消费领域流动的过程中，为了促进产品销售、维护产品质量和实现物流效率化，对物品进行加工处理，使物品发生物理或化学性变化的功能。这种在流通过程中对商品进一步的辅助性加工，可以弥补企业、物资部门、商业部门生产过程中加工程度的不足，更有效地满足用户的需求，更好地衔接生产和需求环节，使流通过程更加合理化，是物流活动中一项重要的增值服务，也是现代物流发展的一个重要趋势。

流通加工的内容有装袋、定量化小包装、拴牌子、贴标签、配货、挑选、混装、刷标记等。流通加工功能的主要作用表现在：进行初级加工，方便用户；提高原材料利用率；提高加工效率及设备利用率；充分发挥各种运输手段的高效率；改变品质，提高收益。

（六）配送功能

配送是指在经济合理区域范围内，根据客户要求，对物品进行拣选、加工、包装、分割、组配等作业，并按时送达指定地点的物流活动。配送是物流中一种特殊的、综合的活动形式，是商流与物流的紧密结合，也包含了物流中若干功能要素的一种形式。

（七）信息服务功能

现代物流需要依靠信息技术来保证物流体系的正常运作。物流系统的信息服务功能，包括进行与上述各项功能有关的计划、预测、动态（运量、收、发、存数）的情报及有关的费用情报、生产情报、市场情报活动。物流情报活动的管理，要求建立情报系统和情报渠道，正确选定情报科目和情报的收集、汇总、统计、使用方式，以保证其可靠性和及时性。

从信息的载体及服务对象来看，该功能还可分成物流信息服务功能和商流信息服务功能。商流信息主要包括进行交易的有关信息，如货源信息、物价信息、市场信息、资金信息、合同信息、付款结算信息等。商流中交易、合同等信息，不但提供了交易的结果，也提供了物流的依据，是两种信息流主要的交汇点；物流信息主要是物流数量、物流地区、物流费用等信息。物流信息中的库存量信息，不仅是物流的结果，还是商流的依据。

四、物流的划分

（一）宏观物流

宏观物流是指社会再生产总体的物流活动，参与者是构成社会总体的大产业、大集团。

宏观物流还可以从空间范畴来理解，在很大空间范畴的物流活动往往带有宏观性，在很小空间范畴的物流活动则往往带有微观性。宏观物流也指物流全体，是从总体而不是从物流的某一个构成环节来看物流。因此，在物流活动中，社会物流、国民经济物流、国际物流应属于宏观物流。宏观物流主要研究内容：物流总体构成，物流与社会之关系在社会中的地位，物流与经济发展的关系，社会物流系统和国际物流系统的建立和运作等。其主要特点是综观性和全局性。

（二）微观物流

微观物流是指消费者、生产企业所从事的物流活动，这种物流活动以企业为范围，面向企业。在整个物流活动中，其中一个局部、一个环节的具体物流活动也属于微观物流。在一个小地域空间发生的具体的物流活动也属于微观物流。针对某一种具体产品所进行的物流活动也是微观物流。经常涉及的如企业物流、生产物流、供应物流、销售物流、回收物流、废弃物物流、生活物流等都属于微观物流范畴。微观物流的研究领域十分广阔，其主要特点是具体性和局部性。

（三）社会物流

社会物流是指超越一家一户的、以一个社会为范畴、面向社会的物流。社会物流是物流的主要研究对象，包括商品的流通领域所发生的所有物流活动，因此带有宏观性和广泛性，又称之为大物流或宏观物流。伴随商业活动的发生、物流过程通过商品的转移，实现商品的所有权转移是社会物流的标志。

（四）企业物流

企业物流是指企业内部的物品实体流动。它从企业角度研究与之有关的物流活动，是具体的、微观的物流活动的典型领域。企业物流又可区分以下不同典型的具体物流活动：企业供应物流、企业生产物流、企业销售物流、企业逆向物流（包括企业回收物流、企业废弃物物流）等。企业物流可理解为围绕企业经营的物流活动，是伴随着企业的投入、转换、产出而发生的。相对于投入的是企业外供应或企业外输入物流，相对于转换的是企业内生产物流或企业内转换物流，相对于产出的是企业外销售物流或企业外服务物流。

（五）国际物流

国际物流是现代物流系统发展很快、规模很大的一个物流领域，国际物流是伴随和支撑国际间经济交往、贸易活动和其他国际交流所发生的物流活动。国际物流是指在两个或两个以上国家（或地区）之间所进行的物流。

（六）区域物流

区域物流是相对于国际物流而言的，一个国家范围内的物流、一个城市的物流、一个经济区域的物流都处于同一法律、规章、制度之下，都受相同文化及社会因素的影响，都处于基本相同的科技水平和装备水平之中，但是，不同区域的物流有其独特的特点。研究各个国家的物流，找出其区别及差异所在，找出其联结点和共同因素，不但对认识各国的物流特点有所帮助，而且对促进互相学习与发展具有重要作用。

（七）军事物流

军事物流是军事后勤的一部分或者军事后勤的全部，指的是实现军事保障的物流。军事物流和地方的民用物流密不可分，现在民用物流中普遍使用的 GPS 卫星定位系统实际上是美国军方的军用定位系统；地方铁路、公路、桥梁、码头的建设要考虑军事需要和战略安全，要避免敌方的战时破坏，还要考虑紧急情况下我方对破坏实施应急处理；民用运输工具要能在战时迅速改装以满足军事需求；民用物资的仓储要考虑在战时军需和紧急情况下的自毁。所以，军事物流和民用物流实际上是一个统一的大系统。

（八）一般物流

一般物流是指物流活动的共同点和一般性。物流活动的一个重要特点是涉及全社会、各企业，因此，物流系统的建立、物流活动的开展必须有普遍的适用性。

（九）特殊物流

特殊物流是指专门范围、专门领域、特殊行业，在遵循一般物流规律基础上，带有特殊制约因素、特殊应用领域、特殊管理方式、特殊劳动对象、特殊机械装备特点的物流。特殊物流活动的产生是社会分工深化、物流活动合理化和精细化的产物，在保持通用的、一般的物流活动的前提下，能够有特点并能形成规模，能产生规模经济效益的物流便会形成本身独特的物流活动和物流方式。

（十）供应链物流

供应链物流是指为了顺利实现与经济活动有关的物流，协调运作生产、供应活动、销售活动和物流活动，进行综合性管理的战略机能。供应链物流以物流活动为核心，协调供应领域的生产和进货计划、销售领域的客户服务和订货处理业务，以及财务领域的库存控制等活动。

第二节　物流发展状况

物流活动从人类从事产品交换时就已经存在，20 世纪 50 年代起物流进入新的发展阶段，成为一个组织化、系统化的新型产业。随着经济的发展、科技的进步，物流正向着专业化、规模化、信息化和国际化的趋势快速地发展。

一、物流的产生

一般而言，物流是与商流相伴而产生的，商品生产是物流产生的客观基础。然而，远在商品流通出现之前，甚至人类还在进化的朦胧时期，物流这种形态就已存在。自然界中存在的劳动工具的运动以及后来与农业生产相关的另一种形态——仓储，都是物流的雏形。我国在先秦时期就形成了仓储理论和思想，有“储”与“商”两个领域。在早期的物流活动中运输和仓储成为主体活动，主要表现在生产性的领域之中。

（一）物流产生的根源

1. 生产和消费在时间、空间上的分离

人类社会开始商品生产之后，生产和消费逐渐分离，由此产生了连接生产和消费的中间环节——流通。马克思在描述流通的地位时说：“流通和生产本身一样重要。”恩格斯也说过：“这两种职能在每一瞬间都互相制约，并且互相影响。”20 世纪 50 年代后由于生产的发展，产品逐渐丰富，这就使生产和消费的分离越来越普遍。但是生产和消费的有效连接却存在着难度，而与此同时，人们要求流通的时间却越来越短。马克思指出：“流通的时间越等于零或越接近于零，资本的职能就越大，资本的生产效率就越高，它的自行增值就越大。”产需分离、劳务分工的越来越彻底，逐步扩大到城市分工、地区分工，进而走向大规模的集约化和国际化。这就需要依靠流通来弥补这种分离和分工，由此进一步促进了物流的迅速发展。

2. 经济的必要性

第二次世界大战以后，世界各国的经济环境都发生了巨大的变化，尤其是石油危机的爆发使主要资本主义国家和企业开始面对提高利润和市场条件不稳定的压力。在大机器生产的条件下，流通成本相对于生产成本而言有上升的趋势，影响了商品的竞争力，而在生产中依靠提高生产效率却很难取得显著降低费用的目的。物流作为提高生产效率、控制与减少成本的一种途径不断受到关注，促进了其发展。

（二）物流产生的背景和条件

1950 年以后，经济发展使市场竞争越发激烈，生产中各个重要环节逐渐趋于专业化，物流与商流分离的情况更加突出。工业化进程的加快以及大批量生产和销售的实现，使生产成本相对下降，这就在一定程度上刺激了消费。市场的繁荣、商品的丰富，在流通领域出现了超级市场、商业街等大规模的物资集散场所。随着科学技术的不断发展，人们开始使用现代流通技术和设备，提高了物资流通的速度和能力，使商品的流通成本相对于生产成本有了降低的可能和趋势。经济的迅速发展也使市场逐渐成熟，经营观念由“生产导向”开始转向“市场导向”，一切都要适应市场的需要，高效的物流服务成为企业确保竞争力的重要手段。

物流正是在这种背景下，从降低成本、产品联结和迎合市场营销观念的角度孕育而生。物流活动使其各个环节相互连接，实现物资的时间和空间效果，使原来处于分散、从属、孤立的各项物流活动联结起来，形成了一个物流大系统。

（三）现代物流的产生

20 世纪初，人们开始重视降低物资采购及产品的销售成本。技术的发展也为大批量配送提供了条件，物流脱离了原有的“仓储和运输就是物流”或“配送就是物流”的传统层面，作为一个产业孕育而生，逐步向组织化、系统化方向发展。

物流（physical distribution）一词最早出现在流通领域的营销活动中，由“管理学之父”P. F. 德鲁克提出。1901 年，J. F. Growell 在美国政府工作报告中第一次论述了对农产品配送成本产生影响的各种因素，揭开了人们对物流认识的序幕。第二次世界大战期间，形成了军事后勤（logistics）的观念，最初是为了军需物资供应的加快和合理。战争中，叉车技术的大量采用，装卸、搬运、运输、保管等独立的功能要素对物流的形成起到了巨大的推动作用。第二次世界大战后，物流开始在企业组织机构中应用，涉及运输、仓储、包装和物资搬运，已初具物流理论认识的核心。少数商业公司还设立了“流通经理”职务，负责运输、仓储、包装和搬运等物流业务。直到 50 年代后期，物流才被西方的企业组织广泛采用。

二、国外物流发展状况

产生于流通过程的物流，随着生产和技术的进步而不断发展，在每一发展阶段具有不同的特点。物流发展阶段的划分可以依据物流发展的时间流程、现代物流的演化过程、物流管理的发展以及考虑物流在不同时期所具有的特点等多种标准。

（一）国外物流的发展历史

（1）20 世纪初至 50 年代：萌芽初始阶段。1956 年物流概念引进，受到理论界和实业界的重视。在此期间，政府加强对物流基础设施的建设，比较重视有关车站、码头装卸运作的研究和实践，重视工厂范围的物流。

（2）20 世纪 60 至 70 年代：协作化和专业化发展阶段。现代市场营销观念形成后，物流在为顾客提供服务方面起了重要作用。特别是配送得到快速发展之后，强调实现物流的近代化，开始在全国范围内进行高速道路网、港口设施、流通聚集地等基础设施的建设，形成了基于工厂集成的物流，成立了动态的物流配送中心。

（3）20 世纪 70 至 80 年代：整合化阶段。逐步改变传统的采购、销售、研发等企业分解式管理的思维方式，物流已向协作化和专业化方向发展，进入物流的合理化阶段。用系统的观点开展降低成本的活动，企业内开始出现专业物流部门，物流子公司开始兴起。全国范围的物流联网蓬勃发展，开始探索综合物流供应链管理，实现物流服务的差异化。制造业采用准时生产模式。物流采用了现代传真、条形码扫描等技术。

（4）20 世纪 90 年代至今：基于互联网的物流高速发展阶段。现代物流高速发展向信息化网络化发展。利用点信息系统、条形码等技术收集传递信息。受到经济发展的制约，物流合理化观念面临进一步变革。物流企业的信息实现系统化管理，基于互联网和电子商务的电子物流正在兴起。

（二）国外物流的发展趋势

（1）物流规模和物流活动的范围进一步扩大，物流企业将向集约化与协同化发展。21 世纪是物流全球化的时代，企业之间的竞争异常激烈。为满足全球化和区域化的物流服务，企业可通过企业合并、企业间的合作和联盟扩大规模，走集约化、协同化的道路，以提高自身的竞争力和实力。

（2）物流服务的优质化和全球化。物流服务的优质化是物流发展的重要优势。物流成本已不再是客户选择物流服务的唯一标准，更多地注重物流服务的质量。“5 right 服务”（好的产品在规定的时间、规定的地点，以适当的数量、合理的价格提供给客户）将会成为物流企业优质服务的共同标准。

（3）第三方物流快速发展。在物流渠道中的脱离第一方（供应方）和第二方（需求方）的第三方物流，可以根据客户的不同需要提供各具特色的高效率的物流服务，增加企业的规模效应，使物流服务向专业化发展。

（4）绿色物流。物流虽然促进了经济的发展，但物流发展的同时也给城市环境带来了不利的影响。绿色物流要求对物流系统和活动规划与决策中出现的污染情况进行控制，建立工业和生活废料处理的物流系统。保持物流业健康、持续发展的前提之一是物流服务必须建立在符合社会利益和经济可持续发展的基础之上。

（三）现代物流的发展方向

1. 专业化

专业化的物流实现了货物运输的社会化分工，可以降低企业物流成本，减少资金占用和库存，提高物流效率。在宏观上可以优化社会资源配置，充分发挥社会资源的作用。

2. 规模化

物流企业必须具有一定的规模才能适应市场的发展。物流业务的服务范围一般来说是全国性的，拥有遍布全国的网络体系，顺利完成每一笔业务的收取、存储、分拣、运输和递送工作。规模化可以降低成本，提高效率。从发达国家物流业发展的历程看，物流市场最终将走向规模化和集约化。

3. 信息化

从发达国家目前物流的发展来看，在物流过程中全面应用信息技术，设施自动化、经营网络化已经很普遍，它是物流发展的基石。

4. 国际化

物流的发展将突破一个国家的地域，实现不同国家间的物流服务。国际化的物流通过分布在国际间的物流运送体系，以国际统一标准的技术、设施和服务流程，来完成货物在不同国家之间的合理流动，这就为物流业的国际化发展提供了条件。

三、中国物流发展状况

（一）中国物流发展阶段

1. 形成阶段（中华人民共和国成立初期到1956年）

在此阶段，国民经济开始恢复，工业生产较快增长，交通运输建设有了较大进展，社会商品流通不断扩大，物流也得到相应的发展。流通部门相继建立了储运公司、仓储等附属于专业公司、批发站的“商物合一”型、兼营性的物流企业。国家对物流比较重视，专业性的物流企业得到了加强和发展。物流人才的培养也引起各部门的关注和重视。

2. 物流发展的停滞阶段（1966—1976 年）

在这一阶段，经济发展遭到破坏，国家建设停滞。物流也和其他行业一样，维持现状或处于停滞状态，个别地方物流企业遭到破坏。

3. 物流的较快发展阶段（1977—1991 年）

随着国内商品流通和对外贸易的不断扩大，在此阶段我国物流有了很大的发展。流通部门的专业性和兼营的物流企业不断增强，生产部门也开始重视物流合理化的研究。在交通运输方面增加了公路、铁路、港口、码头，部分区段实现了电气化、高速化，并增加了车辆，改进了技术设备，开辟了联合运输、散装运输和集装箱运输等先进的运输方式。外贸部门还开展物流对外服务，使物流向国际化方向迈进。

4. 物流高速发展阶段（1991 年至今）

这一阶段，生产过程越来越建立在流通的基础上，物流受到重视。在运输领域引进了一批具有国际先进水平的物流技术设备，并在一些部门、地区和企业逐步使用了电子计算机等先进的技术设备。货运委托代办、联运、货物配载、信息咨询、理货打包、仓储保管、中转等运输服务也迅速发展。配送等现代的流通方式在 80 多个城市试点，配送物资过百种。在一些大中城市出现了新型的物流服务公司。物流信息受到重视，全国性的物流信息系统正在建立。

（二）中国物流的发展趋势

（1）一批运输、仓储及货贷企业逐步向物流企业转变。随着我国社会物流需求的增加，以及对物流认识的深化，在计划经济下形成一大批运输、仓储及货贷企业，为适应新形势下竞争的需要，正努力改变原有单一的仓储或运输服务方向，积极扩展经营范围，延伸物流服务项目，逐渐向多功能的现代物流企业方向发展。

（2）物流企业开始重视物流服务的质量管理。物流的本质是服务，物流服务质量是物流企业生命的保证，它直接关系到物流企业在激烈竞争中的成败。我国一些物流企业开始把提高服务质量作为与国际接轨、进入国际物流领域的入门证。

（3）信息技术和通信技术逐步运用在物流业务中。20 世纪 90 年代初期，在物流活动中开始应用计算机网络技术。国内的一些物流企业在开发物流信息技术和物流管理技术上取得了成果，如“中远”的全程跟踪物流信息系统、“宝供”的快步物流系统、“中海”的物流管理信息系统、“中运”的网上仓库管理信息系统和汽车调度系统等。这些系统的开发为物流企业提高经营管理和服务能力创造了良好的技术条件，成为物流产业发展的基础。

（三）目前我国物流业发展中存在的问题

（1）物流业的运行方式不够完善。产、供、销一体化，仓、储、运一条龙是目前我国大多数企业的主要物流运行方式，并且这种运行方式在短期内难以改变。这主要是企业在产权处理上不仅存在着技术性的壁垒，如产权界定、人员处置、技术改造等，而且存在着体制方面的壁垒，如国家对流通性企业的股权规定等。

（2）物流管理部门仍以行业管理为主，综合管理不够。商业、铁路、航运等部门各自为政，是物流行业各个部门难以协调发展的主要障碍，使全社会难以形成综合性物流服务，以致出现重复建设、功能单一、使用效率低下等问题。

（3）物流业发展所必需的信用条件在我国还没有建立起来。物流以“契约”为基本特征，但目前物流产业发展中的三要素（买方、卖方、买方和卖方）之间的连接方式还没有得到充分的发展。严格意义上的物流企业尚在孕育之中，物流产业发展的制度条件还有待进一步完善。

（四）绿色物流在中国的发展现状

绿色物流（green logistics）是20世纪后期才被提出的一个新概念，目前还没有一个统一的定义。国外的一些学者对绿色物流的观点和看法也不尽相同。我们在此以可持续发展原则为基础，结合现代物流的内涵，给绿色物流做出如下定义：绿色物流是指以降低对环境的污染、减少资源消耗为目标，通过先进的物流技术，进行物流系统的规划，并使物流作业环节实现绿色化的控制与管理的过程。绿色物流是可持续发展的必然选择，也是世界经济全球化、一体化发展的客观要求。

我国自1979年引入物流概念以来，物流业已经得到了很大的发展。目前，绿色物流的理念也得到了全社会的广泛关注。但由于我国物流的起步较晚，因此和世界上绿色物流发展较先进的国家相比，我国绿色物流的发展还存在较大的差距。

（1）观念上的差距。现代物流在经济中的重要作用已得到各级政府的认可，但绿色物流的理念尚未完全确立。经营者和消费者对国外绿色经营和绿色消费的理念还很淡薄，绿色物流的理念则更缺乏。

（2）政策上的差距。绿色物流的实施不只是物流企业的事情，还涉及政府、制造企业及消费者对绿色物流的重视程度。一些发达国家的政府在绿色物流的发展上给予了许多政策上的引导，如对清洁原料的使用予以税收优惠等。中国还缺乏相关的政策法规，来对现有的物流体制进行强制性环境管理。

（3）技术上的差距。绿色物流的贯彻实施，不仅依赖于绿色物流理念的建立和政策的制定，还离不开绿色技术的支撑。而与发达国家相比，我国的物流技术离绿色化的要求还有较大的差距，如物流设备的省力化、清洁化技术水平还需要进一步提高等。

上述差距说明，我国的物流绿色化任重而道远。因此，建立和完善我国物流绿色化的政策和理论体系，对物流系统目标、物流设施设备和物流活动组织等进行改进与调整，实现物流系统经济效益和环境效益的整体最优化，对物流管理水平的提高和经济的可持续发展都将具有重大意义。

（五）我国绿色物流的发展对策

针对上述我国绿色物流发展中存在的问题，借鉴发达国家绿色物流的实践，提出我国发展绿色物流发展的相关建议。

（1）更新观念，树立现代绿色物流的全新运作观。当代物流不仅要树立服务观念，更应自始至终贯穿绿色运作的理念。因为物流的良好服务，离不开高效节能和安全优质。没有绿色物流的建立和发展，生产和消费就难以有效衔接，全社会的绿色革命和绿色经济就是一句空话。

（2）加强政府对绿色物流的引导。中国作为一个发展中国家，在各种基础较为薄弱的情况下，要迅速培育发展绿色物流事业，必然需要政府部门进行有效的宏观监管和相应的政策扶持。可以从以下三个方面制定相应的政策法规，在宏观上对绿色物流的发展进行政策上的引导。

① 从物流源头抓起：主要是对物流过程中产生的环境问题的来源进行管理，如普及使用低公害车辆，对车辆产生的噪音进行限制等。

② 约束交通量：通过政府指导作用，促进企业选择合适的运输方式，发展共同配送，统筹建立现代化的物流中心，最终通过有限的交通量来提高物流效率。

③ 约束交通流：主要通过政府投入相应的资金，建立都市中心部环状道路，制定有关道路停车管理规定，采取措施实现交通管制系统的现代化，开展公路、铁路的立体交叉发展，从而减少交通阻塞，提高配送的效率，达到环保的目的。另外，政府还可以通过制定一些绿色标准和优惠政策鼓励企业绿色生产、绿色经营。

（3）企业经营必须兼顾环保。物流绿色化的实施归根到底要靠物流企业营运的绿色化实现，绿色物流企业的创建以及原有物流企业的改造，必须将其经营战略与环境保护有机地联系起来，抓住几个方面的工作：第一，改变运输方式，尽量实施联合一贯制运输；第二，开展共同配送减少污染；第三，实施绿色包装。

（4）通过标准化体系认证，促进物流的绿色化。ISO14000 是国际标准化组织 1993 年成立的 ISOPTC207 环境管理委员会制定的国际环境管理系列标准。它侧重于组织的活动、产品和服务对环境的影响，要求产品在设计、加工、包装、贮藏、运输、销售、消费乃至废弃后的回收、再生等方面都能符合环境标准。现在环境管理在欧、美、日等许多国家已经规范化、法制化，仅从与物流有关的环境管理看，其管理范围不仅限于对包装材料和容器的选用、设计、消费、废弃、回收再利用等做出节省资源、无害化的规定，而且对伴随产品运输产生的 NO_2 和 CO_2 也提出严格的要求。面对全世界的“绿色革命”浪潮和基于环境标准竞争而形成的绿色壁垒制约，我国的物流经营者应创造条件积极申请 ISO14000 环境管理体系标准认证，用国际标准来规范自身的物流行为，塑造绿色物流形象，进而增强其在国际市场的竞争能力。

第三节 物流理论及观念

一、物流科学的基本理论

（一）商物分离（商物分流）

所谓商物分离，是指流通中的两个组成部分——商业流通和实物流通各自按照自己的规律和渠道独立运动。在现实经济生活中，进行商品交易活动的地点，往往不是商品实物流通最佳路线的必经之处。如果商品的交易过程和实物的运动过程路线完全一致，往往会出现实物流路线的迂回、倒流、重复等不合理现象，造成资源和运力的浪费。商流一般要经过一定的经营环节来进行业务活动；而物流则不受经营环节的限制，它可以根据商品的种类、数量、交货要求、运输条件等，使商品尽可能地由产地通过最少环节，以最短的物流路线，按时保质地送到用户手中，以达到降低物流费用、提高经济效益的目的。

1. 商物分离的特点

（1）保管。取消总公司仓库和营业仓库分散保管方式而代之似配送中心集中保管。

（2）输送。原先是从工厂仓库至总公司仓库，再到批发站仓库，最后到零售店，是商物一致的三段输送。而在商物分离模式中是由工厂仓库至配送中心，然后直接送至零售店的两段输送。

（3）配送。原是分别向各零售店送货，现改为回路配送。

（4）信息系统。不再由总公司、批发站和工厂分头处理，而是以信息中心集中处理方式，用现代化通信系统进行各环节的集中控制。

2. 商物分离的优点

（1）为了营业方便，公司批发站一般都设在都市的繁华地区，而配送中心可以设在郊外，这样使工厂之间的大批货物输送较为便利，可以缓和市内交通拥挤的现象。

（2）配送中心的仓库规模大，物流作业集中。同一地点处理的物流量大，便于采用机械化、自动化的保管设施和装卸机械，大幅度地提高了物流活动的生产率，同时也可以降低物流成本。

（3）配送中心实行回路配送，提高了运输设备的利用率，降低了运输费用，对用户的服务质量也可得到改善。

（4）商物分离使各部门的职能单纯化，可以提高工作效率。

实现商物分离必须创造一定的条件，如商品标准化、合同标准化等，还应该建设完善的信息系统，保证总公司、工厂、配送中心以及批发站之间的信息交换协同统一。

（二）“黑大陆”学说

1962 年，著名的管理学家彼得 · 德鲁克在《财富》杂志上发表了题为“经济的黑色大陆”一文，他将物流比作“一块未开垦的处女地”，强调应高度重视流通及流通过程中的物流管理。彼得 · 德鲁克曾经讲过“流通是经济领域的黑暗大陆”。德鲁克泛指的是流通，但由于流通领域中物流活动的模糊性特别突出，它是流通领域中人们认识不清的领域，所以“黑大陆”学说主要是针对物流而言的。

“黑大陆”学说主要是指尚未认识、尚未了解的领域，在黑大陆中，如果理论研究和实践探索照亮了这块黑大陆，那么摆在人们面前的可能是一片不毛之地，也可能是一片宝藏之地。“黑大陆”学说是对 20 世纪中经济学界存在的愚昧认识的一种批驳和反对，指出在市场经济繁荣和发达的情况下，无论是科学技术还是经济发展，都没有止境。“黑大陆”学说也是对物流本身的正确评价，即这个领域未知的东西还很多，理论与实践皆不成熟。

（三）物流冰山学说

物流冰山学说，是日本早稻田大学西泽修教授在 1970 年提出的，指人们对物流费用的总体内容并不掌握，提起物流费用大家只看到露出海面的冰山的一角，而潜藏在海水下面的

冰山主体却看不见，海水中的冰山才是物流费用的主要部分。（见图 1-1）

一般情况下，企业会计科目中，只把支付给外部运输企业、仓库企业的费用列入成本，实际这些费用在整个物流费用中犹如冰山的一角。因为物流基础设施建设费、企业利用自己的车辆运输、利用自己的库存保管货物、由自己的工人进行包装、装卸等费用都没计入物流费用科目内。一般来说，企业向外部支付的物流费是很小的一部分，真正的大头是企业内部发生的各种物流费用。

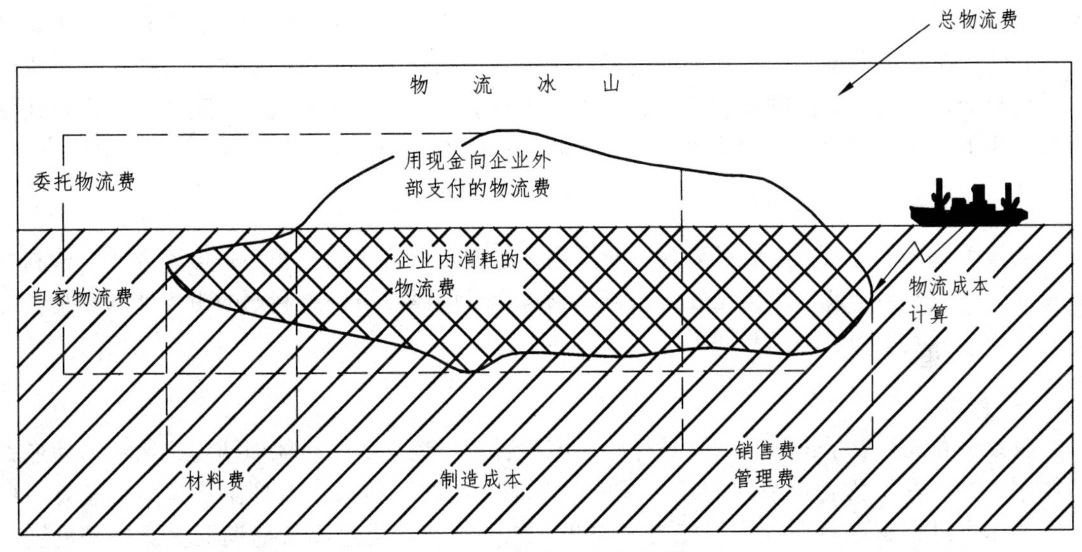

图 1-1　“物流冰山”学说

（四）“第三利润源”说

第三利润源的说法主要出自日本，简单地说，在制造成本降低空间不大的情况下，降低物流成本成为企业的“第三利润源”。

“第三利润源”学说最初是由日本早稻田大学教授西泽修提出的。1970 年，西泽修教授在其著作《流通费用——不为人知的第三利润源泉》中认为，物流可以为企业提供大量直接或间接的利润，是形成企业经营利润的主要活动。非但如此，对国民经济而言，物流也是国民经济创造利润的主要领域。后来“第三利润源”逐步在其他国家流传开。

（五）“效益背反”说和物流整体观念

在经济学中，“效益背反”是指“对同一资源的两个方面处于相互矛盾的关系之中，要想较多地达到其中一个方面的目的，必然使另一个方面的目的受到部分损失”。物流“效益背反”说是指物流的若干功能要素之间存在着损益的矛盾，即某一个功能要素的优化和利益发生的同时，必然会存在另一个或另几个功能要素的利益损失，反之也如此。为此，必须注重研究物流的总体效益，使物流系统化，使系统的各个部分有机地结合起来，以最低的成本，实现最佳效益。

美国学者用“物流森林”的结构概念来表述物流的整体观点，指出物流是一种“结构”，对物流的认识不能只见功能要素而不见结构，即不能只见树木不见森林。对这种总体观念的描述还有许许多多的提法，诸如物流系统观念、多维结构观念、物流一体化观念、综合物流观念、后勤学和物流的供应链管理等都是这种思想的另一种提法或者是同一思想的延伸和发展。

（六）成本中心说、利润中心说、服务中心说和战略说

1. 成本中心说

成本中心说的含义：物流在整个企业的战略中，只对企业营销活动的成本产生影响，物流是企业成本的重要生产点，因而解决物流的问题并不主要是为搞合理化、现代化，也不是主要在于支持保障其他活动，而主要是通过物流管理和物流的一系列活动降低成本。成本中心学说过分地强调了物流的成本机能，认为改进物流的目标是降低成本，致使物流在企业发展战略中的主体地位没有得到认可，从而限制了物流本身的进一步发展。

2. 利润中心说

利润中心说的含义：物流可以为企业提供大量直接和间接的利润，是形成企业经营利润的主要活动。非但如此，对国民经济而言，物流也是国民经济创造利润的主要活动。物流的这一作用，被表述为“第三利润源”。

3. 服务中心说

服务中心说代表了美国和欧洲等一些国家学者对物流的认识，他们认为，物流活动最大的作用，并不在于为企业节约消耗，降低了成本或增加了利润，而是在于提高企业对用户的服务水平进而提高企业的竞争能力。因此，他们在使用描述物流的词汇上选择了后勤一词，特别强调其服务保障的职能。通过物流的服务保障，企业以其整体能力来压缩成本和增加利润。

4. 战略说

物流战略（logistics strategy）是指为寻求物流的可持续发展，就物流发展目标以及达成目标的途径与手段而制定的长远性、全局性的规划与谋略。

近十几年来，不断延续的环境变化和新型营销体制的确立已成为物流企业在战略上不断求新、求变，追求竞争优势的压力和动力。首先，货主物流需求不断向高度化方向发展，这表现为追求在必要的时间配送必要量、必要商品的多频度少量运输或“just-in-time”运输这种高水准的物流服务将逐渐普及，并成为物流经营的一种标准。其次，经营环境和新型营销体制对战略的影响除了需求方面的因素外，供给方面也有相当大的作用，这主要表现在从事物流经营的企业之间的竞争日益激烈。在这一背景下，企业该如何根据自身的经营特点适时、有效地开展物流战略成为企业谋求长远发展的重大课题。

二、物流创造价值

（一）时间价值

“物”从供给者到需求者之间有一段时间差，因改变这一段时间差而创造的价值，称作时间价值。物流主要通过以下几种方式实现其时间价值：缩短时间创造价值、弥补时间差创造

价值、延长时间差创造价值等。

例如，大米的种植和收获是季节性的，多数地区每年收获一次。但是对消费者而言，大米作为食品，每天都会有消耗，必须进行保管以保证经常性的需要，供人们食用实现其使用价值。这种使用价值是通过保管克服了季节性产出和经常性消耗的时间距离后才得以实现的，这就是物流的时间价值。

（二）空间价值

空间价值是指通过改变物质的空间距离而创造的价值。物流创造的空间价值是由现代社会产业结构、社会分工所决定的，从集中生产场所流入分散需求场所创造价值、从分散生产场所流入集中需求场所创造价值、从甲地生产流入乙地需求场所创造价值。其主要原因是供给和需求之间的空间差，商品在不同地理位置有不同的价值，通过物流将商品由低价值区转到高价值区，便可获得价值差，即空间价值。

（三）加工附加价值

关于物流创造附加值，主要表现在流通加工方面。例如，把钢卷剪切成钢板、把原木加工成板材、把粮食加工成食品、把水果加工成罐头，名烟、名酒、名著、名画都会通过流通中的加工，使装帧更加精美，从而大大提高了商品的欣赏性和附加价值。

第四节　物流系统

一、物流系统的基本概念

（一）系统的概念

系统是同类或相关事务按照一定的内在联系组成的，是相对于环境而言的，有一定的目的、一定的功能和相对独立的整体。系统的基本特征包括：集合性、相关性、目的性和适应性。

（二）物流系统

物流系统是指由物流各要素所组成的，各要素之间存在有机联系的并具有使物流总功能合理化的综合体。

物流系统主要受内部环境以及外部环境的要素影响，使物流系统整体构成十分复杂，其外部存在过多的不确定因素，其内部存在着相互依赖的物流功能因素。物流系统的成功要素是使物流系统整体优化以及合理化，并服从或改善社会大系统的环境。

物流系统包括投入、转换和产出三大功能。（见图 1-2）

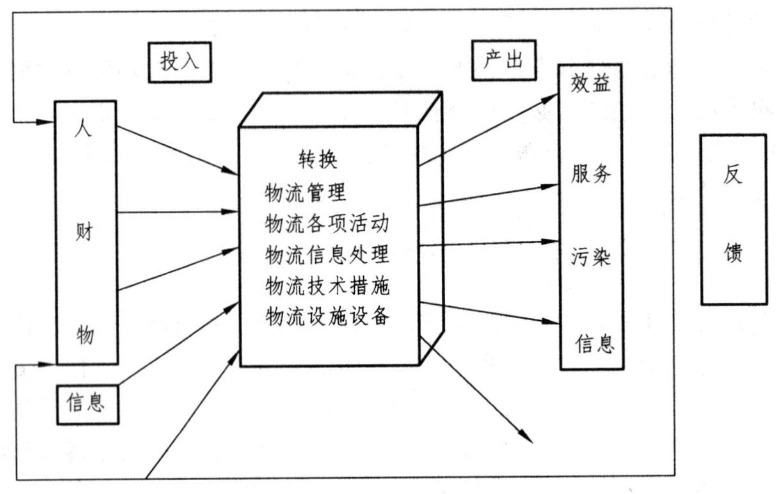

图 1-2　物流系统

（三）物流系统的特点

（1）物流系统的客观存在性；

（2）物流系统是一个大跨度系统（地域与时间跨度大）；

（3）物流系统稳定性较差而动态性较强；

（4）物流系统属于中间层次系统范畴；

（5）物流系统的复杂性；

（6）物流系统的系统结构要素间有非常强的背反现象。

二、物流系统要素

（一）物流系统的一般要素

1. 劳动者要素

劳动者要素是所有系统的核心要素、第一要素。提高劳动者的素质，是建立一个合理化的物流系统并使它有效运转的根本。

2. 资金要素

交换是以货币为媒介的。实现交换的物流过程，实际上也是资金运动过程。同时，物流服务本身也需要以货币为媒介，物流系统建设是资本投入的一大领域，离开资金这一要素，物流不可能实现。

3. 物的要素

物的要素包括物流系统的劳动对象，即各种实物。因此，物流系统便成了无本之木；物流的要素还包括劳动工具、劳动手段，如各种物流设施、工具，各种消耗材料（燃料、保护材料）等。

（二）物流系统的功能要素

物流系统的功能要素指的是物流系统所具有的基本能力，这些基本能力有效地组合、联结在一起，便成了物流的总功能，能合理、有效地实现物流系统的总目的。物流系统的功能要素一般有运输、储存、包装、装卸搬运、流通加工、配送和物流信息等。

（三）物流系统的支撑要素

物流系统的建立需要有许多支撑要素，尤其是处于复杂的社会经济系统中，要确定物流系统的地位，要协调与其他系统的关系，这些要素必不可少。

1. 体制、制度

物流系统的体制、制度决定物流系统的结构、组织、领导、管理方式的国家对其的控制、指挥，管理方式以及这个系统地位、范畴，是物流系统的重要保障。有了这个支撑条件，才能确立物流系统在国民经济中的地位。

2. 法律、规章

物流系统的运行，都不可避免地涉及企业或人的权益问题，法律、规章一方面限制和规范物流系统的活动，使之与更大的系统相协调；另一方面是给予保障。合同的执行，权益的划分，责任的确定都要靠法律和规章来维系。

3. 行政、命令

物流系统和一般系统的不同之处在于，物流系统关系到国家军事、经济命脉，所以，行政、命令等手段也常常是支持物流系统正常运转的重要支持要素。

4. 标准化系统

标准化系统是保证物流环节协调运行，保证物流系统与其他系统在技术上实现联结的重要支撑条件。

5. 组织及管理

它是物流网络的“软件”，起着联结、调运、运筹、协调、指挥其他各要素以保障物流系统目的的实现作用。

（四）物流系统的物质基础要素

物流系统的建立和运行，需要有大量技术装备手段，这些手段的有机联系对物流系统的运行有决定性意义。

1. 物流设施

它是组织物流系统运行的基础物质条件，包括物流站、场，物流中心、仓库，物流线路，建筑、公路、铁路、港口等。

2. 物流装备

它是保证物流系统开动的条件，包括仓库货架、进出库设备、加工设备、运输设备、装卸机械等。

3. 物流工具

它是物流系统运行的物质条件，包括包装工具维护保养工具、办公设备等。

4. 信息技术及网络

它是掌握和传递物流信息的手段，根据所需信息水平不同，可分为通信设备及线路、传真设备、计算机及网络设备等。

（五）物流系统的网络结构

网络系统的网络由两个基本要素组成：点和线。

1. 点

单一功能点只具有某一种功能；需要的基础设施比较简单；在物流过程中处于起点或者终点。复合功能点具有两种以上的主要物流功能；具备配套的基础设施，一般处于物流过程的中间；多以周转型仓库、港口、车站、集装箱堆场等形式存在；规模可大可小。

枢纽点：物流功能齐全，具有庞大的基础设施以及附属设施；具有庞大的吞吐能力；对整个物流起决定性和战略性的控制作用。

2. 线

连接物流网络各结点的路线。物流网络中的线具有如下特点：方向性、有限性、多样性、连通性、选择性、层次性。

（六）物流要素集成原理

1. 物流要素集成化的含义

物流要素集成化是指通过一定的制度安排，对供应链上物流系统的功能、资源、信息、网络要素及流动要素等进行统一规划、管理和评价，通过要素之间的协调和配合使所有要素能够像一个整体在运作，从而实现供应链物流系统要素之间的联系，达到供应链物流系统整体优化的目的。

2. 物流要素集成化原理概述

（1）物流系统集成的基本单元是供应链物流系统。

供应链物流系统跨越原材料供应商、制造商、分销商、物流服务提供商和消费者各自物流系统的边界，所以仅仅只是集成一个企业内部的物流系统是远远不够的，供应链物流系统集成也要以供应链物流系统为基本单元。

（2）物流系统要素集成的目的是实现供应链物流系统要素之间本来应该有的联系。

物流系统要素集成的最终目的是为了实现供应链物流系统的整体最优。

（3）供应链物流要素都应该进行集成。

供应链物流系统的组成要素很多，为了实现供应链物流系统整体最优，必须对所有的供应链物流系统要素进行集成，而不是只对其中某些要素进行集成。

（4）供应链物流系统要素集成就是对要素的优化、重组。

集成不是将要素简单地拼凑在一起，而是要对要素进行统一规划、管理与评价，使要素之间实现协调和配合。

（5）供应链物流系统要素集成要靠一定的制度安排做保证。

供应链物流系统要素集成主要应该通过多边治理或者三边治理，有些采用双边治理，很少一部分采用一体化治理。

（6）集成需要成本，是有条件、分层次的。

不是谁都可以集成，也不是任何供应链物流系统都可以集成，不是任何层次的供应链物流系统都可以进行最高层次的集成。

（7）集成产生效益。

集成并不一定要增加或者减少要素存量，但是集成要改变要素的组合方式，协调要素之间的关系，优化要素之间的运作流程，建立基于市场机制的高效治理机制，使要素的能力得到最充分的发挥，通过集成可以增加产能、销售能力、服务能力，可以提高资源的使用效率、降低系统运作成本，从而提高系统整体的竞争力。

3. 物流要素集成的动机

（1）从传统储运向物流转化的需要；

（2）由物流要素的复杂性决定；

（3）提高物流要素运作效率的需要；

（4）生产、销售和消费发展对现代物流的需要；

（5）是企业建立供应链的要求。

4. 物流系统要素集成的结果

（1）将物流系统需要的要素纳入一个资本所有和控制之下，由该资本对该物流系统进行规划、设计，并且由该资本对这些要素进行经营和管理，建立战略联盟，即建立供应链的方式。物流系统中的专用性资产可以通过互相投资、参股、签订长期的战略联盟协议等方式建立供应链，从而实现集成。

（2）资源共享。资源共享包括在不同企业之间进行的横向一体化、在企业内部不同部门之间进行的横向一体化两种形式。

（3）采用第三方物流方式。大量的物流系统要素集成可以通过物流市场途径进行完成，但条件是物流市场必须起作用。

三、物流系统规划建设

（一）物流系统规划的重要性

（1）物流的涉及面非常广泛；

（2）物流过程本身存在“效益背反”现象；

（3）物流领域容易出现严重的低水平重复建设现象；

（4）物流领域的建设投资大；

（5）要跨越低水平的发展阶段，实现我国物流跨越式的发展；

（6）企业发展对物流规划的需要。

（二）物流系统规划需要解决的问题

1. 客户服务目标设计

当要求的客户服务水平高时，可以保有较多的库存，利用较昂贵的运输方式，特别是当服务水平接近企业能力的上限时，物流成本的上升比服务水平上升得更快。因此，物流系统规划的首要任务是确定客户服务水平。

2. 设施选址战略

好的设施选址应考虑所有物品的流动过程及其相关成本。在保证客户服务水平的前提下，寻求利润最高、成本最低的配送方案是选址战略的核心所在。其主要包括确定设施的数量、地理位置、规模，规划各设施所服务的市场范围等。

3. 库存规划与管理

库存管理分为将存货分配到需求点的推动式库存管理战略和通过补货自发拉动库存的拉动式库存管理。库存规划的主要内容有仓库内部的布局设计、安全库存水平的设定、订货批量的确定以及供应商的选择等。

4. 运输网络规划与设计

物流系统中的各个节点主要是通过运输连接起来的。运输规划设计主要包括运输方式、运输批量的选择，以及运输时间和运输路线的确定等。

（三）物流系统规划的层次

（1）按一般规律分为战略、策略、运作三个层次。

战略层次的规划侧重于宏观控制，解决的是影响企业长远发展的战略决策等问题。物流系统战略层次的规划在各种规划层级中是最高级的，时间也是最长的。战略规划的内容都是在战略层次上的引导，所考虑的是企业的目标、总体服务需求以及管理者通过何种方式来实现这些目标。

策略层次的规划则是在战略规划框架下更为细致的指导性规划，通常是一个中期的计划，它在内容上比战略计划更具体，可以包括配送策略规划、供给策略规划、国际物流策略、减少物流时间的策略规划、提高资本生产率的物流策略规划等。

运作层次规划是在操作层次上的计划是企业物流规划与设计的最后一层。详细的操作计划是用来指导每时每刻的物流活动的。它所包括的内容比较繁杂，所涉及的领域也极为广泛。比如，建立合理的流程计划、车辆调度方案的确定、简化环节和合理的资源整合以及 IT 系统的构建等。

（2）按照物流范围的不同，物流系统可以构成一个完整的层次秩序，即国家一级物流系统→省市一级物流系统→企业物流系统。高一级的物流系统包含低一级的物流系统，在进行物流规划时应该表现出这种层次性。

其主要表现在如下三个方面：

第一，国家一级的物流规划，应是着重以物流基础设施和物流基础网络为内容的物流基础平台规划，应当和国家基础设施建设的国策相吻合。这个物流基础平台的规划，应当从现代物流综合的角度进行全面规划，组建综合的网络，其中包括不同运输方式线路的合理布局和使网络发挥更大效用的综合物流结点——物流基地，以及相应的综合信息网络。

第二，省、市一级的物流规划，应当着重于地区物流基地、物流中心、配送中心三个层次的物流结点以及综合的物流园区规模和布局的规划。物流基地、物流中心、配送中心三个层次的物流结点是省、市物流外结内连的不同规模、不同功能的物流设施，也是较大规模的投资项目。这三个层次物流结点的规划是省、市物流运行合理化的重要基础。

第三，企业的物流规划。现代物流系统规划的发展离不开供应链这个大环境。物流就像是供应链体内的大动脉，研究物流系统规划还需要研究供应链，进而分析物流与供应链的关系，尤其是它们之间的区别，从而规划一个有效的、整合的物流系统。

【课后习题】

1. 物资运输过程的功能是创造物资的（　　）。
   A. 空间效用　　B. 时间效用　　C. 形质效用　　D. 社会效用
2. 按物流研究范围大小分类，物流分为（　　）。
   A. 企业物流、社会物流和国际物流　　B. 企业物流、社会物流和分销物流
   C. 分销物流、社会物流和国际物流　　D. 企业物流、分销物流和国际物流
3. 物流是指物资的物质实体由供应者到需求者的流动，包括（　　）。
   A. 物资空间位置的变动和时间位置的变动
   B. 物资空间位置的变动和形状性质的变动
   C. 物资时间位置的变动和形状性质的变动
   D. 物资空间位置的变动、时间位置的变动和形状性质的变动
4. 下列说法中正确的是（　　）。
   A. 物流的基本功能包括运输、储存、装卸、搬运、包装、流通加工、配送等
   B. 现代物流促进了社会生产力的发展
   C. 现代物流从多方面提升了国民的经济水平
   D. 物流系统是指由两个以上的物流功能单元构成的
5. 下列说法中错误的是（　　）。
   A. 物流的标准化从多方面体现
   B. 物流标准化是以物流为一个大系统
   C. 物流标准化能够实现物流各环节衔接的一致性，减缓了流通速度
   D. 物流标准化是实施物流管理科学化的重要阶段
6. （多选）物流的作用包括（　　）。
   A. 有助于降低成本，提升用户价值　　B. 便于同外界系统连接
   C. 提升效益，增加销售和盈利　　D. 加快物流系统建设的捷径
7. （多选）现代物流主要具有的特征包括（　　）。
   A. 电子化　　B. 网络化　　C. 社会化　　D. 国际化
8. （判断）集装箱的标准为 10 ft[①] × 8 ft × 8 ft。（　　）

① 1 ft = 0.3048 m。

第二章 运输管理

【学习目标】

1. 了解运输方式的划分，并理解运输在物流的地位和作用。
2. 掌握几种典型的运输方式的优缺点。
3. 掌握合理化运输的相关问题。
4. 理解绿色运输的问题及发展状况。

【引导案例】

安吉物流运输方式及线路的优化

上汽集团是国内领先的汽车制造企业、最大的乘用车制造商和销量最高的汽车生产商。目前拥有两大生产基地，分别是上海南汇临港基地和南京浦口基地。作为上汽集团全资子公司，安吉物流承担着上海汽车两大基地商品车的运输业务，负责为客户提供点对点的运输服务。公司根据订单的具体要求，选择合适的运输方式和路线，从上海或南京的仓库发货。目前，安吉物流配送城市覆盖全国大部分地区。安吉物流针对不同运输线路，采取三种不同的运输方式。

① 水路运输。其特点是运量大、成本低，非常适合于大宗商品车的运输，并且通航能力几乎不受限制。但是当船舶到达码头后，需要短驳车将这些商品车运往目的地。此外，对于水路运输，船舶的起航日期是有限制的。② 公路运输。相比较水路运输，公路运输的特点是快速、机动、灵活，即车辆可随时调度、装运，各环节之间的衔接时间较短，可实现门对门的服务，因此，安吉物流的整车运输方案中普遍采用公路运输。但是公路运输也有缺点，如运量少、成本高等。安吉物流在其运输方案中，也经常采用公路运输与水路运输相结合的方式。到达码头的整车，既可用采用短驳运输到达目的地，也可以采用长途运输到达目的地。③ 铁路运输。铁路运输具有运输能力大、运输成本低的特点。但由于铁路运输的线路是固定的，并且运费没有伸缩性，因此在本案例中我们暂不考虑。

成本永远是企业关注的问题。安吉物流接到订单后，首先考虑的是运输方式的选择，或公路运输，或水路运输，或多式联运，或建立中转站等。但是不管采用哪种运输方式，安吉物流都需要实现经济成本最小、时间成本最短的目标。对于全国三十多个省市的整车运输，安吉物流一直在寻求最佳的运输方式及线路组合方案。随着市场的不断扩大，安吉物流承运的车辆的品牌类型越来越多，多种类型车辆的运输协调和整合也给安吉物流的整车运输带来新的挑战。安吉物流除承担上海汽车的整车运输外，也承担其他公司的整车运输，如浙江吉利、安徽奇瑞等。不同地域不同公司品牌车辆的协调运输也是安吉物流面临的一个挑战。此外，市场竞争的激烈对于回程空载率也提出了一定的要求，这些都是安吉物流未来将面临的问题。

问题思考：

水路运输、公路运输、铁路运输各有什么优缺点？航空运输与管道运输的特点是什么？

第一节　运输概述及其分类

一、运输概述

（一）运输的概念

根据中国2001年4月17日颁布的《国家标准物流术语》，运输是“使用设备和工具，将物品从一地点向另一地点运送的物流活动。其中包括集货、分配、搬运、中转、装入、卸下、分散等一系列操作”。

广泛的运输包括人的运送和物的运送，但物流中所说的“运输”只是物的运送，不包括人的运送。它是在不同地域范围间（如两个城市、两个工厂之间，或一大企业内相距较远的两车之间），以改变“物”的空间位置为目的的活动，是对“物”进行的空间位移。

（二）运输与配送的区别

运输和配送的区别主要表现在以下几个方面：

1. 活动范围不同

运输：大范围；
配送：辐射范围，受经济半径的限制（≤200 km）。

2. 功能不同

运输：大批量、长距离的物品地理位置的转移；
配送：小批量、多品种、短距离的位置移动。

3. 运输方式和运输工具不同

运输：各种运输工具；
配送：汽车。

（三）运输的职能

运输是物流的主要职能之一，是物流系统中最重要的子系统之一。同时，运输也影响物流系统的设计。

运输有以下两个主要职能：

1. 物品位移

无论产品处于哪种形式，是材料、零部件、装配件、在制品，还是制成品，也不管是在制造过程中，将被转移到下一阶段，还是实际上更接近最终的顾客，运输都是必不可少的。运输的主要功能就是产品在价值链中的来回移动。既然运输利用的是时间资源、财务资源和环境资源，那么，只有当它确实提高产品价值时，该产品的移动才是重要的。

运输的主要目的就是要以最低的时间、财务和环境资源成本，将产品从原产地转移到规定地点。此外，产品灭失损坏的费用也必须是最低的。同时，产品转移所采用的方式必须能满足顾客有关交付履行和装运信息的可得性等方面的要求。

2. 物品短期库存

对产品进行临时储存是一个不太寻常的运输功能，也即将运输车辆临时作为相当昂贵的储存设施。然而，如果转移中的产品需要储存，但在短时间内（如几天后）又将重新转移的话，那么，产品在仓库卸下来和再装上去的成本也许会超过储存在运输工具中每天支付的费用。

在仓库空间有限的情况下，利用运输车辆储存也许不失为一种可行的选择。可以采取的一种方法是，将产品装到运输车辆上去。然后采用迂回线路或间接线路运往其目的地。在本质上，这种运输车辆被用作一种储存设施，但它是移动的，而不是处于闲置状态的。

实现产品临时储存的第二种方法是改道。这是当交付的货物处于转移之中，而原始的装运目的地被改变时才会发生。

（四）运输的地位和作用

1. 运输是物流的主要功能要素之一

物流是“物”的物理性运动，它包含着物的时间状态和物的空间状态的改变。运输是改变空间状态的主要手段，它再配以搬运、配送等活动，就能圆满完成改变空间状态的全部任务。

2. 运输是社会物质生产的必要条件之一

在社会上，运输是生产过程的继续，这一活动连接生产与再生产、生产与消费的环节，连接国民经济各部门、各企业，连接着城乡，连接着不同国家和地区。在生产过程中，运输是生产的直接组成部分，没有运输，生产内部的各环节就无法连接。

3. 运输可以创造“场所效用”

由于空间场所不同，同种“物”的使用价值的实现程度不同。如在沿海地区很廉价的海产品，在内陆地区的价格却很高。由于改变场所而发挥最大的使用价值，最大限度地提高了产出投入比，这就被称之为“场所效用”。通过运输，将“物”运到场所效用最高的地方，就能发挥“物”的潜力，实现资源的优化配置。从这个意义来讲，相当于通过运输提高了物的使用价值。

4. 运输是“第三个利润源”的主要源泉

运输要靠大量的动力消耗才能实现。运输承担大跨度空间转移任务，时间长、距离长、消耗也大。消耗的绝对数量大，其节约的潜力也就越大。一般综合分析计算社会物流费用，运输费在其中占接近 50% 的比例，有些产品运费高于产品的生产费。通过体制改革和运输合理化可大大缩短运输吨公里数，从而获得比较大的“利润”。

（五）运输管理原则

运输是实现物品空间位移的手段，也是物流活动的核心环节。无论是物流企业，还是企业物流中，运输组织管理都应贯彻以下基本原则：

（1）及时：按客户要求的时间将货物送到客户指定的地点。

（2）准确：对运送的货物，在数量上准确无误，在运输过程中，做到无错、不乱、手续交接清楚，责任明确，准确无误地完成物品运输。

（3）安全：物品在运输过程中，不发生霉烂、残损、丢失、污染、渗漏、爆炸、燃烧等事故，保证人身、物品、设备安全。

（4）经济：以物流系统或供应链的总成本最低、综合效益最好作为原则来选择运输方式、运输路线及运输工具，节约人力、物力、财力，降低物流费用，提高总体效益。关键问题在于如何权衡运输服务的速度和成本。

（5）一致性：运输一致性是指在完成某一具体订货时，若干次装运所需时间的变化性，它反映了运输的可靠性。如果运输缺乏一致性，就需要储备安全存货，以防不测。

二、运输方式的分类

（一）按运输设备及运输工具不同分类（见表 2-1）

表 2-1　运输方式的分类（1）

运输方式	特　　点
公路运输	（1）是一种主要使用公路设备、设施运送物品的运输方式。 （2）在综合运输体系中，公路运输的灵活性是最强的。具体表现为：可以实现“门到门”运输；可以实现即时运输；启运批量小；服务范围广；能最大限度地满足货主个性化的服务需求
铁路运输	（1）是一种使用铁路设备、设施运送旅客和物品的运输方式 （2）铁路运输又可分为车皮运输和集装箱运输
水路运输	（1）是一种使用船舶运送客货的运输方式。 （2）主要承担大吨位、长距离的货物运输，是在干线运输中起主力作用的运输形式。水运主要有内河运输、沿海运输、近海运输、远洋运输四种方式
航空运输	（1）简称空运，是一种使用飞机运送客货的运输方式。 （2）航空运输业务主要有航空运输业、航空运送代理业、航空运送作业等三种类型
管道运输	（1）是一种利用管道输送气体、液体或粉状固体的运输方式。 （2）其运输功能是靠物体在管道内顺着压力方向循序移动实现的，与其他运输方式相比，最主要的区别在于管道设备是静止不动的

（二）按运输的范畴分类（见表 2-2）

表 2-2　运输方式的分类（2）

运输方式	特　　点
干线运输	（1）利用铁路、公路的干线，大型船舶的固定航线进行的长距离、大数量的运输，是进行远距离空间位置转移的重要运输方式。 （2）干线运输与同种工具的其他运输方式相比，速度快，成本也较低，是运输的主体
支线运输	（1）是一种与干线相接的分支线路上的运输。 （2）支线运输是干线运输与收、发货地点之间的补充性运输方式，路程较短、运输量相对较小。 （3）支线的建设水平往往低于干线，运输工具的水平也往往低于干线，因而速度较慢
二次运输	（1）是一种补充性的运输方式，路程较短。 （2）干线、支线运输到站后，站与用户仓库或指定接货地点之间的运输。 （3）由于是单个企业的需要，因而运量也较小
厂内运输	（1）在工业企业范围内，是直接为生产过程服务的运输。 （2）一般在车间之间、车间与仓库之间进行。 （3)小企业中的这种运输，以及在大企业车间内部和仓库内的则不称为“运输”，而称为“搬运”

（三）按运输的作用分类（见表 2-3）

表 2-3　运输方式的分类（3）

运输方式	特　　点
集货运输	（1）是一种将分散的货物汇集集中的运输形式。 （2）一般是短距离、小批量的运输。 （3）货物集中后才能利用干线运输形式进行远距离及大批量运输，因此是干线运输的一种补充形式
配送运输	（1）将物流据点中已按用户需求配好的货分送各个用户的运输。 （2）一般是短距离、小批量的运输，是对干线运输的补充和完善

（四）按运输的协作程度分类（见表 2-4）

表 2-4　运输方式的分类（4）

运输方式	特　　点
一般运输	是一种孤立地采用不同运输工具或同类运输工具而没有形成有机协作关系的运输
联合运输	（1）简称联运，是使用同一运送凭证，由不同的运输方式或不同运输企业进行有机衔接接运货物，利用每种运输手段的优势以充分发挥不同运输工具效率的一种运输方式。 （2）采用联运，对用户而言，可以简化托运手续，比较方便，同时可以加速运输速度，也有利于节省运费。因此，联运是现代运输的一种发展趋势

（五）按运输中途是否换载分类（见表 2-5）

表 2-5　运输方式的分类（5）

运输方式	特　点
直达运输	（1）是一种物品由发运地到接收地，中途不需要换装和在储存场所停滞的运输方式。 （2）直达运输的作用在于，避免中途换载所出现的运输速度减缓、货损增加、费用增加等一系列弊病，从而能缩短运输时间、加快车船周转、降低运输费用
中转运输	（1）是一种物品由生产地到最终使用地，中途经过一次以上落地并换装的运输方式。 （2）中转运输的作用在于，通过中转，往往可以将干线、专线运输有效地衔接起来。 （3）可以化整为零或集零为整，从而方便用户，提高运输效率。 （4）可以充分发挥不同运输工具在不同路段上的最优水平，从而获得节约和效益，也有助于加快运输速度。其缺点是，换载时会出现低速度、高货损，而且会增加费用支出

第二节　五种典型的运输方式

一、公路运输

（一）公路运输的概念

公路运输的广义概念：是指利用一定的载运工具（人力车、畜力车、拖拉机、汽车等）沿公路（一般土路、有路面铺装的道路、高速公路）实现旅客或货物空间位移的过程。

公路运输的狭义概念：汽车运输。

公路运输的经济半径一般在 200 km 内。

（二）公路运输的特点

1. 机动灵活，适应性强

由于公路运输网一般比铁路、水路网的密度要大十几倍，分布面也广，因此公路运输车辆可以“无处不到、无时不有”。公路运输在时间方面的机动性也比较大，车辆可随时调度、装运，各环节之间的衔接时间较短。尤其是公路运输对客、货运量的多少具有很强的适应性，汽车的载重吨位有小（0.25 ~ 1 t）有大（200 ~ 300 t），既可以单个车辆独立运输，也可以由若干车辆组成车队同时运输。这一点对抢险、救灾工作和军事运输具有特别重要的意义。

2. 可实现“门到门”的直达运输

由于汽车体积较小，中途一般也不需要换装，除了可沿分布较广的路网运行外，还可离开路网深入到工厂企业、农村田间、城市居民住宅等地，即可以把旅客和货物从始发地门口直接运送到目的地门口，实现“门到门”直达运输。这是其他运输方式无法与公路运输比拟的。

3. 在中、短途运输中，运送速度较快

在中、短途运输中，由于公路运输可以实现“门到门”直达运输，中途不需要倒运、转乘就可以直接将客货运达目的地，因此，与其他运输方式相比，其客、货在途时间较短，运送速度较快。

4. 原始投资少，资金周转快

公路运输与铁、水、航运输方式相比，所需固定设施简单，车辆购置费用一般也比较低，因此，投资兴办容易，投资回收期短。据有关资料表明，在正常经营情况下，公路运输的投资每年可周转 1 ~ 3 次，而铁路运输则需要 3 ~ 4 年才能周转一次。

5. 掌握车辆驾驶技术较易

与火车司机或飞机驾驶员的培训要求来说，汽车驾驶技术比较容易掌握，对驾驶员各方面的素质要求相对也比较低。

6. 运量较小，运输成本较高

目前，世界上最大的汽车是美国通用汽车公司生产的矿用自卸车，长 20 多 m，自重 610 t，载重 350 t 左右，但仍比火车、轮船少得多；由于汽车载重量小，行驶阻力比铁路大 9 ~ 14 倍，所消耗的燃料又是价格较高的液体汽油或柴油，因此，除了航空运输，就是汽车运输成本最高。

7. 运行持续性较差

据有关统计资料表明，在各种现代运输方式中，公路的平均运距是最短的，运行持续性较差。例如，我国 1998 年公路平均运距客运为 55 km，货运为 57 km，铁路客运为 395 km，货运为 764 km。

8. 安全性较低，污染环境较大

据历史记载，自汽车诞生以来，已经吞噬掉 3000 多万人的生命，特别是 20 世纪 90 年代开始，死于汽车交通事故的人数急剧增加，平均每年达 50 多万。这个数字超过了艾滋病、战争和结核病人每年的死亡人数。汽车所排出的尾气和引起的噪声也严重地威胁着人类的健康，是大城市环境污染的最大污染源之一。

（三）公路等级

公路根据交通量及其使用功能、性质分为汽车专用公路和一般公路两类，包括高速公路、一级公路、二级公路、三级公路和四级公路五个等级。

1. 高速公路

高速公路是指“能适应年平均昼夜小客车交通量为 25 000 辆以上、专供汽车分道高速行驶并全部控制出入的公路”。一般能适应 120 km/h 或者更高的速度，要求路线顺畅，纵坡平缓，路面有 4 个以上车道的宽度。为具有特别重要的政治、经济意义，专供汽车分道高速行驶并全部控制出入的公路。

高速公路的特点：① 高速公路是只供汽车行驶的汽车专用公路；② 高速公路设有中央分隔带，将往返的车辆完全分开；③ 高速公路与铁路、公路、非机动车道、人行道等都采用分离式立交或互通式立交。

高速公路的功能：① 高速公路实行交通限制，规定汽车专用。高速公路只供汽车专用，时速方面规定 50 km/h 以下的车辆不得上路，最高车速不得超过 120 km/h。② 高速公路实行分隔行驶。一方面，对向车道间设中间分隔带，上下车道分离；另一方面，设两个以上的同向车道，并划分快慢车道。同时，在特殊地点设爬坡车道、加减速车道、集散车道、辅助车道等。③ 高速公路严格控制出入。高速公路实行全立交、全封闭的封闭型管理。车辆出入主要采用立体交叉即规定车辆只能从指定的互通式立交匝道进出，对于不准车辆进出的路口，设立分离式立交加以隔绝。对人畜采用高路堤、护栏、高架桥等措施。④ 高速公路采用较高的线形标准和设置完善的交通安全与服务措施。充分考虑自然条件、行驶力学、驾驶员心理视觉上的反映等因素，从行车条件和技术上为安全、快速行车提供保证，并设有各种安全、通信、监控设施和标志及功能齐全的服务区。

高速公路技术经济的特点：① 行车速度快，运行时间短；② 通行能力大；③ 运输质量好，行车安全；④ 运输成本低；⑤ 投资效益好，资金回收快。

高速公路的弊端：① 高速公路占地多。一般高速公路用地宽度至少 30 ~ 35 m；六车道 50 ~ 60 m；八车道 70 ~ 80 m；一个互通式立体交叉用地达（4 ~ 10）$\times 10^4$ m^2。其造价占整个公路投资的 1/3 以上。② 投资大、造价高。我国高速公路平均造价约为每千米 1000 万元，比一般公路高出几十倍，巨额的建设基金是其兴建的制约因素。

2. 一级公路

一般能适应按各种汽车（包括摩托车）折合成小客车的年平均昼夜交通量为 10 000 ~ 25 000 辆，为连接重要政治、经济中心，通往重点工矿区、港口、机场，专供汽车分道行驶并部分控制出入的公路。

（四）我国的公路网体系

我国的公路网体系主要由干线、支线和乡村公路组成。

干线公路包括国家干线公路（国道）和省级干线公路（省道）。

国道是以北京为中心，连接具有重要政治、经济和国防意义的各省直辖市、军区的主要干线公路。

省道是以省会、自治区首府、直辖市为中心，联系本地区重要城市、交通枢纽、工农业基地的干线公路。

国道网在布局上分为三大类，采用三种编号：

（1）首都放射线：12 条，101 ~ 112。

（2）南北纵线：28 条，201 ~ 228。

（3）东西横线：30 条，301 ~ 330。

二、铁路运输

（一）铁路运输的概念

狭义的铁路运输，是一种陆上运输方式，以两条平行的铁轨引导火车行走。广义的铁路运输还包括磁悬浮列车、缆车、索道等非钢轮行进的方式，或称轨道运输。

铁路运输是其中一种最有效的已知陆上交通方式。铁轨能提供极光滑及坚硬的媒介让火车的车轮在上面以最小的摩擦力滚动。这样，在火车上面的人会感到更舒适，而且节省能量。如果配置得当，相比路面运输，铁路运输运载同一重量客货物时可节省五至七成能量。而且，铁轨能平均分散火车的重量，使火车的载重力大大提高。

（二）铁路运输的特点

固定线路行驶，速度快，准时率高；载运量大，运输成本较低；基本不受天气影响，稳定、安全；灵活性差；搬运次数多；前期投资大。

（三）铁路运输的发展

（1）英国：铁路的故乡。

1825 年 9 月 27 日，世界上第一条铁路“斯托克顿—达灵顿”正式通车。

（2）美国：铁路最多的国家。

美国铁路营业里程居世界第一位，现有本国铁路 260 423 km，其中一级铁路为 212 742 km。轨道延长里程为 354 813 km。另外，拥有使用权，非本国在国内修建的铁路里程为 23 112 km。

（3）中国第一条铁路建于上海，由英国人兴建，后被清朝地方官员买回并拆毁。而正式使用的第一条铁路和蒸汽机车则是由李鸿章兴办的开滦公司煤矿所建。

（4）中国铁路之最。

① 唐山—胥各庄铁路：中国人自己修筑的，真正成功并保存下来加以实际应用的第一条铁路。

② 淞沪铁路：中国土地上的第一条铁路，1876 年英商怡和洋行在上海修建，此路全长 16.09 km。

③ 上海浦东高速磁浮铁路：中国第一条高速磁浮铁路。全长 30 km，平均运行速度达到每秒 60 ~ 70 m。除启动加速和减速停车两个阶段外，列车大部分时间的时速为 300 km，达到最高设计时速 430 km 的时间有 20 多秒。

④ 成渝铁路：新中国自行设计施工的第一条铁路，完全采用国产材料修建的第一条铁路。

⑤ 粤海铁路：中国第一条跨海铁路，2003 年 1 月 7 日正式开通。总投资 45 亿元，由“两线一渡”工程组成，即广东省境内的湛江至海安铁路 139 km、琼州海峡铁路轮渡 24 km、海南省境内的海口至叉河西环铁路 182 km。

⑥ 包兰铁路：穿越茫茫腾格里沙漠的中国第一条沙漠铁路。经过当地人民防沙治沙，在铁路沿线建起绿色屏障，至今已安全畅通 41 年。这一治沙工程被誉为“世界奇迹”，并荣获联合国“全球 500 佳环境保护奖”。

⑦ 宝成铁路：四川与全国沟通的第一条铁路，又是中国第一条电气化铁路。北起陕西宝

鸡，过略阳、阳平关入四川，再经广元到达成都，全长 669 km，四川境内 374 km。

⑧ 京九铁路：我国铁路建设史规模最大、投资最多、一次建成里程最长、工期最短的纵贯南北、跨越九省市的铁路大干线，全线正线长 2397 km。

⑨ 成昆铁路：在禁区建成的铁路。成昆铁路所在的路线，曾经是外国专家断言根本不能修建铁路的“禁区”。这条铁路贯穿成都至昆明，全长 1085 km，1/3 的路段落在地震地区，沿线山高谷深，川大流急，地质复杂，气候多变，凿穿大山数百座，修建隧道 427 座，架设桥梁 653 座，桥梁隧道总长 400 km，平均每 1.7 km 一座桥梁，每 2.5 km 一座隧道，其工程之艰巨，为世界铁路建设上所罕见。

⑩ 南疆铁路：是一半“火焰”一半“冰山”的铁路。南疆铁路经过最低的陆地之一的吐鲁番盆地，进入天山山区，一处奇热，一处奇冷。铁路全长 476 km，全线除戈壁荒漠和盐渍地外，一半以上是深山峡谷，曲线占 80%。

⑪ 南昆铁路：风景最美最险峻的干线。南昆铁路东起南宁，西至昆明，北接红果，全长 899.7 km，是连接广西、贵州、云南的国家一级电气化铁路干线，沿途高峡深谷、山水奇秀。很多的世界第一和亚洲第一都在这条干线上创造出来，其中包括：世界铁路第一高桥——清水河大桥；亚洲第一险隧道——家竹菁隧道；亚洲第一墙——石头寨车站锚拉式桩板墙；单线最长电气化隧道——米花岭隧道。

⑫ 青藏铁路：青藏铁路北起青海省西宁市，南至西藏自治区拉萨市，全长约 1956 km，其中西宁至格尔木约 846 km 已于 1984 年建成。将要动工修建的青藏铁路格尔木至拉萨段，从青海省西部重镇格尔木市火车站引出，过南山口后，上青藏高原腹地，途经纳赤台、五道梁、沱沱河、雁石坪，翻越唐古拉山进入西藏自治区，再经安多、那曲、当雄、羊八井，至西藏自治区首府拉萨市。线路走向与青藏公路基本并行。青藏铁路穿越了可可西里、三江源、羌塘等自然保护区，因其独具特色的环保设计和建设，也被称之为中国第一条“环保铁路”。

青藏铁路是当今世界海拔最高、最长的高原铁路。线路经过地区海拔 4000 m 以上的地段有 960 km，翻越唐古拉山线路最高处达 5072 m；经过多年连续冻土地段 550 km，经过九度地震烈度区 216 km。沿线高寒缺氧，生态环境脆弱，地壳运动活跃。在这样的区域修建铁路，具有很强的探索性和科研性，建设任务艰巨。风火山隧道，是世界上最高的铁路隧道；位于海拔 4767 m 的昆仑山隧道，全长 1686 m，被称为世界上最长的“冻土隧道”。

（5）部分国家修建第一条铁路的时间表，如表 2-6 所示。

表 2-6 不同国家修建第一条铁路的时间表

序号	国家	修建时间	序号	国家	修建时间
1	英国	1825	10	意大利	1839
2	美国	1830	11	瑞士	1844
3	法国	1832	12	西班牙	1848
4	比利时	1835	13	秘鲁	1851
5	德国	1835	14	印度	1852
6	加拿大	1836	15	澳大利亚	1854
7	俄国	1837	16	南非	1860
8	奥地利	1838	17	日本	1872
9	荷兰	1839	18	中国	1876

4. 铁路线路

（1）铁路等级。

铁路等级是铁路的基本标准。设计铁路时，首要任务就是确定铁路等级。我国铁路的等级通常分为三级，用罗马数字Ⅰ、Ⅱ、Ⅲ表示。

等级的划分是根据具体线路在路网中的作用和远期年客货运量来确定的。远期年客货运量，是指具体线路在交付运营后第 10 年，其重车方向的货运量和客车对数折算的货运量之和。每天 1 对客车按 1.0 个百万吨（Mt）货运量折算。

Ⅰ级铁路：在路网中起到骨干作用的铁路，远期年客货运量在 20 Mt 以上。

Ⅱ级铁路：分两种情况，一是指在路网中起骨干作用的铁路，远期年客货运量小于 20 Mt；二是指在路网中起联络、辅助作用的铁路，远期年客货运量在 10 Mt 以上。

Ⅲ级铁路：为某一区域服务，具有地区运输性质的铁路，远期年客货运量在 10 Mt 以下。

铁路还可分为单线铁路和双线铁路。

（2）铁路线路分类。

铁路线路分为正线、站线、段管线、岔线及特别用途线。

① 正线是指连接车站并贯穿或直接伸入车站的线路。

② 站线是指站内除正线以外的到发线、调车线、牵出线、货物线及站内指定用途的其他线路。到发线用于接发客车和货车。调车线用于车列解体和编组并存放车辆。牵出线用于调车作业时将车辆牵引出去。货物线用于货物装卸作业的货车停留。

③ 段管线是指机务、车辆、工务、电务等段专用并由其管理的线路。

④ 岔线是指在区间或站内接轨，通向路内外单位的专用线路。

⑤ 特别用途线是指安全线和避难线。

5. 铁路机车

铁路机车俗称火车头，是铁路运输的动力，牵引列车运行。

1804 年，英国工程师特里维雪·克研制出一台单缸蒸汽机车。因为当时使用木材烧火作燃料，所以叫“火车”。

（1）从运用上分，有客运机车、货运机车和调车机车。

（2）按牵引动力来划分，目前有蒸汽机车、内燃机车和电力机车。

6. 铁路车辆

铁路车辆是指没有动力装置，要靠机车牵引才能在铁路线上运行的客货运输工具。

铁路车辆的分类有以下三种分法。

一是按用途分，有客车和货车两大类。

常见的客车有硬座车、软座车、硬卧车、软卧车、餐车、行李车、邮政车等。

常见的货车有平车、敞车、棚车、罐车、保温车等。

二是按车辆的轴数分，有四轴车、六轴车、八轴车等。轴数越多，车轮也越多，载重量就越大。

三是按车辆的载重分。例如，货车有 50 t、60 t、75 t、90 t 等不同的载重量。

7. 铁路列车

铁路机车亦称列车或火车，按规定和计划把若干节车厢编挂在一起并挂上机车，就形成一个列车。

（1）铁路列车的种类。

铁路列车按载荷物，可分为运货的货车和载客的客车，亦有两者一起的客货车。客车中，有的是高速列车。

按路轨分类，列车可分为普通轨道、单轨、磁浮，亦有登山铁路特别使用的齿轨铁路及由缆索拉动的缆车。

按列车的动力来源，有使用蒸汽机车、内燃机车、电力机车牵引，亦有使用自走的动车组。

某些列车由多于一个的机车牵引。在北美洲，货车经常是由三四个以至五个机车牵引。

另外，还有列车是专门为轨道维修而设的。

（2）客车。

载客的列车用客车厢，把乘客从车站运送到另一车站。车站间的距离可能不足 1 km，亦有可能长达数百千米。

长途客车有时会附带餐车，或有卧车。一般的高速铁路很少有卧车，因为它们一般在入黑以前便会到抵达目的地。

部分高速列车的车身可以摆动，称为摆式列车，以便在转弯时无需降低车速。

城市之间不停沿途小站的市际列车称为快车或特快。各小站都停的称为普通客车、普客或慢车。

有些大城市有短距离的通勤列车往来市郊住宅区及市中心。这些通勤列车经常亦是城市轨道交通系统的一部分。很多的通勤车都以站立为主，座位较少。有些地区会用双层客车来增加载客，而高速列车及卧车亦有双层。

城市轨道交通系有时被称作地下铁路，但它们在市中心以外可能会在路面或架空路轨上行走。这类列车的加速及减速一般都比长途车快，通常亦有更多的车门以供乘客上落。

路面电车或轻便铁路一般最多只会有两个车厢一同行走。路面电车通常会与其他车在同一条马路上行驶。轻便铁路是对很多现代化路面电车的称谓，因为它们介乎路面电车及“重铁”（即一般铁路列车）之间。路面电车跟轻便铁路其实没有很明确的分野，很多时候，分类都是约定俗成的。

磁浮铁路及单轨铁路是铁路列车中较先进的新发明，不过应用仍然很少。

地下铁路、轻便铁路、通勤列车有时会被统称为快速运输系统。

（3）货车。

货运列车拖动的是货车载货车厢。

世界上铁路运输使用得最多的是铁路货运。美国的铁路主要用作货运。

在合适的情况下，铁路货运比公路货运便宜很多，亦更节省能源。铁路货运最适合长途运载大量的货物。但对于短途或小量的货物则较为不适合。铁路货运最大的缺点是缺乏弹性。在不少国家，铁路货运正逐渐被道路货运取代。但亦有很多政府因为环境的考虑，而设法鼓励使用铁路。

铁路使用的载货车厢有多种，现代最常见的是货柜（集装箱）车。它们可以由起重机吊起，从车厢运到船或货车上。有些国家的货柜车厢采用附带方式，又称为“背载式运输”，货柜车可以把货柜连拖架驶上列车车厢上。到达目的地后直接由货柜车头把货柜开走。英国、法国之间的英伦海峡隧道便是采用这种设计。

其他的货车车厢包括：运送车辆的平车、散装货物的敞车、冷冻食物的冷藏车、运送猪或牛等动物的棚车、运送煤炭矿物谷类的漏斗车、运送汽油等液体的罐车及运送阔大货物的大物车。

三、航空运输

（一）航空运输的概念

航空运输，即使用飞机、直升机及其他航空器运送人员、货物、邮件的一种运输方式。它具有快速、机动的特点，是现代旅客运输，尤其是远程旅客运输的重要方式；是国际贸易中的贵重物品、鲜活货物和精密仪器运输所不可缺少的一种运输方式。

（二）航空运输的特点

1. 具有较高的运送速度

当今世界市场竞争十分激烈，行情瞬息多变，时间成本是企业需要考虑的重要因素，航空运输较高的运送速度已成为当前国际市场上商品竞争的有利因素。

2. 适于鲜活、季节性商品

鲜活商品对时间的要求很高，运输延迟会使商品失去原有价值。采取航空运输可以保证商品新鲜成活，有利于开辟远距离市场。对于季节性商品，航空运输能够保证在销售季节到来前应市，避免了由于错过季节导致商品无法销售而产生损失。

3. 破损率低、安全性好

采用航空运输的货物本身价值较高，航空运输的地面操作流程环节比较严格，管理制度比较完善，这就使货物破损率很低，安全性较好。

4. 节省包装等费用、加快资金周转

航空运输速度快，商品在途时间短、交货速度快，可以降低商品的库存数量、减少仓储费、保险费和利息支出等。另外，航空运输保管制度完善，货损货差较少，包装可相应地简化，从而降低了包装费用和保险费用。产品流通速度加快，也加快了资金周转速度。

5. 准军事性

人类的航空活动首先投入军事领域，而后才转为民用。现代战争中制空权的掌握是取得战争主动地位的重要因素。因此，很多国家在法律中规定，航空运输企业所拥有的机群和相关人员，平时服务于国民经济建设，作为军事后备力量，在战时或紧急状态时，民用航空即可依照法定程序被国家征用，服务于军事上的需求。

6. 资金、技术、风险密集性

航空运输业是一个高投入的产业，无论运输工具，还是其他运输设备都价值昂贵、成本巨大。因此，航空运输业的运营成本非常高，同时技术要求高，设备操作复杂，各部门间互相依赖程度高，因此其运营过程中风险性大。任何一个国家的政府和组织都没有相应的财力，像贴补城市公共交通一样去补贴本国的航空运输企业。出于这个原因，航空运输业在世界各国都被认为不属于社会公益事业，都必须以盈利为目标才能维持其正常运营和发展。

7. 自然垄断性

由于航空运输业投资巨大，资金、技术、风险高度密集，投资回收周期长，对航空运输主体资格限制较严，市场准入门槛高，加之历史的原因，使航空运输业在发展过程中形成自然垄断。

8. 航空运输缺点

航空运输的缺点主要有：① 运费高。飞机购置成本高，载运量小，折旧率大且运量有限，故收费昂贵。② 运量受限。一般飞机运载量有限，如全货机仅能载运 90 ~ 100 t 的货物，与铁路运输或海运相比，差距甚大。③ 可及性较差。飞机须在机场才能提供服务，因此需其他地面运输的配合。④ 受天气影响。暴风雨，浓雾或大雪等天气均对飞航安全产生极大的威胁，尤其影响航空器的起飞与降落，因此天气恶劣时，常暂停飞行。

（三）航空运输的种类

根据不同的分类标准，航空运输可划分为不同的种类。

（1）从航空运输的性质出发，一般把航空运输分为国内航空运输和国际航空运输两大类。

根据《民航法》第一百零七条的定义，所谓国内航空运输，是指根据当事人订立的航空运输合同，运输的出发地点、约定的经停地点和目的地点均在中华人民共和国境内的运输。而所谓国际航空运输，是指根据当事人订立的航空运输合同，无论运输有无间断或者有无转运，运输的出发地点、约定的经停地点和目的地点之一不在中华人民共和国境内的运输。这一定义是参照中国已参加的《华沙公约》和《海牙议定书》规定的主要精神形成的，决定航空运输性质的唯一标准是运输的“出发地点”“目的地点”和“约定的经停地点”是否均在中国境内，而确定“出发地点”“目的地点”和“约定的经停地点”的依据则是当事人双方订立的航空运输合同，即双方当事人的事先约定，一般不考虑在实际履行该运输合同过程中是否因故而实际地改变了航路。值得注意的是，在没有相反证明时，在客票、行李票等运输凭证上注明的关于“出发地点”“目的地点”和“约定的经停地点”的内容即为确定该次航空运输的“出发地点”“目的地点”和“约定的经停地点”的依据。判断航空运输性质时，不考虑运输有无间断或有无转运。

如何正确理解“约定的经停地点”呢？英国上诉法院于 1936 年 7 月 13 日判决的“格里因诉帝国航空公司案”时曾将其定义为：依照合同的约定，履行合同所使用的航空器在进行合同约定的运输过程中将要降停的地点，不论降停的目的是什么，也不论旅客有何种要在该地点中断其航程的权利。其中，“约定的经停地点”不一定非要载入运输凭证才能构成“约定的”经停地点，只要在承运人的班期时刻表上公布就足以构成“约定的”经停地点。但是根据《民航法》第一百一十一条、一百一十二条和一百一十六条之规定，在国际航空运输中，如果承运人不在运输凭证里注明在国外的“约定的经停地点”，承运人将无权援用运输凭证所声明使用的国际航空运输公约有关赔偿责任限制的规定。

为了进一步确定航空运输的性质，有必要深刻了解连续运输的定义。根据《民航法》第一百零八条条的规定，航空运输合同各方认为几个连续的航空运输承运人办理的运输是一项单一业务活动的，无论其形式是以一个合同订立或者数个合同订立，应当视为一项不可分割的运输。因此，是否是连续运输是以航空运输合同当事人各方的共同意思决定的，而不取决于合同的形式，只要合同当事人各方把整个航程当作一次营运，并从一开始就约定使用几处连续承运人，即可构成连续运输。连续运输是不可分割的，如果连续运输的若干个航段中有一个航段是在国外履行，那么整个运输（包括国内航段）都是国际航空运输。

（2）从航空运输的对象出发，可分为航空旅客运输、航空旅客行李运输和航空货物运输三类。

较为特殊的是，航空旅客行李运输既可附属于航空旅客运输中，亦可看作一个独立的运输过程。航空邮件运输是特殊的航空货物运输，一般情况下优先运输，受《邮政法》及相关行政法规、部门规章等调适，不受《民航法》相关条文规范。

（四）包机运输

包机运输是指民用航空运输使用人为一定的目的包用公共航空运输企业的航空器进行载客或载货的一种运输形式。其特点是：包机人需要和承运人签订书面的包机运输合同，并在合同有效期内按照包机合同自主使用民用航空器，包机人不一定直接参与航空运输活动。

（五）我国民用航空（简称“民航”）的历史发展概述

1. 中华人民共和国成立以前（1949 年前）

1918 年北洋政府设立航空事务处，这是我国第一个主管民航事务的正式管理机构。

1920 年开通的北京—天津航线是我国的第一条航线，我国民航由此拉开了序幕。

1928 年政府开始筹办民用航空，1929 年成立沪蓉航空管理处，当年开通了上海—南京航线，随后与外国合资组建中国航空公司。

1936 年开通了广州至河内的航线，这是我国第一条国际航线。到 1936 年年底，全国共有的航线里程超过 2 万千米。

2. 时期（1949—1978 年）

1949 年 11 月中央军委民航局成立，统管全国的民航事业，1954 年民航局归国务院领导，更名为中国民航总局。

1949—1965 年，随着国家经济建设的发展，我国的民航事业也取得了一些发展，购进了新的飞机，扩建和新建了一批机场，开辟了新航线，建立起以北京为辐射中心的单线式的航空网路。

到 1965 年，我国的航线里程和总周转量虽比 1949 年有很大的增长，但从整个旅客周转量上看，还达不到我国历史上的最高水平，这与我国国民经济的发展极不相称。

1965—1976 年的“文化大革命”的动乱时期，我国的民航业受到严重的干扰和损害，处于停滞状态。

3. 改革开放时期（1978—1987 年）

中国在联合国合法地位的恢复（1971 年），使我国的民航事业得到了生机，有了一定的发展。

1981 年把民航正式从军队的领导下转为政府的领导，成为一个从事经济发展的业务部门，民航管理开始走上现代化的道路，过程是分步骤的、渐进的。

1978—1987 年，我国民航业有了巨大的发展，国内航线大大增加，并建立了通向世界各大洲的国际航线网。

4. 民航体制改革时期（1987 年至今）

第一阶段是 1987—1994 年。这一阶段主要以政企分开为原则转变政府职能，进行管理局、航空公司和机场分设的改革。

第二阶段是 1994—1998 年。其间的改革主要有三方面的内容：一是进一步落实企业经营自主权；二是改革机场建设和管理体制，初步形成民航、地方以及民航与地方联合建设和管理的三种主要模式；三是空管体制改革开始进行。

第三阶段是以民航总局 2001 年 4 月召开的民航直属企业改革重组动员大会为起始标志，开始进入民航管理体制改革的攻坚阶段。

四、水路运输

（一）水路运输的概念

水路运输是利用船舶、排筏和其他浮运工具，在江、河、湖泊、人工水道以及海洋上运送旅客和货物的一种运输方式。它是我国综合运输体系中的重要组成部分，并且正日益显示出它的巨大作用。

（二）水路运输的特点

（1）水运主要利用江、河、湖泊和海洋的“天然航道”来进行。水上航道四通八达，通航能力几乎不受限制，而且投资较小。

（2）水路运输可以利用天然的有利条件，实现大吨位、长距离的运输。因此，水运的主要特点是运量大，成本低，非常适合于大宗货物的运输。

（3）水路运输是开展国际贸易的主要方式，是发展经济和友好往来的主要交通工具。

（4）水路运输受自然条件的限制与影响大。受海洋与河流的地理分布及其地质、地貌、水文与气象等条件和因素的明显制约与影响。

（5）对综合运输的依赖性较大。河流与海洋的地理分布有相当大的局限性，水运航线无法在广大陆地上任意延伸。

（6）前期投资较大。

（7）速度慢。

（三）水路运输的分类

水路运输按其航行的区域，大体上可划分为远洋运输、沿海运输和内河运输三种形式。

远洋运输是海洋运输的一种，也是整个运输业的组成部分。若从地理概念理解，远洋运输是指以船舶为工具，从事跨越海洋运送货物和旅客的运输。然而，从运输业务的关系来理解，远洋运输则是指以船舶为工具，从事本国港口与外国港口之间或者完全从事外国港口之间的货物和旅客的运输，即国与国之间的海洋运输，或者称为国际航运。远洋运输主要有集装箱运输和散货运输。

沿海运输指的是本国沿海各港口间的海上运输。从事沿海运输的航船一部分为内航船舶；另一部分为进出境船舶，如港澳航线的小型船舶等。

内河运输是指使用船舶通过国际内江湖河川等天然或人工水道，运送货物和旅客的一种运输方式。它是内陆腹地和沿海地区的纽带，也是边疆地区与邻国边境河流的连接线，在现代化的运输中起着重要的辅助作用。

（四）船舶的种类

（1）杂货船。

杂货船是装载一般包装、袋装、箱装和桶装的普通货物船。这种船航行速度较快，船上配有足够的起吊设备，船舶构造中有多层甲板把船舱分隔成多层货柜，以适应装载不同货物的需要。货船按机舱位置的不同，有中机型船、尾机型船和中后机型船。中机型船的机舱位置在船体中央部分；尾机型船的机舱设在船的尾部；中后机型船的船舱设在偏尾部方向。

（2）散货船。

散货船是专门用来装运煤、矿砂、盐、谷物等散装货物的船舶。与杂货船不同的地方：它运输的货物品种单一，装载量大。依照不同的散货品种，装卸时可采用大抓斗、吸粮机、装煤机、皮带输送机等专门的机械。散货船的特点：驾驶室和机舱都设在尾部；货舱口比杂货船的货舱口大；有较多的压载水舱，作为空载返航时压载之用。散货船都为单甲板船，舱内不设支柱。

（3）集装箱船。

集装箱船可分为部分集装箱船、全集装箱船和可变换集装箱船三种。部分集装箱船仅以船的中央部位作为集装箱的专用舱位，其他舱位仍装普通杂货。全集装箱船指专门用以装运集装箱的船舶。它与一般杂货船不同，其货舱内有格栅式货架，装有垂直导轨，便于集装箱沿导轨放下，四角有格栅制约，可防倾倒。集装箱船的舱内可堆放三至九层集装箱，甲板上还可堆放三至四层。可变换集装箱船其货舱内装载集装箱的结构为可拆装式的。因此，它既可装运集装箱，必要时也可装运普通杂货。集装箱的装卸通常是由岸上起重机进行，因此，绝大多数集装箱船上不设起货设备。集装箱船的机舱设在尾部或中部偏后。

（4）油船。

油船主要装运液态石油类货物。它的特点是：油船上层建筑和机舱设在尾部，上甲板纵中部位，布置纵通全船的输油管和步桥。石油分别装在各个密封的油舱内。油船在装卸石油时是用油泵和输油管输送的，因此它不需要起货吊杆和起货机。为取得较大的经济效益，第二次世界大战以后，油轮的载重吨位不断增加。

（5）滚装船。

滚装船（又称滚上滚下船）主要用来运送汽车和集装箱。这种船本身无须装卸设备，一般在船侧或船的首、尾有开口斜坡连接码头，装卸货物时，或者是汽车，或者是集装箱（装在拖车上的）直接开进或开出船舱。这种船的优点是：不依赖码头上的装卸设备，装卸速度快，可加速船舶周转。

（6）驳船。

驳船一般没有动力装置，它依靠其他船舶拖带或顶推航行。驳船用于驳运大型货船上装卸的货物，或者组成驳船船队运输货物。驳船船队可以航行于狭窄的水道和浅水航道，并可按运输货物的品类随机编组，适应内河各港口货物运输的需要。驳船的优点是：船的结构和设备简单、造价和管理维修费用低、船的利用率高等。所以，驳船在内河运输中有着重要地位，在我国长江干线和其他内河航线的货物运量中，驳船运输占有较大的比重。

（7）载驳船。

载驳船又称子母船，是指在大船上搭载驳船，驳船内装载货物的船舶。载驳船的主要优点是：不受港口水深限制，不需要占用码头泊位，装卸货物均在锚地进行，装卸效率高。

（8）液化天然气船。

液化天然气船专门用来装运经过液化的天然气。

（9）液化石油气船。

液化石油气船主要用来运输以丙烷和丁烷为主要成分的石油碳氢化合物，也包括丙烯和丁烯及其他一些化工产品，近年来乙烯和氨也列入其运输范围。液化石油气船因其特殊用途而产生了多方面的特殊要求，因而其建造难度大，是代表当今世界造船技术水平的高技术、高附加值船舶。

（10）冷藏船。

冷藏船是专门用于装载冷冻易腐货物的船舶。船上设有冷藏系统，能调节多种温度以适应各舱货物对不同温度的需要。

五、管道运输

（一）管道运输的概念

管道运输（pipeline transport）是用管道作为运输工具的一种长距离输送液体和气体物资的运输方式。

（二）世界三条著名的管道

（1）现代第一条管道：1865 年美国宾夕法尼亚原油管道。

（2）世界最长的管道：俄罗斯—东欧友谊输油管，长 5327 km（其中苏联境内 3688 km）。年输原油约 1 亿吨。

（3）世界运量最大的管道：伊朗的阿瓦士—阿加贾里—加拉维油管。

（三）管道运输的优缺点

1. 运量大

一条输油管线可以源源不断地完成输送任务。根据其管径的大小，其每年的运输量可达数百万吨到几千万吨，甚至超过亿吨。

2. 占地少

运输管道通常埋于地下，其占用的土地很少。运输系统的建设实践证明，运输管道埋藏于地下的部分占管道总长度的 95% 以上，因而对于土地的永久性占用很少，分别仅为公路的 3%、铁路的 10% 左右。在交通运输规划系统中，可以优先考虑管道运输方案，对于节约土地资源，意义重大。

3. 管道运输建设周期短、费用低

国内外交通运输系统建设的大量实践证明，管道运输系统的建设周期与相同运量的铁路建设周期相比，一般来说要短 1/3 以上。历史上，中国建设大庆至秦皇岛全长 1.52 km 的输油管道，仅用了 23 个月的时间，而若要建设一条同样运输量的铁路，至少需要 3 年时间。新疆至上海市的全长 4200 km 天然气运输管道，预期建设周期不会超过 2 年，但是如果新建同样运量的铁路专线，建设周期在 3 年以上，特别是地质地貌条件和气候条件相对较差，大规模修建铁路的难度将更大，周期将更长。统计资料表明，管道建设费用比铁路低 60% 左右。

天然气管道输送与其液化船运（LNG）的比较。以输送 300 m^3/a（立方米/年）的天然气为例，如建设 6000 千米管道投资约 120 亿美元；而建设相同规模（2000 万吨）LNG 厂的投资则需 200 亿美元以上；另外，需要容量为 12.5 万立方米的 LNG 船约 20 艘，一艘 12.5 万立方米的 LNG 船造价在 2 亿美元以上，总的造船费约 40 亿美元。仅在投资上，采用 LNG 就大大高于管道。

4. 管道运输安全可靠、连续性强

由于石油天然气易燃、易爆、易挥发、易泄露，采用管道运输方式，既安全，又可以大大减少挥发损耗，同时由于泄露导致的对空气、水和土壤污染也可大大减少。也就是说，管道运输能较好地满足运输工程的绿色化要求。此外，由于管道基本埋藏于地下，其运输过程受恶劣多变的气候条件影响小，可以确保运输系统长期稳定地运行。

5. 管道运输耗能少、成本低、效益好

发达国家采用管道运输石油，每吨千米的能耗不足铁路的 1/7，在大量运输时的运输成本与水运接近，因此在无水条件下，采用管道运输是一种最为节能的运输方式。管道运输是一种连续工程，运输系统不存在空载行程，因而系统的运输效率高，理论分析和实践经验已证明，管道口径越大，运输距离越远，运输量越大，运输成本就越低，以运输石油为例，管道运输、水路运输、铁路运输的运输成本之比为 1：1：1.7。

（四）管道运输的缺点

（1）灵活性差。管道运输不如其他运输方式（如汽车运输）灵活，除承运的货物比较单一外，它也不容随便扩展管线。实现“门到门”的运输服务，对一般用户来说，管道运输常常要与铁路运输或汽车运输、水路运输配合才能完成全程输送。

（2）固定投资高。所以当管道运输量明显不足时，运输成本会显著增大。

（3）永远单向运输，机动灵活性差。

（五）中国西气东输工程

“西气东输”是我国距离最长、口径最大的输气管道。全线采用自动化控制，供气范围覆盖中原、华东、长江三角洲地区。西起新疆塔里木轮南油气田，向东经过库尔勒、吐鲁番、鄯善、哈密、柳园、酒泉、张掖、武威、兰州、定西、西安、洛阳、信阳、合肥、南京、常州等大中城市。东西横贯新疆、甘肃、宁夏、陕西、山西、河南、安徽、江苏、上海等 9 个省区，全长 4200 km。它西起塔里木盆地的轮南，起点是塔北油田，东至上海。项目第一期投资预测为 1200 亿元，上游气田开发、主干管道铺设和城市管网总投资超过 3000 亿元。工程在 2000—2001 年内先后动工，于 2007 年全部建成。

西气东输二线管道西起新疆的霍尔果斯，经西安、南昌，南下广州，东至上海，途经新疆、甘肃、宁夏、陕西、河南、安徽、湖北、湖南、江西、广西、广东、浙江和上海 13 个省、自治区、直辖市。干线全长 4859 km，加上若干条支线，管道总长度超过 7000 km。

从新疆至上海的西气东输一线管道 2004 年建成投产，年供气能力迄今已逾 120 亿立方米。西气东输二线管道将开辟第二供气通道，从而增强供气的安全性和可靠性。

西气东输二线管道主供气源为引进土库曼斯坦、哈萨克斯坦等中亚国家的天然气，国内气源作为备用和补充气源，开辟了第二供气通道。

西气东输三期工程路线确定为从新疆通过江西抵达福建，把俄罗斯和中国西北部的天然气输往能源需求量庞大的长江三角洲和珠江三角洲地区。

第三节　运输合理化

一、运输合理化的概念

运输合理化就是按照货物流通规律，组织货物运输，力求用最少的劳动消耗，得到最大的经济效益。

二、决定物流运输合理化的主要因素

影响物流运输合理化的因素有很多，起决定作用的主要有五个方面，称作合理运输的“五要素”，如图 2-1 所示。

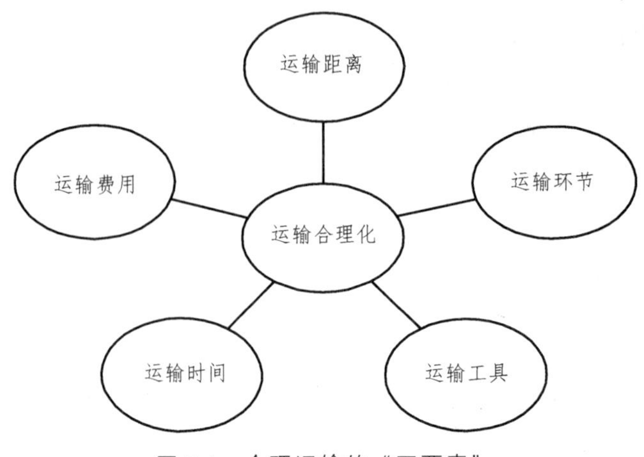

图 2-1　合理运输的“五要素”

（一）运输距离

运输过程中，运输时间、运输运费等若干技术经济指标都与运输距离有一定的关系，但运距长短仅是判别运输是否合理的一个最基本因素。

（二）运输环节

每增加一个运输环节，势必要增加运输的附属活动，如装卸、包装等，各项技术经济指标也会因此发生变化，因此减少运输环节有一定的促进作用。

（三）运输工具

各种运输工具都有其优势领域，对运输工具进行优化选择，最大限度地发挥运输工具的特点和作用，是运输合理化的重要一环。

（四）运输时间

在全部物流时间中运输时间占了绝大部分，尤其是远距离运输，因此，运输时间的缩短对整个流通时间的缩短有决定性作用。此外，运输时间缩短，还可加速运输工具的周转，充分发挥运力效能，提高运输线路通过能力。

（五）运输费用

运输费用在全部物流费用中占很大的比例，费用的高低在很大程度上决定整个物流系统的竞争能力。实际上，费用的相对高低，无论对货主还是对物流企业都是运输合理化的一个重要标志。运输费用的高低也是各种合理化措施是否行之有效的最终判断依据之一。

三、不合理运输概述

（一）不合理运输的概念

物流中的不合理运输是指不注重经济效果，造成运力浪费、运费增加、货物流通速度降低、货物损耗增加的运输现象。物流经理在实际工作中应尽量避免不合理运输，力争使其出现的概率降低到零。

（二）不合理运输的表现形式

运输在整个物流中占有很重要的地位，对物流总成本的节约具有举足轻重的作用。下面分别从方向、距离、运量、运力选择等方面分析归纳了几种不合理运输的形式。

1. 返程或起程空驶

空车无货载行驶，可以说是不合理运输的最严重形式。在实际运输组织中，有时候必须调运空车，从管理上不能将其看成不合理运输。但是，因调运不当、货源计划不周，不采用运输社会化而形成的空驶，是不合理运输的表现。造成空驶的不合理运输主要有以下几种原因：

（1）能利用社会化的运输体系而不利用，却依靠自备车送货提货，从而出现单程重车，单程空驶的不合理运输。

（2）由于工作失误或计划不周，造成货源不实，车辆空去空回，形成双程空驶。

（3）由于车辆过分专用，无法搭运回程货，只能单程实车，单程回空周转。

2. 对流运输

对流运输亦称“相向运输”“交错运输”，是指同一种货物，或彼此间可以互相代用而又不影响管理、技术及效益的货物，在同一线路上或平行线路上做相对方向的运送，而与对方运程的全部或一部分发生重叠交错的运输。已经制定了合理流向图的产品，一般必须按合理流向的方向运输，如果与合理流向图指定的方向相反，也属对流运输。

在判断对流运输时需注意的是，有的对流运输是不很明显的隐蔽对流。例如，不同时间的相向运输，从发生运输的那个时间看，并没有出现对流，可能做出错误的判断。

3. 迂回运输

迂回运输是舍近求远的一种运输。可以选取短距离进行运输而不选择，却选择路程较长路线进行运输的一种不合理形式。迂回运输有一定的复杂性，不能简单处之。只有当计划不周、地理不熟、组织不当而发生的迂回，才属于不合理运输；如果最短距离有交通阻塞、道路情况不好或有对噪音、排气等特殊限制而不能使用时发生的迂回不能称不合理运输。

4. 重复运输

本来可以直接将货物运到目的地，但是在未达目的地之处，或目的地之外的其他场所将货卸下，再重复装运送达目的地，这是重复运输的一种形式。另一种形式是，同品种货物在同一地点一面运进，同时又向外运出。重复运输的最大毛病是：增加了非必要的中间环节，这就延缓了流通速度，增加了费用，增加了货损。

5. 倒流运输

倒流运输是指货物从销地或中转地向产地或起运地回流的一种运输现象。其不合理程度要甚于对流运输。其原因在于，往返两程的运输都是不必要的，形成了双程的浪费。倒流运输也可以看成是隐蔽对流的一种特殊形式。

6．过远运输

过远运输是指调运物资舍近求远，近处有资源不调而从远处调，这就造成可采取近程运输而未采取，拉长了货物运距的浪费现象。过远运输占用运力时间长、运输工具周转慢、物资占压资金时间长、远距离自然条件相差大，又易出现货损，增加了费用支出。

7．运力选择不当

运力选择不当是指未选择各种运输工具优势而不正确地利用运输工具造成的不合理现象，常见的有以下若干形式：

（1）弃水走陆。在同时可以利用水运及陆运时，不利用成本较低的水运或水陆联运，而选择成本较高的铁路运输或汽车运输，使水运优势不能发挥。

（2）铁路、大型船舶的过近运输。不是铁路及大型船舶的经济运行里程却利用这些运力进行运输的不合理做法。主要不合理之处在于，火车及大型船舶起运及到达目的地的准备、装卸时间长，且机动灵活性不足，在过近距离中利用，发挥不了运速快的优势。相反，由于装卸时间长，反而会延长运输时间。另外，和小型运输设备相比，火车及大型船舶装卸难度大、费用也较高。

（3）运输工具承载能力选择不当。不根据承运货物数量及重量选择，而盲目决定运输工具，造成过分超载、损坏车辆及货物不满载、浪费运力的现象。尤其是“大马拉小车”现象发生较多。由于装货量小，单位货物运输成本必然增加。

8．托运方式选择不当

对于货主而言，可以选择最好托运方式而未选择，造成运力浪费及费用支出加大是一种不合理运输。例如，应选择整车而未选择，反而采取零担托运，应当直达而选择了中转运输，应当中转运输而选择了直达运输等都属于这一类型的不合理运输。

9．无效运输

无效运输是指凡装运的物资中有无使用价值的杂质（如煤炭中的矸石、原油中的水分、矿石中的泥土和沙石）含量过多或含量超过规定的标准的运输。

（三）产生不合理运输的主要原因

（1）在主观上对合理运输的重视不够，不了解所需货物的货源分布，不研究各种运输工具和运输方式的特点及费用情况。

（2）受自然条件和地理因素的影响。

（3）我国目前紧张的交通运输条件所造成的制约因素。

（四）不合理运输的改善

上述各种不合理运输的形式都是在特定条件下表现出来的，在进行判断时必须注意其不合理的前提条件，否则就容易出现判断失误。例如，如果同一种产品，商标不同、价格不同，所发生的对流，不能绝对看成不合理，因为其中存在着市场机制引导的竞争，优胜劣汰。如果强调因为表面的对流而不允许运输，就会起到保护落后、阻碍竞争甚至助长地区封锁的作用。类似的例子，在各种不合理运输形式中都可以举出一些。

再者，以上对不合理运输的描述，主要是就形式本身而言的，是主要从微观观察得出的结论。在实践中，必须将其放在物流系统中做出综合判断，在不做系统分析和综合判断时，很可能出现“效益背反”现象。单从一种情况来看，避免了不合理，做到了合理，但它的合理却使其他部分出现不合理。只有从系统角度，综合进行判断才能有效避免“效益背反”现象，从而优化全系统。

“效益背反”是物流领域中很经常的很普遍的现象，是这一领域中内部矛盾的反映和表现。效益背反指的是物流的若干功能要素之间存在着损益的矛盾，也即某一个功能要素的优化和利益发生的同时，必然会存在另一个或另几个功能要素的利益损失，反之也如此。

这是一种此涨彼消、此盈彼亏的现象，虽然在许多领域中这种现象都是存在的，但物流领域中，这个问题似乎尤其严重。“效益背反”说有许多有力的实证予以支持。例如，包装问题，在产品销售市场和销售价格皆不变的前提下，假定其他成本因素也不变，那么包装方面每少花一分钱，这一分钱就必然转到收益上来，包装越省，利润则越高。但是，一旦商品进入流通之后，如果简省的包装降低了产品的防护效果，造成了大量损失，就会造成储存、装卸、运输功能要素的工作劣化和效益大减。显然，包装活动的效益是以其他的损失为代价的，我国流通领域每年因包装不善出现的上百亿元的商品损失，就是这种“效益背反”的实证。

四、运输合理化

（一）合理化运输的主要形式

1. 分区产销平衡

分区产销平衡就是在组织物流活动时，对某些产品使其在一定的生产区域和一定的消费区，实行这一办法对于加强产、供、运、销的计划性，消除过远运输、迂回运输、对流运输等不合理运输，充分利用地方资源，促进生产合理布局，节约运力，降低物流成本都有十分重要的意义。

2. 直达运输

在组织运输的过程中，跨过商业、物资仓库或其他中间环节，把货物从运地直接一步到位运到销地或用户手中，减少中间环节。随着市场经济的发展，企业为了降低流通费用，采用直达运输的比例在迅速提高，这为减少物流中间环节、提高物流效益和生产经营效益都有重要作用。

3. 提高技术“装载量”

这种办法可以最大限度地利用运载工具的装载吨位和装载客积，提高运输能力和车辆的运量。其主要方法：实行分单体运输；组织轻重配装；提高堆码技术；合装整车，也叫“零担”，拼装整车中转分运。

4. 推进综合运输的方式

精心规划、统筹兼顾，大力发展综合运输体系，推进联合运输方式，可以增强运输生产能力，缓解交通运输紧张的癌疾。多年来，我国交通运输出现的不平衡情况：有的线路运输压力过大，有些线路运力发挥不够，有的运输方式严重超负荷。而实现综合运输体系将改变这一不平衡的状况，大幅度提高运输能力。

按照各种运输方式的技术经济特征建立合理的运输结构，扬长避短，以最大限度地提高合理化运输水平，提高运输效率和经济效益。

（二）运输合理化的有效措施

1. 运输工具实载率

实载率有两个含义：一是单车实际载重与运距之乘积和标定载重与行驶里程之乘积的比率，这在安排单车、单船运输时，是判断装载合理与否的重要指标；二是车船的统计指标，即一定时期内车船实际完成的货物周转量（以吨公里计）占车船载重吨位与行驶公里之乘积的百分比。计算时车船行驶的公里数，不但包括载货行驶，也包括空驶。

提高实载率的意义在于：充分利用运输工具的额定能力，减少车船空驶和不满载行驶的时间，减少浪费，从而使运输合理化。

中国曾在铁路运输上提倡“满载超轴”，其中“满载”的含义就是充分利用货车的容积和载重量，多载货，不空驶，从而达到合理化的目的。这个做法对推动当时运输事业发展起到了积极作用。当前，国内外开展的“配送”形式，优势之一就是将多家需要的货和一家需要的多种货实行配装，以达到容积和载重的充分合理运用，比起以往自家提货或一家送货车辆大部空驶的状况，这是运输合理化的一个进展。在铁路运输中，采用整车运输、合装整车、整车分卸及整车零卸等具体措施，是提高实载率的有效措施。

2. 减少动力投入、增加运输能力的有效措施实现合理化

这种合理化的要点是，少投入、多产出，走高效益之路。运输的投入主要是能耗和基础设施的建设，在设施建设已定型和完成的情况下，尽量减少能源投入，是少投入的核心。做到了这一点就能大大节约运费，降低单位货物的运输成本，达到合理化的目的。国内外在这方面的有效措施如下：

（1）满载超轴。前文已提到的“满载超轴”，其中“超轴”的含义就是在机车能力允许的情况下，多加挂车皮。我国在客运紧张时，也采取加长列车、多挂车皮的办法，在不增加机车的情况下增加运输量。

（2）水运拖排和拖带法。竹、木等物资的运输，利用竹、木本身的浮力，不用运输工具载运，采取拖带法运输，可省去运输工具本身的动力消耗从而实现合理；将无动力驳船编成一定队形，一般是“纵列”，用拖轮拖带行驶，有比船舶载乘运输运量大的优点。

（3）顶推法。顶推法是我国内河货运采取的一种有效方法。将内河驳船编成一定队形，由机动船顶推前进的航行方法。其优点是航行阻力小，顶推量大，速度较快，运输成本很低。

（4）汽车挂车。汽车挂车的原理和船舶拖带、火车加挂基本相同，都是在充分利用动力能力的基础上，增加运输能力。

3. 发展社会化的运输体系

运输社会化的含义是发展运输的大生产优势，实际专业分工，打破一家一户自成运输体

系的状况。一家一户的运输小生产，车辆自有，自我服务，不能形成规模，且一家一户运量需求有限，难于自我调剂，因而经常容易出现空驶、运力选择不当、不能满载等浪费现象，且配套的接、发货设施，装卸搬运设施也很难有效地运行，所以浪费颇大。实行运输社会化，可以统一安排运输工具，避免对流倒流、空驶、运力不当等多种不合理形式，不但可以追求组织效益，而且可以追求规模效益，所以发展社会化的运输体系是运输合理化的重要措施。当前，火车运输的社会化运输体系已经较完善，而在公路运输中，小生产生产方式非常普遍，是建立社会化运输体系的重点。社会化运输体系中，各种联运体系是其中水平较高的方式，联运方式充分利用面向社会的各种运输系统，通过协议进行一票到底的运输，有效打破了一家一户的小生产，受到了欢迎。我国在利用联运这种社会化运输体系时，创造了“一条龙”的货运方式。对产、销地及产、销量都较稳定的产品，事先通过与铁路、交通等社会运输部门签订协议，规定专门收、到站，专门航线及运输路线，专门船舶和泊位等，从而有效保证许多工业产品的稳定运输。

4. 开展中短距离铁路公路分流，“以公代铁”的运输

这一措施的要点是，在公路运输经济里程范围内，或者经过论证，超出通常平均经济里程范围，也尽量利用公路。这种运输合理化的表现主要有两点：一是对于比较紧张的铁路运输，用公路分流后，可以得到一定程度的缓解，从而加大这一区段的运输通过能力；二是充分利用公路从门到门和在中途运输中速度快且灵活机动的优势，实现铁路运输服务难以达到的水平。我国“以公代铁”目前在杂货、日用百货运输及煤炭运输中较为普遍，一般在 200 km 以内，有时可达 700 ~ 1000 km。山西煤炭外运经认真的技术经济论证，用公路代替铁路运至河北、天津、北京等地是合理的。

5. 尽量发展直达运输

直达运输是追求运输合理化的重要形式，其对合理化的追求要点是通过减少中转过载换载，从而提高运输速度，省却装卸费用，降低中转货损。直达的优势，尤其是在一次运输批量和用户一次需求量达到了一整车时表现得最为突出。此外，在生产资料、生活资料运输中，通过直达，建立稳定的产销关系和运输系统，也有利于提高运输的计划水平，考虑用最有效的技术来实现这种稳定运输，从而大大提高了运输效率。

特别需要一提的是，如同其他合理化措施一样，直达运输的合理性也是在一定条件下才会有所表现，不能绝对认为直达一定优于中转，这要根据用户的要求，从物流总体情况出发做综合判断。

6. 配载运输

配载运输是充分利用运输工具载重量和容积，合理安排装载的货物及载运方法以实现合理化的一种运输方式。配载运输也是提高运输工具实载率的一种有效形式。配载运输往往是轻重商品的混合配载，在以重质货物运输为主的情况下，同时搭载一些轻泡货物，如海运矿石、黄沙等重质货物，在舱面捎运木材、毛竹等；铁路运矿石、钢材等重物上面搭运轻泡农、副产品等。在基本不增加运力投入、基本不减少重质货物运输的情况下，转至商品的混合配载解决了轻泡货的搭运，因而效果显著。

7. “四就”直拨运输

“四就”直拨是减少中转运输环节，力求以最少的中转次数完成运输任务的一种形式。一般来说，批量到站或到港的货物，首先要进分配部门或批发部门的仓库，然后再按程序分拨或销售给用户。这样一来，往往出现不合理运输。“四就”直拨，首先是由管理机构预先筹划，然后就厂或就站（码头）、就库、就车（船）将货物分送给用户，而无需再入库。

8. 发展特殊运输技术和运输工具

依靠科技进步是运输合理化的重要途径。例如，专用散装及罐车解决了粉状、液状物运输损耗大，安全性差等问题；袋鼠式车皮，大型半挂车解决了大型设备整体运输问题；滚装船解决了车载货的运输问题，集装箱船比一般船能容纳更多的箱体，集装箱高速直达车船加快了运输速度等，都是通过采用先进的科学技术来实现合理化。

9. 通过流通加工，使运输合理化

有不少产品，由于产品本身形态及特性问题，很难实现运输的合理化，如果进行适当加工，就能够有效解决合理运输问题。例如，将造纸材在产地预先加工成干纸浆，然后压缩体积运输，就能解决造纸材运输不满载的问题。轻泡产品预先捆紧包装成规定尺寸，装车时就容易提高装载量；水产品及肉类预先冷冻，可以提高车辆装载率并降低运输损耗。

（三）运输合理化的作用

物流过程的合理运输，就是从物流系统的总体目标出发，按照货物流通规律，运用系统理论、系统工程原理和方法，合理利用各种运输方式，选择合理的运输路线和运输工具，以最短的路径、最少的环节、最快的速度和最少的劳动消耗，组织好货物的运输与配送。运输合理化的重要作用可归结如下：

（1）合理组织货物运输，有利于加速社会再生产的进程，促进国民经济持续、稳定、协调发展。按照市场经济的基本要求，组织货物的合理运输，可以使物质产品迅速地从生产地向消费地转移，加速资金的周转，促进社会再生产过程的顺利进行。

（2）货物的合理运输，能节约运输费用，降低物流成本。运输费用是构成物流费用（成本）的主要部分。运输合理化必然会达到缩短运输里程，提高运输工具的运用效率，从而达到节约运输费用、降低物流成本的目的。

（3）合理的运输，缩短了运输时间，加快了物流速度。合理组织运输活动，可使被运输的货物在途时间尽可能缩短，实现到货及时的目的，从而降低库存商品的数量，实现加快物流速度的目标。

（4）运输合理化，可以节约运力，缓解运力紧张的状况，还能节约能源。运输合理化克服了许多不合理的运输现象，从而节约了运力，提高了货物的通过能力，起到合理利用运输能力的作用。同时，由于货物运输的合理性，降低了运输中的能源消耗，提高了能源利用率。这对于缓解我国目前运输和能源紧张状况具有重要作用。

第四节　绿色运输

一、绿色运输概述

绿色运输是指以节约能源、减少废气排放为特征的运输。其实施途径主要包括：合理选择运输工具和运输路线，克服迂回运输和重复运输，以实现节能减排的目标；改进内燃机技术和使用清洁燃料，以提高能效；防止运输过程中的泄漏，以免对局部地区造成严重的环境危害。

二、绿色运输的方式

运输是物流活动中最主要的活动，但同时也是物流作业耗用资源、污染和破坏环境的重要方面。运输过程中产生的尾气、噪声、可能出现的能源浪费等都对绿色物流管理提出了挑战。如何实现绿色运输，保证运输与社会经济和资源环境之间的和谐发展，实现运输的可持续发展模式已成为我国物流业发展的重要内容。发达国家的成功经验为我国企业的运输绿色化提供了借鉴。

（一）多式联运

伴随着中国国际化步伐的加快，国家对资源节约和环境保护的重视程度将与日俱增。中国已实施了一些法律并制定了一些优惠政策，如对公路运输提价、鼓励铁路运输等。而从美国运输企业实现绿色化的经验来看，大量采取多式联运是企业遵守国家法律和制度推行物流绿色化的有效途径。

多式联运可以减少包装支出，降低运输过程中的货损、货差。多式联运的优势还表现在：它克服了单个运输方式固有的缺陷，通过最优化运输线路的选择、各种运输方式的合理搭配，使各种运输方式扬长避短，实现了运输一体化，从而在整体上保证了运输过程的最优化和效率化，以此降低能源浪费和环境污染。另外，从物流渠道看，它有效地解决了由于地理、气候、基础设施建设等各种市场环境差异造成的商品在产销空间、时间上的分离，促进了产销之间的紧密结合以及企业生产经营的有效运转。

多式联运不是单纯的运输方式的转换，而是运输企业或运输承运人的自觉行动，以提高运输效率。联运的主要特点是：在从生产者到消费者整个行程中，货物运输在公路和铁路（有时是水上）之间是连续不断的。联运的核心是每一种运输形式都发挥出最适应其运输特点的应有作用。

（二）共同配送

配送是指在经济合理区域范围内，根据用户要求，对物品进行拣选、加工、包装、分割、组配等作业，并按时送达指定地点的物流活动。配送作为一种现代流通组织形式，集商流、物流、信息流于一身，是具有独特运作模式的物流活动。在物流活动中，运输主要是指长距离两地间的商品和服务移动，而短距离、少批量、高频率的商品和物品的移动常常称之为配送。

共同配送是指由多个企业联合组织实施的配送活动。它主要是针对某一地区的客户所需要物品数量较少而使用车辆不满载、配送车辆利用率不高等情况。共同配送可以最大限度地提高人员、物资、资金、时间等资源的利用效率，取得最大化的经济效益。

（三）信息网络

当前，经济形式对多品种小批量的物流要求成为趋势，就更要求企业信息系统的顺畅可靠。因此，采用和建立库存管理信息系统、配送分销系统、用户信息系统、EDI/Internet 数据交换、GPS 系统以及决策支持系统、货物跟踪系统和车辆运行管理系统等，对提高物流系统的运行效率有着关键作用。同时，要更好地建立和运用企业间的信息平台，将分属不同所有者的物流资源通过网络系统连接起来进行统一管理和调配使用，物流服务和货物集散空间被放大，使物流资源得到充分利用。

三、企业绿色运输管理

（一）共同配送

共同配送指由多个企业联合组织实施的配送活动。几个中小型配送中心联合起来，分工合作对某一地区客户进行配送，它主要是指对某一地区的客户所需要物品数量较少而使用车辆不满载、配送车辆利用率不高等情况。共同配送可以分为以货主为主体的共同配送和以物流企业为主体的共同配送两种类型。从货主的角度来说，通过共同配送可以提高物流效率。例如，对于中小批发者，如果各自配送难以满足零售商多批次、小批量的配送要求。而采取共同配送，送货者可以实现少量配送，收货方可以进行统一验货，从而达到提高物流服务水平的目的。从物流企业角度来说，特别是一些中小物流企业，由于受资金、人才、管理等方面的制约，运量少、效率低、使用车辆多、独自承揽业务，在物流合理化及效率上受限制。如果彼此合作，采用共同配送，则筹集资金、大宗货物，通过信息网络提高车辆使用率等问题均可得到较好的解决。因此，共同配送可以最大限度地提高人员、物资、资金、时间等资源的利用效率，取得最大化的经济效益。同时，可以去除多余的交错运输，缓解交通，保护环境。

（二）复合一贯制运输方式

复合一贯制运输是指吸取铁路、汽车、船舶、飞机等基本运输方式的长处，把它们有机地结合起来，实行多环节、多区段、多运输工具相互衔接进行商品运输的一种方式。这种运输方式以集装箱作为联结各种工具的通用媒介，起到促进复合直达运输的作用。为此，要求装载工具及包装尺寸都要做到标准化。由于全程采用集装箱等包装形式，可以减少包装支出，降低运输过程中的货损、货差。复合一贯制运输方式的优势还表现在：它克服了单个运输方式固有的缺陷，从而在整体上保证了运输过程的最优化和效率化。另外，从物流渠道看，它有效地解决了由于地理、气候、基础设施建设等各种市场环境差异造成的商品在产销空间、时间上的分离，促进了产销之间的紧密结合以及企业生产经营的有效运转。

(三)发展第三方物流

第三方物流是由供方与需方以外的物流企业提供物流服务的业务方式。发展第三方物流，由这些专门从事物流业务的企业为供方或需方提供物流服务，可以从更高的角度、更广泛地考虑物流合理化问题，简化配送环节，进行合理运输，可以避免自有物流带来的资金占用、运输效率低、配送环节繁琐、企业负担加重、城市污染加剧等问题。

【课后习题】

1. 公路运输的经济半径，一般在____以内。
2. 按用途分，铁路车辆有__________和__________两大类。
3. (判断)物流对环境没有负面影响。 ( )
4. (判断)运输的主体只能是物品。 ( )
5. (判断)运输方式主要包括铁路、公路、水路、航空、管道五类。 ( )
6. (判断)管道运输功能单一但灵活性强。 ( )
7. (判断)水路运输的运输量最大且运输距离最长。 ( )
8. 铁路运输最适宜以下哪种情况的运输( )。
   A. 新鲜水产　　B. 首饰珠宝
   C. 运输距离较长、时效要求较低　　D. 石油天然气
9. 对于管道运输，以下说法不正确的是( )。
   A. 管道运输能耗最小　　B. 管道运输的货物多为流体
   C. 管道运输受气候影响较小　　D. 管道运输造价高
10. 合理化运输的主要形式不包括( )。
    A. 分区产销平衡　　B. 直达运输
    C. 提高技术“装载量”　　D. 迂回运输
11. (多选)不合理运输主要表现在( )。
    A. 运输方向上　　B. 运输距离上
    C. 运输货物上　　D. 运输时间上
12. (多选)与铁路运输相比，公路运输的优点体现在( )。
    A. 建设周期短，容易兴办　　B. 速度较快
    C. 能深入偏远地区　　D. 更加机动灵活
13. (多选)运输管理的原则包括( )。
    A. 及时　　B. 准确　　C. 经济　　D. 完全

第三章　储存管理

【学习目标】

1. 了解储存的内涵、地位及作用。
2. 了解各种仓储设施及设备的种类。
3. 理解仓库管理的基本情况及相关技术。
4. 掌握储存作业的运作流程和特征。
5. 掌握合理化储存方法及库存控制策略。

【引导案例】

招商局物流

招商局物流集团有限公司（招商局物流）是国资委直接管理的国有大型企业招商局集团有限公司全资下属子公司。招商局物流先进的现代物流供应链管理方案，为国内外客户提供高效、快捷、完整的现代物流服务，在包括物流整体方案策划和咨询，物流分发中心整体规划及运营管理，原材料与产成品的储存、配送、国际储运、货物代理、报关以及物流管理信息系统的设计和构建等方面形成了招商局在国内范围内的优势。

某地分公司宝洁项目中涉及的宝洁产品种类有：护肤品、洗护用品、婴儿用品和食品等。招商局物流即为这类快速消费品生产商（宝洁）提供物流（仓储）服务。双方合作内容：招商局物流承担客户广州生产基地至整个华南地区的物流直送服务及至各销售区域的深度分销服务；负责其二级配送中心的运营管理。目前招商局在某地保税物流中心有 A、B 两个库，仓库主要为平仓。

经过一段时间的运作发现，招商局物流某地分公司仓库管理存在如下问题：

（1）产品没有进行分类储存，两库所存储的宝洁产品什么类型都有。这样就造成：① 提货商在装车时不能合理地利用车容量；② 没有达到宝洁客户的要求，如宝洁要求纸品不能和洗衣粉一起存放，这样会串味；③ 影响库容库貌，让仓库整体看上去很杂乱；④ 仓管员对成品的养护掌握不专业，储存的温度、湿度等把握不够准确等。

（2）仓库排位利用率不高，造成客户宝洁的投资浪费，库存准确率不高，影响 KPI 的达标，并且公司作业效率不高，影响了车辆准时出库率。宝洁会扣除部分操作费，给公司带来损失。

（3）各岗位人员（调度与仓管员）沟通不足，协调不当，造成库内车辆积压过多。仓管员责任心不够，出现很多小错，如在进仓单上写错排位、通道等。装卸工对作业操作不够熟悉，造成作业效率低。

问题思考：

1. 结合本案例简述储存的作用。
2. 你对于案例中遇到的问题有什么好的建议？

第一节 储存概述

一、储存的概念、作用及地位

（一）储存的概念

马克思指出："产品储存是一切社会所共有的，即使它不具有商品储备形式这种属于流通过程的产品储备形式，情况也是如此。"（《资本论》（第二卷），第140页）。在任何社会形态中，对于不论什么原因形成停滞的物资，也不论是什么种类的物资在没有进入生产加工、消费、运输等活动之前或在这些活动结束之后，总是要存放起来，这就是储存。

这种储存不一定在仓库中也不一定是有储备的要素，而是在任何位置，也有可能永远进入不了再生产和消费领域。但在一般情况下，储存、储备两个概念是不做区分的。物流中的"储存"经常涉及库存、储备及储存这几个概念，而且经常被混淆。

库存指的是仓库中处于暂时停滞状态的物资。这里要明确两点：其一，物资所停滞的位置，不是在生产线上，不是在车间里，也不是在非仓库中的任何位置，如汽车站、火车站等类型的流通结点上，而是在仓库中；其二，物资的停滞状态可能由任何原因引起，而不一定是某种特殊的停滞。这些原因大体有：① 能动的各种形态的储备；② 被动的各种形态的储备；② 完全的积压。

物资储备是一种有目的的储存物资的行动，也是这种有目的的行动和其对象总体的称谓。物资储备的目的是保证社会再生产连续不断、有效地进行。所以，物资储备是一种能动的储存形式，或者说，是有目的的、能动的生产领域和流通领域中物资的暂时停滞，尤其是指在生产与再生产、生产与消费之间的那种暂时停滞。

储备和库存的本质区别在于：第一，库存明确了停滞的位置，而储备这种停滞所处的地理位置远比库存广泛得多，储备的位置可能在生产及流通中的任何结点上，可能是仓库中的储备，也可能是其他形式的储备；第二，储备是有目的的、能动的、主动的行动；而库存可能是没有目的的，甚至有可能完全是盲目的。

储存是包含库存和储备在内的一种广泛的经济现象，是一切社会形态都存在的经济现象。一般情况下，对储存、储备两个概念是不做区分的。

物流学要研究的就是包括储备、库存在内的广义的储存概念。

和运输的概念相对应，储存是以改变"物"的时间状态为目的的活动，从克服产需之间的时间差异获得更好的效用。

（二）储存的作用和地位

1．储存是物流的主要功能要素之一

在物流中，运输承担了改变空间状态的重任，物流的另一个重任，即改变“物”的时间状态，由储存来承担。所以，在物流系统中，运输和储存是并列的两大主要功能要素，被称作物流的两大支柱。

2．储存是社会物质生产的必要条件之一

储存作为社会再生产各环节之间、社会再生产各环节之间“物”的停滞，构成了上一步活动和下一步活动的必要条件。即使完全进入信息化社会，储存的作用也不会完全消失。储存作为社会物质生产的必要条件，依然会长期存在。由于现代生产的复杂性，决定了在经济领域中不均衡、不同步的现象是客观存在的，因此，需要进行调整，即生产的产品要经过一定时间的储存保管才能和消费相协调。此外，出于应付突发事件和自然灾害的要求，出于合理使用资源而防止产品一时过剩造成浪费的要求，出于延迟一段时间出售产品而获取较优价格的要求，都需要对生产的产品进行一定时间的储存。储存的作用，在工业化时期称作蓄水池作用；在现代物流领域，它能调节物流过程，因此被称作物流调节阀。

3．储存可以创造时间效用

通过储存，使“物”在效用最高的时间发挥作用，就能充分发挥“物”的潜力，实现时间上的优化配置。从这个意义来讲，也相当于通过储存提高了物的使用价值，使被储存物增值。

4．储存是第三利润源的重要组成部分

第三利润源中，储存是主要部分之一。

（1）有了库存保证，就可减少加班赶工，节省增大成本的加班赶工费。

（2）有了储存保证，就无需紧急采购，不致加重成本。

（3）有了储存保证，就能在有利时机进行销售，或在有利时机购进，这势必能增加销售利润，或减少购进成本。

（4）储存是占用大量资金的环节，仓库建设、维护保养、进库出库要耗费大量人力、物力、财力，储存过程中的各种损失也是很大的消耗。因而，储存中节约的潜力也是巨大的。

5．储存是社会安全保障的重要手段

为了应对各种各样的突发事件以及有周期规律的突发性的自然灾害，保持相当数量的重要产品和重要资源的储备便具有特殊重要意义，如国家对粮食、武器等的储备就是为了这一目标。

6．储存的逆作用

物流系统中，储存是一种必要的活动。但因其特点，也经常存在冲减物流系统效益、恶化物流系统运行的趋势。所以，甚至有人明确提出，储存中的“库存”是企业的“癌症”，这主要是因为储存的代价太高。

（1）保管费用支出。库存会引起仓库建设、仓库管理、仓库工作人员工资、福利等费用增高。

（2）利息和机会损失。储存物资占用资金所付的利息，以及这部分资金如果用于另外的项目会有更高的收益，所以，利息损失和机会损失都是很大的。

（3）陈旧损坏与跌价损失。物资在作为库存期间可能发生各种物理、化学、生物、机械等损失，严重者会失去全部价值及使用价值。随储存时间的增加，存货逐渐陈旧变质；一旦错过有利的销售期，又不可避免地出现跌价损失。

（4）保险费支出。近年来，为了分担风险，我国已开始对储存物采取投保缴纳保险费的方法，保险费支出在有些国家、地区已达到相当大的比例。在网络经济时代，社会保障体系和安全体系日益完善，这个费用支出的比例还会呈上升的趋势。

（5）进货、验收、保管、发货、搬运等可变工作费。

二、储存的客观性

自人类社会开始有了剩余产品，物品储存就成为一切社会形态的一种社会经济现象。特别是在社会化大生产占主导地位的现代社会，具有一定规模的物品储存更是经济发展的客观要求。

储存出现的客观性原因包括以下四个方面：

（1）随着生产的社会化和专业化程度的不断提高，物品的生产和消费在时间上产生背离。一方面，生产要求大规模、连续地进行，或以一定的批量、周期地进行；另一方面，消费有其自身的特点和规律性。物品的生产和消费在时间上的这种不一致性，就必须通过流通领域的物品储存加以调节，以解决供需之间的矛盾。

（2）生产社会化和专业化程度的提高，市场经济的发展，生产和消费同在一地几乎不可能，也就是说，生产和消费在空间位置上存在着矛盾。这就需要把生产出来的产品经过运输，实现物品从生产所在地向消费所在地的转移。由于运输需要时间，因而总会有一定数量的物品停留在运输过程中，形成物品的储存，或者出于经济运输的需要，进行集中运输。此时，集中待运物品就形成了物品的储存。

（3）生产的社会化、大量化与消费的多样化和复杂化之间也存在矛盾，也需要有一定数量的物品储存，以克服这种矛盾。例如，原材料和燃料的生产均属大量生产，而消费单位众多，需要量多少不一，品种规模复杂，所以，无论在流通领域还是在生产领域，都需要有一定数量的物品储存，以适应产需的不同需要。

（4）为了克服偶然因素，如自然灾害、战争的爆发，或生产与消费过程中意外事件的发生等，也需要一定的物品储存。

三、储存、储备的分类

（一）按储备在社会再生产中作用的管理形式分类

1. 生产储备

生产储备是工矿生产企业为了保持生产的正常进行而保有的物资准备，这种储备常出现于生产领域中，一般已脱离了流通领域但尚未投入生产过程。生产储备是工业化时期，大生产方式要求的生产保证形式。在网络经济时代，对于制造业而言，许多类型的行业逐渐从以生产储备形式保证生产的生产方式转向以供应链形式组织供应等新的生产方式。在一些领域中，采用配送方式、供应链方式、虚拟库存的方式可以做到生产储备的零库存。但是，对于国民经济的基础产业和原材料产业，用生产储备的形式来保证和组织生产，即使在网络经济时代，也依然存在。当然，在网络经济时代，由于信息技术、网络技术的支持作用和现代物流的保证作用，生产储备数量可以大幅度降低，生产储备的内容也会发生变化，但生产储备的管理形式还会长期存在。生产储备一般以库存形式存在，储备占用生产企业的流通资金。由于被储备之“物”已由生产企业验收，在此期间的损失一般都进入到生产企业生产成本之中。

2. 消费储备

消费储备是指消费者为了保证消费的需要而持有的一定数量的物资储备。这种储备大多处于消费者的掌控之中，脱离了流通领域，但又没有进入消费领域。

3. 流通储备

流通储备是社会再生产中为保证再生产的正常而保持在流通领域中的“物”的暂时停滞。这种停滞有时是有储备要素的、社会再生产过程中必要的暂时停滞，有的则是非必要的在流通过程中的滞留。流通储存的“物”，已经完成了上一段生产过程，进入流通领域，但尚未进入再生产和消费领域。流通储备可能以库存形式存在，也可能以非库存形式不断处在市场上、车站上、码头上或运输中。可能是静止的形态在流通领域的仓库中，也可能处在不停的运动中。可以说，全部进入物流领域中的“物”，无论在什么环节，都属于流通储备。

流通储备又有广义和狭义的概念。广义上，处于社会流通领域中的全部产品皆为流通储备，流通储备的功能就是衔接生产与再生产、生产与消费。它是保持整个国民经济发展不可缺少的，流通储备总量与国民经济生产总值、国民收入总量在宏观上有一定比例关系。狭义上，流通储备指流通企业为实现企业经营所保有的物质准备，具体而言则是为了保证市场所需、保证销售和供应的物质准备，这个准备往往也是以库存形式存在的。

4. 国家储备

国家储备是国家有关机构代表国家为全国性的特殊原因所建立的物质准备。这种储备主要存在于国家专门设立的机构中，也有的存在于流通领域或生产领域之中。国家储备主要有以下三种形式：

（1）国家的当年储备。在国家每个计划年度中，为防止计划不周、计划不准或计划失误所出现的需求，每年由国家控制一部分物资或计划指标以备当年使用的称当年储备。

（2）国家的战略储备。国家从长远发展考虑，或从国际形势考虑，对战略物资或本国资源缺乏的物资所保有的准备。战略储备物资的主要对象是石油、粮食、武器、有色及稀有金属、贵金属等。

（3）国家的防灾保险储备。国家为了应付可能发生的水、旱、火、地震等自然灾害和其他意外事件所保有的物资准备。防灾保险储备的主要对象是粮食及各种抢险、救灾物资。

（二）按储存的集中程度分类

1. 集中储存

储存以一定大数量集中于一个场所之中，称集中储存。集中储存是一种大规模的储存方式，可以利用规模效益，有利于储存时采用机械化、自动化设施，有利于先进科学技术的使用。从储存的调节作用来看，集中储存有比较强的调节能力及对某一需求的更大保证能力，集中储存的单位储存费用较低。

2. 分散储存

分散储存指储存在地点上形成较广区域的分布，每个储存点的储存数量相对较低。分散储存是较小规模的储存方式，机动性比较强，灵活反应的能力也较强。分散储存主要特点是，容易与需求直接密切结合，储存位置离需求很近，但是由于库存数量有限，保证供应的能力一般较小。

3. 零库存

零库存是网络经济时代越来越普遍采用的一种方式，也是现代物流学中的重要概念。它是指某一领域不再保有库存、以无库存（或很低库存）作为生产或供应保障的一种系统方式。

零库存的提出可以解决库存管理中的部分浪费现象，不以库存形式存在就可以免去仓库存货的一系列问题，如仓库建设、管理费用、存货维护、保管、装卸、搬运等费用、存货占用流动资金及库存物的老化、损失、变质等问题。零库存是对某个具体企业、具体商店、车间而言的，是在有充分社会储备保障前提下的一种特殊形式。

第二节　储存作业

一、储存作业的一般程序（见图 3-1）

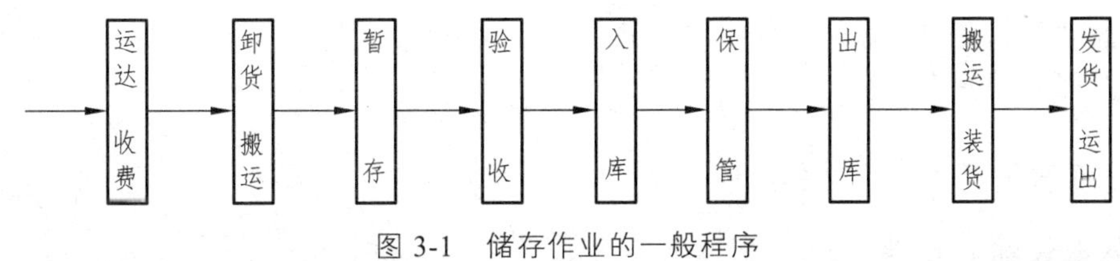

图 3-1　储存作业的一般程序

二、仓库业务管理的三个阶段（见图 3-2）

就作业内容和作业顺序看，主要包括接运、验收、入库、保管、保养出库发运（配送）等环节。可基本分为货物入库、货物保管和货物出库三个阶段。

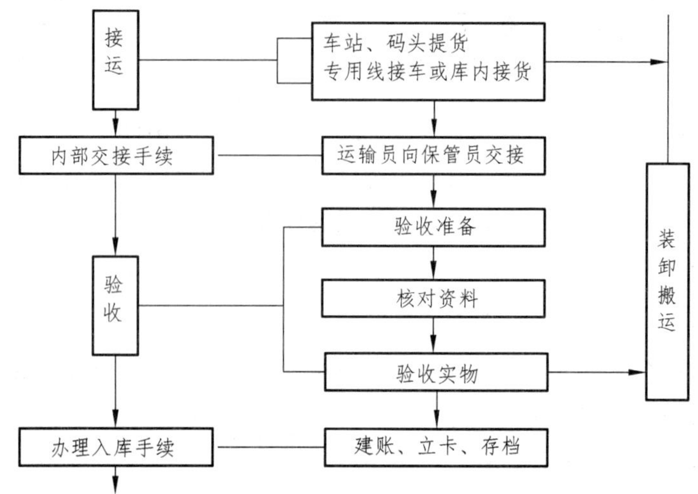

图 3-2　入库阶段

（一）入库管理

1. 商品入库业务（收货业务）管理的任务

（1）清点商品数量、检查商品和包装质量、合理地组织各种收货物手续与程序。

（2）监督与检查运输部门对商品入库应尽的各种义务的履行情况。

（3）分清制造商和销售商之间、仓库供货、委托存货单位以及运输部门之间的责任。

2. 入库前的准备工作

（1）编制商品入库业务计划，按计划组织入库业务。

（2）入库前的具体准备工作，包括安排仓容、组织人力、准备收货器材、备足苫垫。

3. 入库业务操作程序

（1）核对凭证。

（2）大数点收。

（3）验看包装。

（4）办理交接。

（5）商品验收，包括数量验收、质量验收、包装验收。

（6）办理商品入库手续。

（二）保管管理（见图 3-3）

1. 存货管理的作业

（1）堆码作业。

（2）保养维护作业。

（3）盘点作业。

（4）整理移库、移位作业。

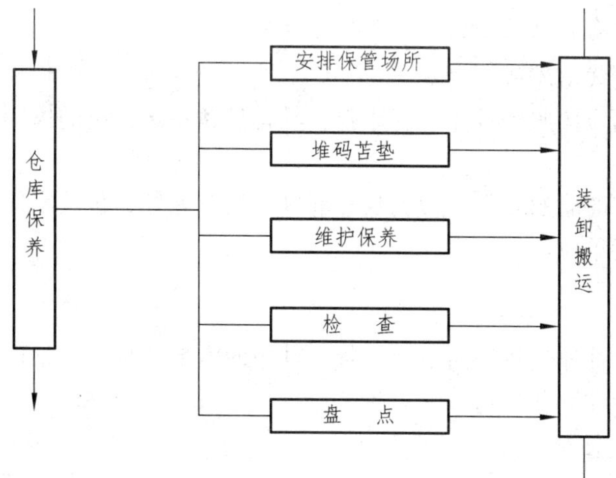

图 3-3　保管管理

2. 商品保管养护的措施

（1）掌握商品的性能，适当安排储存场所。

（2）严格入库验收。

（3）合理堆垛苫垫。

（4）加强仓库温湿度管理。

（5）坚持在库检查。

（6）开展科学实验研究。

（三）出库管理（见图 3-4）

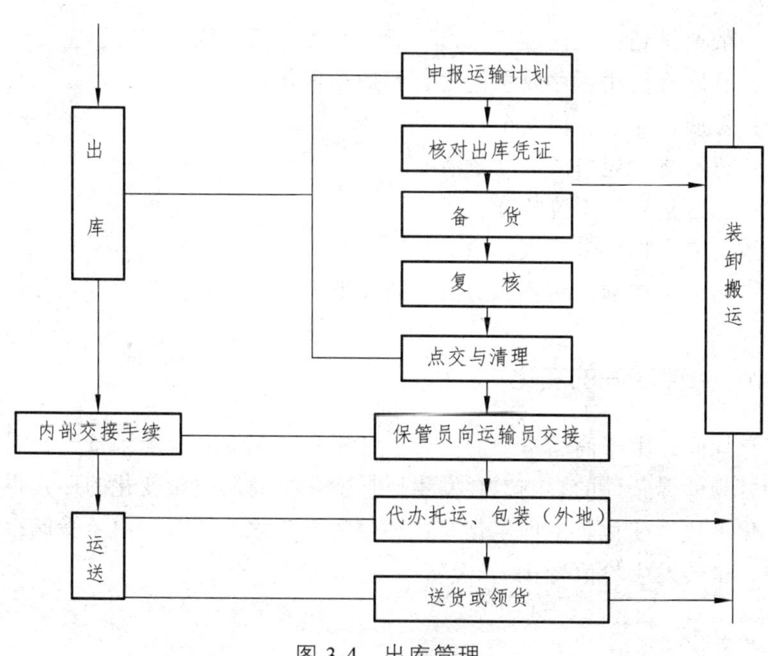

图 3-4　出库管理

1. 商品出库业务（发货业务）管理的任务

（1）必须根据正式出库凭证发货。

（2）出库的商品应按照先进先出的原则、易霉易锈易坏先出的原则、近期失效先出的原则办理。

（3）加强对出库商品的复核，做到数量准确、质量完好、包装牢固、标志清晰，将应发商品完好地发给收货单位。

2. 发货形式

（1）送货制：向外地送货；向本地送货。其中向本地送货又包括四种形式：合同送货、凭单送货、内部送货和服务性送货。

（2）自提制。

（3）过户制。

（4）取样。

（5）转仓。

3. 发货准备

（1）安排出库计划。

（2）日常准备：包括人力、机具准备和待运场地准备。

（3）出库的预约备货。

（4）仓库的日常备货，包括拆件备零、挑选搭配、分装、拼装。

三、仓库管理的一般要求

仓库管理一般要做到：三化、三保、三清、两齐、三一致、五防。

（1）三化：仓库规范化、存放系列化、养护经常化。

（2）三保：保质、保量、保安全。

（3）三清：材料清、规格清、数量清。

（4）两齐：库区整齐、工位整齐。

（5）三一致：账、物、卡一致。

（6）五防：防火、防潮、防盗、防虫、防变形。

四、货物在储存期间的变化

商品在储存期间，由于商品本身的成分、结构和理化性质及受到日光、温度、湿度、空气、微生物等客观外界条件的影响，会发生质量变化。商品质量变化的形式很多，归纳起来主要有物理变化、化学变化、生理生化变化和生物学变化。同时，由于受储存时间和储存占用资金的影响，也会发生价值变化。

（一）质量变化

（1）引起质量变化的因素有储存时间、储存环境、储存操作。

（2）质量变化的形式有物理变化、化学变化、生理生化变化以及生物学变化等。

① 物理变化是指商品仅改变其本身的外部形态（如气体、液体、固体“三态”之间发生的变化），在变化过程中没有新物质生成，可以反复进行变化的现象。例如，商品的串味、渗漏、沾污、干裂等。此外，商品在外力作用下，还会发生机械变化，使商品破碎、变形、结块、脱散、划伤等。

② 化学变化是指构成商品的物质发生变化后，不仅改变了商品本身的外观形态，也改变了本质，并有新物质生成的现象。常见的有氧化、分解、锈蚀、风化、燃烧与爆炸、老化等。

③ 生理生化变化是指有机体商品（有生命力商品）在生长发育过程中，为了维持其生命活动，其自身发生的一系列特有的变化。如呼吸作用、后熟作用、发芽与抽薹、胚胎发育等现象，都属于自身的生理生化变化。由于这些变化使有机商品消耗了大量的营养物质，使商品发热增湿，造成微生物的繁殖，以致污染、分解商品，加速商品霉腐变质。

④ 生物学变化是指商品在外界有害生物作用下受到破坏的现象，如虫蛀、霉变等。有些商品在温度适宜的条件下易受到虫蛀。在仓储条件较差时，商品还会受到鼠的咬损。

（二）价值变化

1. 呆滞损失

商品储存的时间过长，虽然原商品的使用价值并未发生变化，但社会需要发生了变化，从而使该商品的效用降低，无法按原价值继续在社会上流通，形成长期聚积在储存领域的呆滞商品。这些商品最终要进行降低价格处理或报废处理，所形成的损失为呆滞损失。

2. 时间价值损失

商品储存实际也是货币储存的一种形式。储存时间越长，利息支付越多，或者储存时间越长，资金的机会投资损失越大。这是储存时不可忽视的损失。

五、物资维护保养

物资维护保养是指通过一定的环境条件及对被保管物品的具体技术措施，保持其使用价值不发生减退的全部工作。维护保养工作的主要内容有以下各项：

（一）创造适合物资储存的环境条件

这是维护保养货物的根本性措施，在适合的环境条件下，能有效防止和控制货物的变化。环境条件主要包括：温度条件、湿度条件、密封隔离条件。

（二）对部分所存物进行个别技术处置

对部分所存物进行个别技术处置的主要技术措施如下：

（1）个别物品的封装。

（2）物资表面的喷涂防护。

（3）物资表面施以化学药剂。

（4）气相防锈保护。
（5）喷水增湿降温等。

（三）进行救治防护

对已经开始出现的问题，通过救治降低其损失。

第三节　储存合理化与现代化

一、储存合理化的概念和标志

（一）储存合理化的概念

储存合理化是指用最经济的方法实现储存对于物流系统的功能，即实现“时间价值”。

（二）储存合理化的主要标志

1. 质量标志

保证被储存物的质量，是完成储存功能的根本要求，只有这样，商品的使用价值才能通过物流得以最终实现。在储存中增加了多少时间价值或是得到了多少利润，都是以保证质量为前提的。所以，储存合理化的主要标志中，为首的应当是反映使用价值的质量。

现代物流系统已经拥有很有效的维护物资质量、保证物资价值的技术手段和管理手段，也正在探索物流系统的全面质量管理问题，即通过物流过程的控制，通过工作质量来保证储存物的质量。

2. 数量标志

在保证功能实现前提下有一个合理的数量范围。目前，管理科学的方法已能在各种约束条件的情况下，对合理数量范围做出决策，但是较为实用的还是在消耗稳定、资源及运输可控的约束条件下所形成的储存数量控制方法。

3. 时间标志

在保证功能实现前提下，寻求一个合理的储存时间，这是和数量有关的问题，储存量越大而消耗速率越慢，则储存的时间必然长，相反则必然短。在具体衡量时，用周转速度指标来反映时间标志，如周转天数、周转次数等。

在总时间一定的前提下，个别被储物的储存时间也能反映合理程度。如果少量被储物长期储存，成了呆滞物或储存期过长，虽反映不到宏观周转指标中去，也能说明储存存在不合理。

4. 结构标志

结构标志指从被储物不同品种、不同规格、不同花色的储存数量的比例关系中对储存进

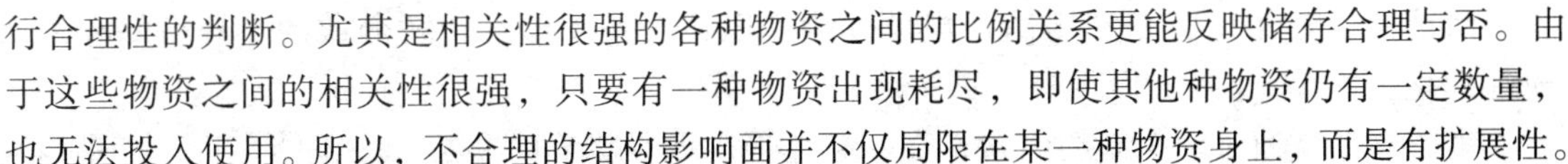

行合理性的判断。尤其是相关性很强的各种物资之间的比例关系更能反映储存合理与否。由于这些物资之间的相关性很强，只要有一种物资出现耗尽，即使其他种物资仍有一定数量，也无法投入使用。所以，不合理的结构影响面并不仅局限在某一种物资身上，而是有扩展性。

5. 分布标志

分布标志指不同地区储存的数量比例关系，以此判断和当地需求比、对需求的保障程度，也可以此判断对整个物流的影响。

6. 费用标志

仓租费、维护费、保管费、损失费、资金占用利息支出等，都能从实际费用中判断储存的合理与否。

二、不合理储存

一方面是由于储存技术不合理造成了物品的损失；另一方面储存管理、组织不合理，不能发挥储存对整个物流系统的支持作用和优化作用。主要有以下几种形式：

（1）储存时间过长。

（2）储存数量过大。在储存保证供应、生产和消费一定数量后，继续增加储存会增加成本，同时使储存损失增加。

（3）储存数量过低。在保证一定供应能力的情况下，降低储存是好事，但降低到一定能力之下，则会导致生产停顿、市场脱销等造成的严重损失。

（4）储存条件不足或过剩。储存条件不足，是指不足以为储存物创造良好的储存环境，缺乏必要的管理措施，造成损失和储存工作混乱。如储存场所简陋、储存设施不足及维护保养措施不力等。储存条件过剩，指储存条件大大超出需求，造成不必要的浪费。

（5）储存结构失衡。储存结构失衡主要指储存物（尤其是成套、配套物资）的种类和数量方面的比例关系失调，存在总量正常，但品种、规格、花色此有彼无的现象；或者存在不同品种、规格的物品储存数量失调的现象；或者存在储存物储存位置或局部存放位置上该有却无、该多却少、该少却多等现象。

三、储存合理化实施

（一）进行储存物的 ABC 分析

ABC 分析是实施储存合理化的基础分析，在此基础上可以进一步解决各类结构关系、储存量、重点管理、技术措施等合理化问题。

（二）在 ABC 分析基础上实施重点管理

分别决定各种物资的合理库存储备数量及经济地保有合理储备的办法，乃至实施零库存。

（三）适当集中库存

在形成了一定的社会总规模前提下，追求经济规模，适度集中储存是合理化的重要内容。所谓适度集中库存是利用储存规模优势，以适度集中储存代替分散的小规模储存来实现合理化。

集中储存是面对两个制约因素，在一定范围内取得优势的办法。一是储存费，二是运输费。过分分散，每一处的储存保证的对象有限，互相难以调度调剂，则需分别按其保证对象要求确定库存量。而集中储存易于调度调剂，集中储存总量可大大低于分散储存的总量。过分集中储存，储存点与用户之间的距离拉长，储存总量虽降低，但运输距离拉长，运费支出加大，在途时间长，又迫使周转储备增加。所以，适度集中主要指在这两方面取得最优集中程度。适度集中库存除在总储存费及运输费之间取得最优之外，还有一系列其他好处：① 对单个用户的保证能力提高；② 有利于采用机械化、自动化方式；③ 有利于形成一定批量的干线运输；④ 有利于成为支线运输的始发站。

（四）加速总的周转，提高单位产出

储存现代化的重要课题是将静态储存变为动态储存，周转速度加快，会带来一系列的合理化好处：资金周转快、资本效益高、货损小、仓库吞吐能力增加、成本下降等。具体做法诸如采用单元集装存储，建立快速分拣系统等。

（五）采用有效的“先进先出”方式

“先进先出”是一种有效的方式，也成了储存管理的准则之一，从而保证每个被储物的储存期不至过长。有效的先进先出方式主要如下：

（1）贯通式货架系统。利用货架的每层，形成贯通的通道，从一端存入物品，从另一端取出物品，物品在通道中自行按先后顺序排队，不会出现越位等现象。贯通式货架系统能非常有效地保证先进先出。

（2）“双仓法”储存。给每种被储物都准备两个仓位或货位，轮换进行存取，再配以必须在一个货位中取光才可补充的规定，则可以保证实现“先进先出”。

（3）计算机存取系统。采用计算机管理，在存时向计算机输入时间记录，编入一个简单的按时间顺序输出的程序，取货时计算机就能按时间给予指示，以保证“先进先出”。这种计算机存取系统还能将“先进先出”保证不做超长时间的储存和快进快出结合起来，即在保证一定先进先出前提下，将周转快的物资随机存放在便于存储之处，以加快周转，减少劳动消耗。

（六）提高储存密度，提高仓容利用率

这样做的主要目的是减少储存设施的投资，提高单位存储面积的利用率，以降低成本、减少土地占用。主要有以下三类方法：

（1）采取高垛储存，增加储存的高度。具体方法有：采用高层货架仓库、采用集装箱等都可比一般堆存方法能大大增加储存高度。

（2）缩小库内通道宽度以增加储存有效面积。具体方法有：采用窄巷道式通道，配以轨道式装卸车辆，以减少车辆运行宽度要求，采用侧叉车、推拉式叉车，以减少叉车转弯所需的宽度。

（3）减少库内通道数量以增加储存有效面积。具体方法有：采用密集型货架，采用可进车的可卸式货架，采用各种贯通式货架，采用不依靠通道的桥式吊车装卸技术等。

（七）采用有效的储存定位系统

储存定位是指被储物位置的确定。如果定位系统有效，能大大节约寻找、存放、取出的时间，节约不少物化劳动及活劳动，而且能防止差错，便于清点及实行订货点等的管理方式。储存定位系统可采取先进的计算机管理，也可采取一般人工管理。行之有效的方式主要有以下两种：

（1）“四号定位”方式。

用库房号、货架号、货架层次号和货位号表明货物储存的位置，以便查找和作业的货物定位方法。

（2）电子计算机定位系统。

（八）采用有效的监测清点方式

对储存物资数量和质量的监测不但是掌握基本情况的基础，也是科学库存控制的基础。在实际工作中稍有差错，就会使账物不符，所以，必须及时且准确地掌握实际储存情况，经常与账卡核对，这无论是人工管理或是计算机管理都是必不可少的。此外，经常的监测也是掌握被存物质量状况的重要工作。监测清点的有效方式主要有：“五五化”堆码、光电识别系统和电子计算机监控系统。

（九）采用现代储存保养技术

利用现代技术是储存合理化的重要方面。现代储存保养技术主要有：气幕隔潮、气调储存和塑料薄膜封闭。

（十）采用集装箱、集装袋、托盘等运储装备一体化的方式

集装箱等集装设施的出现，也给储存带来了新观念。采用集装箱后，本身便是一栋仓库，不需要再有传统意义的库房，在物流过程中，也就省去了入库、验收、清点、堆垛、保管、出库等一系列储存作业，因而对改变传统储存作业有重要意义，是储存合理化的一种有效方式。

第四节　库存控制系统

库存控制系统是物流大系统中重要的子系统，是物流研究中的一个重要领域。把库存量控制到最佳数量，尽量少用人力、物力、财力把库存管理好，获取最大的供给保障，是很多企业、很多经济学家追求的目标，甚至是企业之间竞争生存的重要一环。许多经济学家、企业家、自然科学者都热逐这一课题，企图一举突破困扰人们千百年的这一难题。因而，这一领域的成果颇丰，有数学的、哲理的、实证的方方面面的成果。这一领域是方法和实践理论结合的领域，企业家个人的能力和素质往往是方法能否运筹成功，理论能否实证的关键。

一、概　述

（一）库存控制系统的概念

库存控制系统是以控制库存为共同目的的相关方法、手段、技术、管理及操作过程的集合，这个系统贯穿于从物资的选择、规划、订货、进货、入库、储存及至最后出库的一个长过程，这些过程的作用结果，最后实现了按目标控制库存的目的。

（二）库存控制系统的要素

一般的库存控制系统中，起决定作用或较大作用的要素主要有以下几种：

1. 企业的选地和选产

这是库存控制系统中决定库存控制结果的最初要素。企业在规划时，选地与企业未来控制库存水平的关系极大，如果这个企业远离原材料产地而运输条件又差，则很难将库存水平控制在低水平，也很难控制库存的稳定性。同样，企业产品的决策本身便已是库存控制的一个影响因素，有的产品决策脱离了该地库存控制的可能导致产品失败的先例也不少见。企业选地和选产一定意义上是库存对象物的供应条件的选择，即该供应条件是否能保证或满足某种方式的控制。

2. 订　货

订货批次和订货数量是决定库存水平的非常重要的因素。对于一个企业而言，库存控制是建立在一定要求的输出前提下，因此，需要调整的是输入，而输入的调整依赖于订货，所以订货与库存控制的关系十分密切，乃至不少企业的库存控制转化为订货控制，以此解决库存问题。

3. 运　输

订货只是商流问题，是否能按订货意图的批量和批次实现控制，这便取决于运输。运输是库存控制的一个外部影响要素，有时候库存控制不能达到预期目标并不是控制本身或订货问题，而是运输的提前或延误。提前则增大了库存水平，延误则使库存水平下降甚至会出现失控状态。

4. 信　息

在库存控制中，信息要素的作用和其他系统中的作用应当是不分伯仲的。在库存控制系统中，监控信息的采集、传递、反馈是控制的一个关键，可以说这是信息要素在这个系统中的突出点。

5. 管　理

管理和信息一样，也是一般要素，库存控制系统并不靠一条流水线、一种高新技术工艺等硬件系统支持，而是靠管理，因此，管理要素的作用可能会更大。

（三）库存控制系统的目标

不同领域的库存控制有不同的目标，这对于库存控制方法、库存控制的约束程度甚至库存控制子系统在大系统中的地位和重要性都有影响。库存控制系统的常见目标如下：

1. 库存的最低目标

这个目标的制定和下述因素有关：企业需要通过降低库存以降低库存成本；企业需要通过降低库存以降低生产成本、增加赢利和增加竞争能力；企业为了实现零库存的生产方式；企业为了扩大生产用地，缩减仓库用地。

2. 库存保证程度最高的目标

这往往使企业获得很多的销售机会，并带来效益，相比之下压低库存的意义不大，这就特别强调库存对其他经营、生产活动的保证，而不强调库存本身的效益。在企业通过增加生产以扩大经营时，在新开发的前景非常好的市场需求下，往往选择这种控制目标。

3. 不允许缺货的目标

企业由于技术、工艺条件决定，不允许停产，则必须以不缺货为控制目标，才能起到不停产的保证作用；在激烈的市场竞争环境下，一旦缺货就会丧失用户，在竞争中处于劣势；企业必须以供货保证对其他企业履约，否则受到赔偿或接管等威胁时，也可制定不允许缺货的控制目标。

4. 限定资金的目标

企业必须在限定资金的前提下实现供应，这就需要以此为前提进行库存的一系列控制。

5. 快速的目标

在一个大的系统中，库存控制不依本身经济性来确定目标，而依据系统要求确定目标，这常常出现以最快的速度实现进出货为目标来控制库存。

（四）库存控制系统的若干制约条件

库存控制受许多环境条件制约，库存控制系统内部也存在交替损益现象。这些制约因素可以影响控制水平，乃至决定控制的成败。

主要制约因素如下：

（1）需求的不确定性。

在许多因素的影响下，需求可能是不确定的，如突发的热销潮造成的需求突增等会使控制受到制约。

（2）订货周期。

由于通信、差旅或其他自然的、生理的因素订货周期不确定，会制约库存控制。

（3）运输。

运输的不稳定和不确定性必然会制约库存控制。

（4）资金制约。

资金的暂缺，资本运动不灵等会使预想的控制方法落空，因而也是一个制约因素。

（5）管理水平的制约。

管理水平达不到控制的要求，则必然使控制无法实现。

（6）价格和成本的制约。

二、ABC 分析及重点管理

ABC 分析法是储存管理中常用的分析方法，也是经济工作中一种基本工作和认识方法。ABC 分析的应用，在储存管理中比较容易取得以下成效：第一，压缩了总库存量；第二，解放了被占压的资金；第三，使库存结构合理化；第四，节约了管理力量。

（一）ABC 分析的理论基础

1. “关键的少数和一般的多数”的社会规律

社会上任何复杂事物，都存在着“关键的少数和一般的多数”这样一种规律。事物越是复杂，这一规律便越是显著。这个认识和辩证法中关于主要矛盾的认识是合拍的。

“关键的少数和一般的多数”是普遍存在的，可以说比比皆是。例如，在社会结构中，少数人领导多数人；在一个集体中，少数人起左右局势的作用；在市场上，少数人进行大量购买，几百种商品中，少数商品是大量生产的；在销售活动中，少数销售人员的销售量占绝大部分，成千上万种商品中少数几种取得大部分利润；在工厂方面，少数品种占生产量的大部分；成千上万种库存物资中，少数几种库存量占大部分，少数几种占用了大部分资金；在影响质量的许多原因中，少数几个原因带来大的损失；在成本方面，少数因素占成本的大部分；在研究机关中，少数科研人员取得研究成果的大部分；在人事方面，德、智、体诸方面都拔尖的只有少数。

可以做出这样的归纳，一个系统中，少数事物具有决定性的作用；相反，其余的绝大部分事物的作用却不太大。很明显，如果将有限的力量主要（重点）用于解决这具有决定性影响的少数事物上，将有限的力量平均分摊在全部事物上。两者比较，当然是前者可以取得较好的成效，而后者成效较差。ABC 分析便是在这一思想的指导下，通过分析，将“关键的少数”找出来，并确定与之适应的管理方法，这便形成了要进行重点管理的 A 类事物。这就能够以一倍的努力取得 7 ~ 8 倍的效果。

2. 投入有限性的客观规律

在社会上，任何一个组织和个体的资源都是有限的，在库存管理的时候也需要注意每个企业资源的有限性，所以需要分析不同的物资，然后做出重点管理的决策。

3. ABC 分析的一般步骤

此处仅以库存的 ABC 分析及重点管理方法为例。一般说来，企业的库存反映着企业的水平，调查企业的库存，可以大体搞清该企业的经营状况。虽然 ABC 分析法已经形成了企业中的基础管理方法，有广泛的适用性，但目前还是在库存分析中应用较广。

（二）ABC 分析法在库存控制中的运用

ABC 库存管理法是在 1951 年由美国电器公司应用的。它是由 ABC 分析法转化而来的，用于确定库存管理的重点，以便集中力量抓好主要矛盾，这是一种简单有效的节约资金和费用的科学管理方法。ABC 分析法源于 ABC 曲线分析，ABC 曲线又叫帕累托曲线。将 ABC 分类法引入库存管理就形成了 ABC 库存分类管理法。由此将库存物资分 A、B、C 三类。一般来说，A 类物资种类数占全部库存物资种类的 10% 左右，而其需求量却占全部物资总需求量的 70% 左右；B 类物资种类数占 20% 左右，其需求量大致也为总需求量的 20% 左右；C 类物资种类数占 70%左右，而需求量只占 10% 左右。

ABC 库存分类管理法就是以库存物资单个品种的库存资金占整个库存资金的累积百分数为基础进行分级，按级别实行分级管理。

A 类物品是指品种少、占用资金多、采购较难的重要物品。应采取最经济的办法，实行重点管理，定时定量供应，严格控制库存。C 类物品是指品种多、占用资金少、采购较容易的次要物品。应采取简便方法管理，固定定货量。B 类物品是指处于上述两者之间的物品。应采用一般控制、定期订货、批量供应的方法。

ABC 分析的结果，只是理顺了复杂事物，搞清了各局部的地位，明确了重点。但是，ABC 分析的主要目的在于解决困难，它是一种解决困难的技巧，因此，在分析的基础上必须提出解决的办法，才能真正达到 ABC 分析的目的。目前，许多企业为了应付验收检查，形式上搞了 ABC 分析，虽对了解家底有一些作用，但并未真正掌握这种方法的真谛，未能将分析转化为效益，这是应力求避免的。

ABC 分类标准过于单一，主要按库存物品所占资金数量进行分类，没有考虑到采购难易度、采购提前期、供方垄断、生产依赖性等因素，具有一定的片面性。扩展 ABC 分类法，结合采购难易度、采购提前期、供方垄断、生产依赖性等因素，利用计算机仿真软件，进行自动分析。综上所述，虽然 ABC 分类法存在着一定的局限和不足，但仍不失为库存管理中一项非常实用的方法。

（三）多重 ABC 分析

目前，中国对 ABC 分析的原理、方法研究尚不够透彻，在应用上也不甚灵活，有些人甚至产生一些误解，认为 ABC 分析只能分成三类，只能按固定模式进行。其实，ABC 分析还有许多灵活、深入的方法。

1. 分层的 ABC 分析

在物品种类较多，无法全部排列于表中，或即使可以排成大表，但在必要性不大的情况下，也可以先进行品目的分层，以减少项数，再根据分层结果将 A 类品目逐一列出，进行个别的重点管理。

2. 多种分类方法

除了按计算结果分成 ABC 三类外，在实际运用中也常根据对象事物的特点，采取分成三类和六类以上的方法。例如，分成五类、十类等。

3. 多重 ABC 分析

多重 ABC 分析是在第一次 ABC 分析的基础上，再进行一次 ABC 分析。比如，分层的 ABC 分析中 A 类的品目非常多，则可以对这一集合群再进行一次 ABC 分析。其结果是，原来 A 类中又划分出 A、B、C 三类，可分别冠以 A—A、A—B、A—C，这样可以使管理者进行更有针对性的管理。

4. 多标准 ABC 分类

在实际工作中，管理目标往往不止一个，不同的目标又有不同的要求，不同的要求形成了不同的标准。如果分别按不同标准进行分类，可能是同一集合的物品，有若干不同分类结果，这必定会造成分类的混乱，反而会增加管理难度，违背了分类的初衷。多标准分析分类方法，就是针对这种情况的分类方法。

三、存货数量控制

（一）储备定额

物资储备定额通常是指在一定物资供应、使用等条件下，为保证生产（或销售）顺利进行所必须储备物资的储备量标准。常见的有两种：一是保险储备定额，二是经常储备定额。还有较常见的如季节性储备定额。物资储备定额一般是由经常储备定额与保险储备定额所组成的。经常储备定额是经常变动的，所以物资储备定额有它的上限和下限。上限为经常储备与保险储备之和，即最高储备定额，下限就是保险储备，即最低储备定额。

经常储备定额=物资平均日耗量×合理储备天数

保险储备定额=物资平均日耗量×保险天数

季节性储备定额＝季节性储备天数×平均每天需要量

其中，季节性储备天数，一般是根据生产需要和供应中断天数所决定的，在实际工作中，凡是建立季节性储备的物料，往往就不需要经常储备和保险储备了。

（二）补充库存的方法

采取科学的补充库存的方式，如图 3-5 所示。

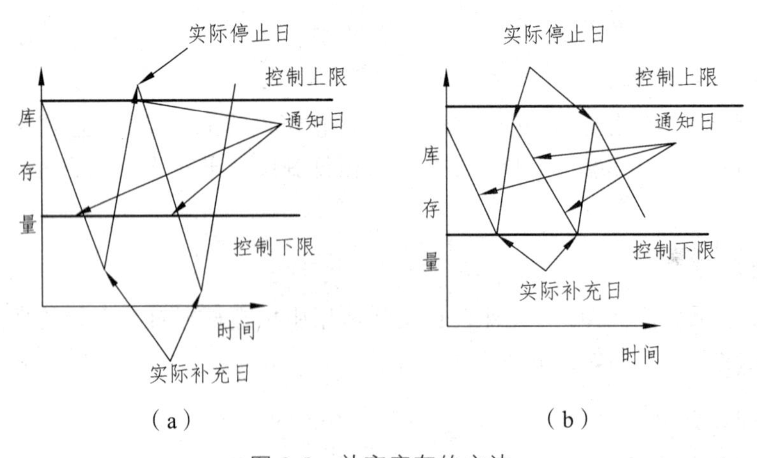

图 3-5　补充库存的方法

1. 订货点法

对于某种物料或产品，由于生产或销售的原因而逐渐减少，当库存量降低到某一预先设定的点时，即开始发出订货单（采购单或加工单）来补充库存，直至库存量降低到安全库存时，发出的订单所定购的物料（产品）刚好到达仓库，补充前一时期的消耗。此订货的数值点，即称为订货点。

订货点法又称安全库存法或者定量订货法。从订货单发出到所订货物收到这一段时间称为订货提前期，如双仓法是订货点法的一种具体的、简便的形式。

2. 定期订货法

定期订货法指按预先确定的订货时间间隔进行订货补充的库存管理方法。每隔一个固定的时间周期检查库存项目的储备量，根据盘点结果与预定的目标库存水平的差额确定每次订购批量。

3. 定量订货法与定期订货法的区别

（1）提出订购请求时点的标准不同。

定量订购库存控制法提出订购请求的时点标准是，当库存量下降到预定的订货点时，即提出订购请求；而定期订购库存控制法提出订购请求的时点标准则是，按预先规定的订货间隔周期，到了该订货的时点即提出请求订购。

（2）请求订购的商品批量不同。

定量订购库存控制法每次订购商品的批量相同，都是事先确定的经济批量；而定期订购库存控制法每到规定的请求订购期，订购的商品批量都不相同，可根据库存的实际情况计算后确定。

（3）库存商品管理控制的程度不同。

定量订购库存控制法要求仓库作业人员对库存商品进行严格的控制、精心的管理，经常检查、详细记录、认真盘点；而用定期订购库存控制法时，对库存商品只要进行一般的管理，简单的记录，不需要经常检查和盘点。

（4）适用的商品范围不同。

定量订购库存控制法适用于品种数量少、平均占用资金大的、需重点管理的 A 类商品；而定期订购库存控制法适用于品种数量大、平均占用资金少的、只需一般管理的 B 类、C 类商品。

（三）经济订购批量

经济订购批量指在保证生产或销售需要的前提下，从耗费成本最小这一目标出发所确定的每批材料采购数量或产品投产数量。在确定材料采购或产品投产批量时，既要考虑材料采购费用或产品投产生产准备费用，又要考虑材料、产品保管费用。

购买及保管储备物资，除了要支付物资的购买价格之外，还要支付多种其他费用，主要为占用资金的利息支出、订购物资的行政开支及其他各种存贮费用。例如，建筑物的折旧费、租金、地方捐税、供暖、照明、机械操作设备、仓库费用以及工作人员薪金。此外，存贮物品的老化过时，建筑物及储备物资的保险费用以及储备物资变质报废等。

经济批量主要受以下几方面因素的影响：

1. 费　用

费用包括订货采购费用、保管费用、存货单价。

2. 数　量

数量包括年存货量、一次采购订货批量。

3. 费　用

费用包括年采购费用、年存货费用、年存货总费用。

经济订购批量的基本原理是使各项费用之和最低。但是需要注意的是，费用不是简单相加，而是交替损益，如图 3-6 所示。

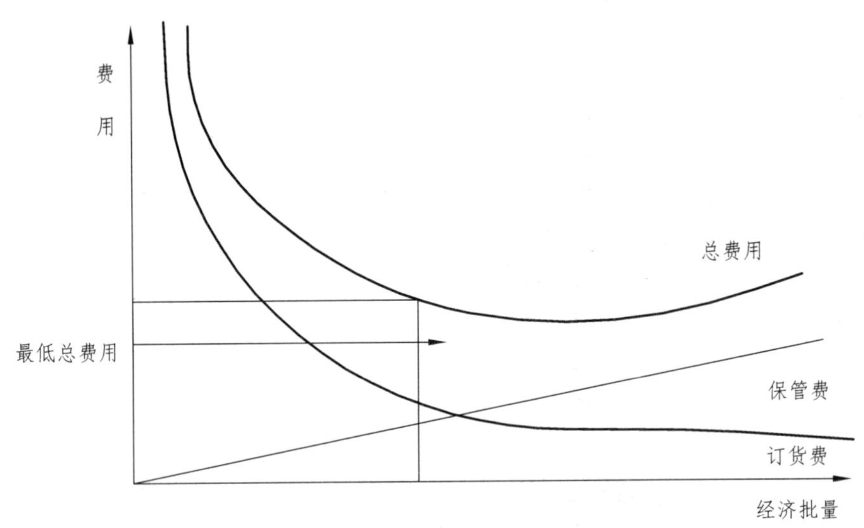

图 3-6　经济订购批量的基本原理

四、零库存系统

（一）零库存的概念

“零库存”是一种特殊的库存概念，其对工业企业和商业企业来讲是一个重要的分类概念。零库存是一个以仓库储存形式的某种或某些种物品的储存数量很低的概念，甚至可以为“零”，即不保持库存。

不以库存形式存在就可以免去仓库存货的一系列问题，如仓库建设、管理费用，存货维护、保管、装卸、搬运等费用，存货占用流动资金及库存物的老化、损失、变质等问题。

（二）零库存的实现方式

从库存的概念上来理解的话，零库存永远只是各个生产商、代理商的追求。因为从操作意义上来说，零库存是不可能真正实现的。由于受到不确定供应、不确定需求和生产连续性等诸多因素的制约，企业的库存不可能为零，所以众多商家才确定了基于成本和效益最优化的安全库存是企业库存的下限。但是，通过有效的运作和管理，企业可以最大限度地逼近零库存。

要真正实现“零库存”，需要以下几个必要条件：一是整条供应链的上下游协同配合，仅靠某个企业是绝对不可能的。二是供应链上下游企业的信息化水平相当，并且足够高。因为零库存是与 JIT 精益生产相伴而生的，这样才能顺其自然地实现供应链伙伴间的“零库存”。三是要有强大的物流系统做支撑。

（三）实现零库存的具体方法

1. 委托保管方式

委托保管是指接受用户的委托，由受托方代存代管所有权属于用户的物资，从而使用户不再保有库存，甚至可不再保有保险储备库存，从而实现零库存的保管方式。

这种零库存形式的优势在于：受委托方利用其专业的优势，可以实现较高水平和较低费用的库存管理，用户不再设库，同时减去了仓库及库存管理的大量事务，集中力量于生产经营。

但是，这种零库存方式主要是靠库存转移实现的，并不能使库存总量降低。

2. 协作分包方式

协作分包方式，即美国的“SUB-CON”方式和日本的“下请”方式。它主要是制造企业的一种产业结构形式，这种结构形式可以以若干企业的柔性生产准时供应，使主企业的供应库存为零；同时，主企业的集中销售库存使若干分包劳务及销售企业的销售库存为零。

在许多发达国家，制造企业都是以一家规模很大的主企业和数以千百计的小型分包企业组成一个金字塔形结构。主企业主要负责装配和产品开拓市场的指导，分包企业各自分包劳务、分包零部件制造、分包供应和分包销售。

例如，分包零部件制造的企业，可采取各种生产形式和库存调节形式，以保证按主企业的生产速率，按指定时间送货到主企业，从而使主企业不再设一级库存，达到推销人或商店销售，可通过配额、随供等形式，以主企业集中的产品库存满足各分包者的销售，使分包者实现零库存。

3. 轮动方式

轮动方式也称同步方式，是在对系统进行周密设计的前提下，使各个环节速率完全协调，从而根本取消甚至是工位之间暂时停滞的一种零库存、零储备形式。这种方式是在传送带式生产基础上，进行更大规模延伸形成的一种使生产与材料供应同步进行，通过传送系统供应从而实现零库存的形式。

4. 准时供应系统

在生产工位之间或在供应与生产之间完全做到轮动，这不仅是一件难度很大的系统工程，而且需要很大的投资，同时，有一些产业也不适合采用轮动方式。因而，广泛采用比轮动方式有更多灵活性、较易实现的准时方式。准时方式不是采用类似传送带的轮动系统，而是依靠有效的衔接和计划达到工位之间、供应与生产之间的协调，从而实现零库存。如果说轮动方式主要靠“硬件”的话，那么准时供应系统则在很大程度上依靠“软件”。

5. 看板方式

看板方式是准时方式中一种简单有效的方式，也称“传票卡制度”或“卡片”制度，是日本丰田公司首先采用的。在企业的各工序之间，或在企业之间，或在生产企业与供应者之间，采用固定格式的卡片为凭证，由下一环节根据自己的节奏，逆生产流程方向，向上一环节指定供应，从而协调关系，做到准时同步。采用看板方式，有可能使供应库存实现零库存。

6. “水龙头方式”

水龙头方式是一种像拧开自来水管的水龙头就可以取水而无需自己保有库存的零库存形式，日本索尼公司首先采用。这种方式经过一定时间的演进，已发展成即时供应制度，用户可以随时提出购入要求，采取需要多少就购入多少的方式，供货者以自己的库存和有效供应系统承担即时供应的责任，从而使用户实现零库存。适于这种供应形式实现零库存的物资，主要是工具及标准件。

7. 无库存储备

无库存的储备，是仍然保持储备，但不采取库存形式，以此达到零库存。有些国家将不易损失的铝这种战备物资作为隔音墙、路障等储备起来，以备万一，在仓库中不再保有库存就是一例。

8. 配送方式

这是综合运用上述若干方式采取配送制度保证供应，从而使用户实现零库存。

9. 供应链管理

整合供应链，在某些环节实现零库存。

10. 虚拟库存方式

通过社会存量采购，社会存量起到虚拟库存的作用。

第五节　仓库及货架技术

一、仓库概述

仓库，一般是指以库房、货场及其他设施、装置为劳动手段，对商品、货物、物资进行收进、整理、储存、保管和分发等工作的场所；在工业中则是指储存各种生产需用的原材料、零部件、设备、机具、半成品和产成品的场所。

二、仓库的功能

仓库的一个最基本功能就是存储物资，并对存储的物资实施保管和控制。但随着人们对仓库概念的深入理解，仓库也负担着物资处理、流通加工、物流管理和信息服务等功能，其含义远远超出了单一的储存功能。以系统的观点来看待仓库，仓库应该具备如下功能：

（一）储存和保管的功能

仓库具有一定的空间，用于储存物品，并根据储存物品的特性配备相应的设备，以保持储存物品完好性。例如，储存挥发性溶剂的仓库，必须设有通风设备，以防止空气中挥发性物质含量过高而引起爆炸。贮存精密仪器的仓库，需防潮、防尘、恒温，因此，应设立空调、恒温等设备。在仓库作业时，还有一个基本要求就是，防止搬运和堆放时碰坏、压坏物品，从而要求搬运机具和操作方法不断改进和完善，使仓库真正起到贮存和保管的作用。

（二）调节供需的功能

创造物资的时间效用是物流的两大基本职能之一，物流的这一职能是由物流系统中的仓库来完成的。现代化大生产的形式多种多样，从生产和消费的连续性来看，每种产品都有不同的特点，有些产品的生产是均衡的，而消费是不均衡的；还有一些产品生产是不均衡的，而消费却是均衡不断地进行的。要使生产和消费协调起来，这就需要仓库来起“蓄水池”的调节作用。

（三）调节货物运输能力

各种运输工具的运输能力是不一样的。船舶的运输能力很大，海运船一般是万吨级，内河船舶也有几百吨至几千吨的。火车的运输能力较小，每节车皮能装运 30 ~ 60 t，一列火车的运量最多达几千吨。汽车的运输能力很小，一般每辆车能装运 4 ~ 10 t。它们之间的运输衔接比较困难，这种运输能力的差异，也是通过仓库进行调节和衔接的。

（四）流通配送加工的功能

现代仓库的功能已处在由保管型向流通型转变的过程之中，即仓库从贮存、保管货物的中心向流通、销售的中心转变。仓库不仅要有贮存、保管货物的设备，而且还要增加分拣、配套、捆装、流通加工、信息处理等设施。这样既扩大了仓库的经营范围，提高了物资的综合利用率，又方便了消费，提高了服务质量。

（五）信息传递功能

伴随着以上功能的改变，仓库对信息传递也有了要求。在处理仓储活动有关的各项事务时，需要依靠计算机和互联网，通过电子数据交换（EDI）和条形码等技术来提高仓储物品信息的传递速度，及时而又准确地了解仓储信息，如仓库利用水平、进出库的频率、仓库的运输情况、顾客的需求以及仓库人员的配置等。

（六）产品生命周期的支持功能

根据美国物流管理协会 2002 年 1 月发布的物流定义：在供应链运作中，以满足客户要求为目的，对货物、服务和相关信息在产出地和销售地之间实现高效率和低成本的正向和逆向的流动与储存所进行的计划执行和控制的过程。可见，现代物流包括了产品从“生”到“死”的整个生产、流通和服务过程。因此，仓储系统对产品生命周期提供支持。

随着强制性质量标准的贯彻和环保法规约束力度的加大，制造商和配送商要负责进行包装材料的回收，必然导致退货逆向物流和再循环回收等逆向物流的产生。逆向物流与传统供应链方向相反，是要将最终顾客持有的不合格产品、废旧物品回收到供应链中的各个节点。作为供应链中的重要一环，在逆向物流中仓库又承担了退货管理中心的职能，负责及时确定位问题商品，通知所有相关方面和发现退回商品的潜在价值，为企业增加预算外或抢救性收入。

三、仓库的分类

仓库的种类繁多，分类方法也有许多种，这里介绍几种主要的分类方法。

（一）按保管物品分类

1. 原料、产品仓库

原料、产品仓库是指企业为了保证生产和销售的连续性，专门用于存储原材料、半成品或成品的仓库。

2. 商品、物资综合仓库

商品、物资综合仓库是指商业、物资、外贸部门为了保证市场供应，解决季节时差，用于存储备种商品物资的综合性仓库。

3. 农副产品仓库

农副产品仓库是指经营农副产品的企业，专门用于存储农副产品的仓库，或经过短暂存储进行加工后再运出的中转仓库。

4. 战略物资储备仓库

战略物资储备仓库是指由国家或一个主管部门修建的，用于储备各种战略物资，以防止各种自然灾害和意外事件的发生。

（二）按保管条件分类

1. 普通仓库

普通仓库是指用于存放一般物资，对仓库没有特殊要求的仓库，如一般的金属材料仓库、机电产品仓库等。

2. 保温仓库

保温仓库是指用于储存对温度等有特殊要求的仓库，包括恒温、恒湿及冷藏库等，如粮食、水果、肉类等的储存。这类仓库在建筑结构上要有隔热、防寒、密封等功能，并配备专门的设备，如空调、制冷机等。

3. 特种仓库

特种仓库是指用来储存危险品的仓库。

（三）按建筑结构分类

1. 平房仓库

平房仓库一般构造简单，建筑费用低，适于人工操作。

2. 楼房仓库

楼房仓库是指二层楼以上的仓库，它可以减少占用面积，出入库作业则多采用机械化或半机械化作业。

3. 货架仓库

货架仓库采用钢结构货架贮存货物，通过各种输送机、水平搬运车辆、叉车、堆垛机进行机械化作业。按货架的层数又可分为低层货架仓库（货物堆放层数不大于 10 层）和高层货架仓库（货物堆放层数为 10 层以上）。高层货架仓库一般采用计算机管理和控制。

4. 罐式仓库

罐式仓库主要用于液体或者气体的储存。

（四）按功能及其他分类

1. 储存仓库

储存仓库主要对货物进行保管，以解决生产和消费的不平均，如秋季生产的大米储存到第二年出售；常年生产的化肥，要在春、秋季节供应，只有通过仓储来解决。

2. 流通仓库

这种仓库除具有保管功能之外，还能进行流通加工、装配、简单加工、包装、理货以及运输工具中转等，具有周转快、附加值高、实践性强的特点，从而减少在联结生产和消费的流通过程中商品因停滞而花费的费用。

3. 配送中心

配送中心是向市场或直接向消费者配送商品的仓库。作为配送中心的仓库，往往具有存货种类众多、存货量较少的特点，要进行商品包装拆除、配货组合等作业，一般还要开展配送业务。

4. 保税仓库（保税货场）

保税仓库指经海关批准，在海关监督下，专供存放未办理关税手续而入境或过境货物的场所。也就是说，保税仓库是获得海关许可的、能长期储存外国货物的本国国土上的仓库。同样，保税货场是获得海关许可的能装卸或搬运外国货物并暂时存放的场所。

（五）按使用对象及权限分类

1. 自有仓库

自有仓库是指各企业为了保管本公司的物品、原料、半成品、产成品而建设的仓库。仓库的建设、保管物品的管理以及出入库等业务均处于本公司管理责任范围内。所保管物品确定后，企业可选择适合这些物品的仓库结构和装卸设备。

2. 营业仓库

按照仓库业管理条例取得营业许可，保管他人物品的仓库称营业仓库。营业仓库是社会化的一种仓库，面向社会，以经营为手段、以盈利为目的。与自有仓库相比，营业仓库的使用效率要高些。

3. 公共仓库

国家或公共团体为了公共利益而建设的仓库称公共仓库，即为公共事业配套服务的仓库。

四、仓库的布局

仓库的布局是指仓库的各个组成部分，如库房、货棚、货场、辅助建筑物、铁路专运线、库内道路、附属固定设备等，在规定的范围内，进行平面和立体的全面合理安排。

（一）仓库总平面布置的要求

1. 要适应仓储企业生产流程，有利于仓储企业生产正常进行

（1）物流方向单一。仓库内商品的卸车、验收、存放地点之间的安排，必须适应仓储生产流程，按一个方向流动。

（2）运距最短。应尽量减少迂回运输，专运线的布置应在库区中部，并根据作业方式、仓储商品品种、地理条件等，合理安排库房、专运线与主干道的相对位置。

（3）装卸环节最少。减少在库商品的装卸搬运次数和环节，商品的卸车、验收、堆码作业最好一次完成。

（4）利用空间最大。仓库总平面布置是立体设计，应有利于商品的合理储存和充分利用库容。

2. 有利于提高仓储经济效益

（1）要因地制宜，充分考虑地形、地质条件，满足商品运输和存放上的要求，并能保证仓容充分利用。

（2）平面布置应与竖向布置相适应。所谓竖向布置，是指建设场地平面布局中每个因素，如库房、货场、专运线、道路、排水、供电、站台等，在地面标高线上的相互位置。

（3）总平面布置应能充分、合理地利用我国目前普遍使用的门式、桥式起重机一类的固定设备，合理配置这类设备的数量和位置，并注意与其他设备的配套，便于开展机械化作业。

3. 有利于保证安全生产和文明生产

（1）库内各区域间、各建筑物间，应根据“建筑物设计防火规范”的有关规定，留有一定的防护间距，并有防火、防盗等安全设施，经过消防部门和其他管理部门验收。

（2）总平面布置应符合卫生和环境要求，既要满足库房的通风、日照等，又要考虑环境绿化、文明生产，有利于增进职工的身体健康。

（二）仓库的构成

仓库通常由生产作业区、辅助生产区和行政生活区三大部分组成。

1. 生产作业区

生产作业区是仓库的主体部分，是商品储运活动场所。它主要包括储货区、铁路专运线、道路、装卸台等。

储货区是储存保管的场所，具体分为库房、货棚、货场。货场不仅仅可存放商品，同时还起着货位的周转、调剂、作业作用。铁路专运线、道路是库内外商品的运输通道，商品的进出库、库内商品的搬运都通过这些运输线路。专运线应与库内其他道路相通，保证通畅。装卸台是供火车或汽车装卸商品的平台，有单独站台和库边站台两种，其高度和宽度应根据运输工具和作业方式而定。

2. 辅助生产区

辅助生产区是为商品储运保管工作服务的辅助车间或服务站，包括车库、变电室、油库、维修车间等。

3. 行政生活区

行政生活区是仓库行政管理机构和员工休憩的生活区域，一般设在仓库入口附近，便于业务接洽和管理。行政生活区与生产作业区应分开，并保持一定的距离，以保证仓库的安全及行政办公和居民生活的安静。

五、自动化立体仓库

（一）自动化立体仓库的概念

自动化立体仓库又称自动化高架仓库和自动存储系统。它是一种基于高层货架、采用电子计算机进行控制管理、采用自动化存取输送设备自功进行存取作业的仓储系统。自动化立体库是实现高效率物流和大容量储藏的关键系统，在现代化生产和商品流通中具有举足轻重的作用。

立体仓库的产生和发展是在第二次世界大战之后。20 世纪 50 年代初，美国出现了采用桥式堆垛起重机的立体仓库；50 年代末 60 年代初，出现了司机操作的巷道式堆垛起重机立体仓库；1963 年美国率先在高架仓库中采用计算机控制技术，建立了第一座计算机控制的立体仓库。此后，自动化立体仓库在美国和欧洲得到迅速发展，并形成了专门的学科。60 年代中期，日本开始兴建立体仓库，并且发展速度越来越快，成为当今世界上拥有自动化立体仓库最多的国家之一。中国对立体仓库及其物料搬运设备的研制开始并不晚，1963 年研制成第一台桥式堆垛起重机（机械部北京起重运输机械研究所），1973 年开始研制我国第一座由计算机控制的自动化立体仓库（高 15 m，机械部起重所负责），该库 1980 年投入运行。到目前为止，我国自动化立体仓库数量已超过 200 座。立体仓库由于具有很高的空间利用率、很强的入出库能力、采用计算机进行控制管理而利于企业实施现代化管理等特点，已成为企业物流和生产管理不可缺少的仓储技术，越来越受到企业的重视。

（二）自动化立体仓库的分类

自动化立体仓库是一个复杂的综合自动化系统。作为一种特定的仓库形式，它一般有以下几种分类方式：

1. 按建筑形式进行分类

（1）整体式。它是指货架除了储存货物以外，还可以作为建筑物的支撑结构，就像是建筑物的一个部分，即库房与货架形成一体化结构。

（2）分离式。它是指储存货物的货架独立存在，建在建筑物内部。在现有的建筑物内可改造为自动化仓库，也可以将货架拆除，使建筑物用于其他目的。

2. 按货物存取形式进行分类

（1）单元货架式。它是一种最常见的结构，货物先放在托盘或集装箱内，再装入仓库货架的货位中。

（2）移动货架式。它由电动货架组成。货架可以在轨道上行走，由控制装置控制货架的合拢和分离。作业时货架分开，在巷道中可进行作业；不作业时可将货架合拢，只留一条作业巷道，从而节省仓库面积，提高空间的利用率。

（3）拣选货架式。它的分拣机构是这种仓库的核心组成部分。它有巷道内分拣和巷道外分拣两种方式。每种分拣方式又分为人工分拣和自动分拣。

3. 按作用进行分类

（1）生产性仓库。它是指工厂内部为了协调工序和工序间进行有节奏的生产而建立的仓库。

（2）流通性仓库。它是一种服务性仓库，它是企业为了调节生产平衡而建立的仓库。这种仓库进出货物比较频繁，吞吐量较大。

4. 按自动化仓库与生产连接的紧密程度进行分类

（1）独立型仓库。它又称“离线”仓库，它是指从操作流程及经济性等方面来说都相对独立的自动化仓库。一般来说，这种仓库的规模都比较大，存储量较大，仓库系统具有自己的计算机管理、监控、调度和控制系统。独立型仓库又可分为存储型和中转型仓库。配送中心也属于这一类仓库。

（2）半紧密型仓库。它是指它的操作流程、仓库的管理、货物的出入和经济性与其他厂（或部门或上级单位）有一定关系，但又未与其他生产系统直接相联。济南第一机床厂中央立体库和第二汽车制造厂配套立体库是比较典型的例子。

（3）紧密型仓库。它又称“在线”仓库，是那些与工厂内其他部门或生产系统直接相连的立体仓库，两者间的关系比较紧密。仪征化纤股份公司涤纶长丝立体仓库、天水长城开关厂板材立体库（在柔性生产线计算机的统一指挥下直接送板材、半成品物料及其信息）是其中的例子。当然，自动化仓库还可以有其他分类方式，以上所述只是比较普适的几种。

5. 按环境进行分类

（1）一般自动化立体仓库。它用于温度为 0 °C ~ 40 °C、湿度为 45% 的环境下存储货物。

（2）低温自动化立体仓库。它用于温度为 0 °C 以下的环境中存储货物。

（3）高温自动化立体仓库。它用于温度在 40 °C 以上的环境中存储货物。

（4）防爆自动化立体仓库。它用于在有防爆要求的环境中存储货物。

（5）其他特殊环境用的自动化立体仓库。如防毒、防污染和防辐射等环境下用的自动化立体仓库。

6. 按布局进行分类

（1）按导轨布置的分类有：直线型、U 型和转盘型。

（2）按入库站和出库站的平面布置的分类有：单侧入库方式、中间入库方式。

（三）自动化立体仓库的优越性

自动化立体仓库的优越性是多方面的，对于企业来说，可从以下几个方面得到体现。

1. 提高空间利用率

早期立体仓库构想的基本出发点就是提高空间利用率，充分节约土地。在西方发达国家，提高空间利用率的观点有更广泛而深刻的含义。节约土地已与节约能源、环境保护等更多的方面联系起来。有些甚至把空间的利用率作为系统合理性和先进性考核的重要指标。

立体库的空间利用率与其规划紧密相连。一般来说，自动化高架仓库的空间利用率为普通仓库的 2 ~ 5 倍，这是相当可观的。

2. 便于形成先进的物流系统，提高企业生产管理水平

传统仓库只是货物储存的场所，保存货物是其唯一的功能，是一种“静态储存”。自动化立体仓库采用先进的自动化物料搬运设备，不仅能使货物在仓库内按需要自动存取，而且可以与仓库以外的生产环节进行有机的连接，并通过计算机管理系统和自动化物料搬运设备使仓库成为企业生产物流中的一个重要环节。企业外购件和自制生产件进入自动化仓库储存是整个生产的一个环节。短时储存是为了在指定的时间自动输出到下一道工序进行生产，从而形成一个自动化的物流系统，这是一种“动态储存”，也是当今自动化仓库发展的一个明显的技术趋势。

3. 加快货物的存取节奏，减轻劳动强度，提高生产效率

建立以自动化立体仓库为中心的物流系统，其优越性还表现在自动化高架库具有快速出入库的能力，能快速妥善地将货物存入高架库中（入库），也能快速及时并自动地将生产所需零部件和原材料送达生产线。这一特点是普通仓库所不能达到的。同时，自动化立体仓库减轻了工人劳动强度。这种劳动强度的减轻是综合的，具体包括以下几个方面：

（1）存取货作业机械化。

采用自动巷道堆垛机取代人工存放货物和人工取货，既快捷又省力。工人不必进入仓库内工作，工作环境大为改善。

（2）管理信息化。

采用计算机管理系统对货物进行管理，大大增强了货物的管理能力，使仓库管理的科学

化、准确性和可靠性有质的提高，入出库管理、盘库、报表等工作变得简单快捷，工人的劳动强度大大降低。

（3）出入库操作简化。

自动化立体仓库系统辅以库前辅助输送设备，使出入库变得简单方便。

（4）人员及工作精简化。

自动化立体库系统所需要的操作人员和系统维护人员很少，既节省了人力物力，节约了资金，又改善了工作环境，一举多得。

4. 减少库存资金积压

经过对一些大型企业的调查了解，由于历史原因造成管理手段落后，物资管理零散，使生产管理和生产环节的紧密联系难以到位，为了到达预期的生产能力和满足生产要求，就必须准备充足的原材料和零部件，这样库存积压就成为一个较大的问题。如何降低库存资金积压和充分满足生产需要，已成为大型企业不得不面对的一个大问题。自动化立体仓库系统是解决这一问题的有效手段之一。

（1）平衡原料供给和生产。

以自动化立体仓库为中心的工厂物流系统，解决了生产各环节的流通问题和供需矛盾，使原材料的供给和零部件的生产数量与生产所需的数量达到一个最佳值。

（2）更精确地确定采购时间。

计算机网络系统的建立使原材料和零部件外购件的采购更及时和满足实际需求。

（3）加强宏观调控。

计算机管理系统的建立加强了宏观调控功能,使生产中各环节生产量更能满足实际需求。

（4）平衡产量与市场需求。

建立成品库和半成品库，以解决市场供需暂时的不一致，充分发挥企业的生产潜力。

5. 现代化企业的标志

现代化企业采用的是集约化大规模生产模式。这就要求生产过程中各环节紧密相连，成为一个有机整体。为此，建立自动化高架仓库系统是其有力的措施之一。

此外，自动化立体库有利于提升企业形象，具有巨大的社会经济效益。如联想电脑公司自动化物流系统自建成后，接待了国内外团体 1000 多次，其中包括许多国家元首、企业界的代表等，这对提升企业形象产生了巨大的作用。

（四）自动化立体仓库的主要设备

自动化立体仓库是一个有机的仓储系统，由各种各样的仓储设备组成，一般来说，它由以下主要设备组成：

1. 高层货架

高层货架是用于存储货物的钢结构。目前主要有焊接式货架和组合式货架两种基本形式。

2. 托盘（货箱）

托盘（货箱）是用于承载货物的器具，亦称工位器具。

3. 巷道堆垛机

巷道堆垛机是用于自动存取货物的设备。按结构形式分为单立柱和双立柱两种基本形式；按服务方式分为直道、弯道和转移车三种基本形式。

4. 输送机系统

输送机系统是立体库的主要外围设备，负责将货物运送到堆垛机或从堆垛机将货物移走。输送机的种类非常多，常见的有辊道输送机、链条输送机、升降台、分配车、提升机、皮带机等。

5. AGV 系统

AGV 系统即自动导向小车。根据其导向方式，分为感应式导向小车和激光导向小车。

6. 自动控制系统

自动控制系统是驱动自动化立体库系统各设备的自动控制系统。目前主要采用现场总线方式。

7. 库存信息管理系统

库存信息管理系统亦称中央计算机管理系统，是全自动化立体库系统的核心。目前典型的自动化立体库系统均采用大型的数据库系统（如 ORACLE，SYBASE 等）构筑典型的客户机/服务器体系，可以与其他系统（如 ERP 系统等）联网或集成。

对于立体仓库构成而言，还应包括土建、消防、通风、照明等多方面的内容。

（五）自动化仓库的系统构成

自动化立体仓库是机械和电气、强电控制和弱电控制相结合的产品。它主要由货物储存、货物存取和传送、控制和管理等三大系统组成，还有与之配套的供电系统、空调系统、消防报警系统、称重计量系统、信息通信系统等。

1. 货物储存系统

本系统由立体货架的货位（托盘或货箱）组成。立体货架机械结构可分为分离式、整体式和柜式三种，其高度分为高层货架（12 m 以上）、中层货架（5 ~ 12 m）、低层货架（5 m 以下）。按货架形式分为单元货架、重力货架、活动货架和拣选货架等。货架按照排、列、层组合成立体仓库储存系统。

2. 货物存取和传送系统

本系统承担货物存取、出入仓库的功能，它由有轨或无轨堆垛机、出入库输送机、装卸机械等组成。堆垛机又称搬运机，其结构形式多种多样，通常可分为单柱、双柱结构；有轨、无轨结构；有人操作、无人操作；人控、机控、遥控等方式。行走动力有电力、电瓶、内燃动力等。出入库输送机可根据货物的特点采用带输送机、机动辊道、链传动输送机等，主要将货物输送到堆垛机上下料位置和货物出入库位置。装卸机械承担货物出入库、装车或卸车的工作，一般由行车、起重机、叉车等装卸机械组成。

3. 控制和管理系统

该系统一般采用计算机控制和管理，视自动化立体仓库的不同情况，采取不同的控制方式。有的仓库只采取对存取堆垛机、出入库输送机进行单台控制，机与机无联系；有的仓库对各单台机械进行联网控制。更高级的自动化立体仓库的控制系统采用集中控制、分离式控制和分布式控制，即由管理计算机、中央控制计算机和堆垛机、出入库输送机等直接控制的可编程序控制机械组成控制系统。

（六）自动分拣系统

1. 自动分拣系统作业描述

自动分拣机是将混在一起而去向不同的物品，按设定要求自动进行分发配送的设备，它主要由输送装置、分拣装置、控制装置等组成。当分拣物到达分拣口时，通过推拉机构、拨块、倾倒、输送等方式，使分拣物滑动或传输到分拣口，可实现多品种、小批量、多批次、短周期的物品分拣和配送作业。自动分拣机的种类很多，但较为先进的主要有三种：滑靴式分拣机、翻盘/翻板式分拣机和交叉带式分拣机。

（1）滑靴式分拣机（见图 3-7），是采用多个滑靴滑动将物品推出的方式，所以容许搬运的物品尺寸、形状范围广，并且可以灵活地进行分类。

图 3-7　滑靴式分拣机

（2）翻盘/翻板式分拣机（见图 3-8），可以通过电子自动检测物件的大小长度，随机组合承载翻版的多少，该功能成功地解决了超大、超重物件于普通物件同机分拣的技术问题。

（3）交叉带式分拣机（见图 3-9），是一种独特的分拣设备，其驱动行走方式比较独特，每个物件拥有一个独立的分拣单元，直至分拣完毕。其上下件精度相当高，无论是何种外观的物件，均可平稳地进行分拣。而且由于单个模块的尺寸较小，因此分拣格口之间的间距可以布置得比较密集，因而场地利用率相当高。该分拣机的模块化设计，使运行成本及维护率都较低，而且布局相当自由，可以满足不同需要的组合。

图 3-8

图 3-9

自动分拣系统（automated sorting system），是第二次世界大战后在美国、日本的物流中心广泛采用的一种自动分拣系统。该系统目前已经成为发达国家大中型物流中心不可缺少的一部分。该系统的作业过程可以进行简单的描述：物流中心每天接收成百上千家供应商或货主通过各种运输工具送来的成千上万种商品，在最短的时间内将这些商品卸下并按商品品种、货主、储位或发送地点进行快速而准确的分类，将这些商品运送到指定地点（如指定的货架、加工区域、出货站台等）。同时，当供应商或货主通知物流中心按配送指示发货时，自动分拣系统在最短的时间内从庞大的高层货架存储系统中准确找到要出库的商品所在位置，并按所需数量出库，将从不同储位上取出的不同数量的商品按配送地点的不同运送到不同的理货区域或配送站台集中，以便装车配送。

2. 自动分拣系统的主要特点

（1）能连续、大批量地分拣货物。由于采用大生产中使用的流水线自动作业方式，自动分拣系统不受气候、时间、人的体力等的限制，可以连续运行，同时自动分拣系统单位时间分拣件数多，因此自动分拣系统的分拣能力是人工分拣系统可以连续运行 100 个小时以上，每小时可分拣 7000 件包装商品，如用人工则每小时只能分拣 150 件左右，而且分拣人员也不能在这种劳动强度下连续工作 8 小时。

（2）分拣误差率极低。自动分拣系统的分拣误差率大小主要取决于所输入分拣信息的准确性大小，这又取决于分拣信息的输入机制。如果采用人工键盘或语音识别方式输入，则误差率在 3% 以上，如采用条形码扫描输入，除非条形码的印刷本身有差错，否则不会出错。因此，目前自动分拣系统主要采用条形码技术来识别货物。

（3）分拣作业基本实现无人化。国外建立自动分拣系统的目的之一就是为了减少人员的使用，减轻员工的劳动强度，提高人员的使用效率，因此自动分拣系统能最大限度地减少人员的使用，基本做到无人化。分拣作业本身并不需要使用人员，人员的使用仅局限于以下工作：送货车辆抵达自动分拣线的进货端时，由人工接货；由人工控制分拣系统的运行；分拣线末端由人工将分拣出来的货物进行集载、装车；自动分拣系统的经营、管理与维护。

如美国一公司配送中心的面积为 10 万平方米左右，每天可分拣近 40 万件商品，仅使用 400 名左右员工，自动分拣线做到了无人化作业。

3. 自动分拣系统的组成

自动分拣系统一般由控制装置、分类装置、输送装置及分拣道口组成。

（1）控制装置的作用是识别、接收和处理分拣信号，根据分拣信号的要求指示分类装置、商品品种、按商品送达地点或按货主的类别对商品进行自动分类。这些分拣需求可以通过不同方式，如可通过条形码扫描、色码扫描、键盘输入、重量检测、语音识别、高度检测及形状识别等方式，输入到分拣控制系统中去，根据对这些分拣信号的判断，来决定某一种商品该进入哪一个分拣道口。

（2）分类装置的作用是根据控制装置发出的分拣指示，当具有相同分拣信号的商品经过该装置时，该装置动作将改变在输送装置上的商品运行方向使其进入其他输送机或进入分拣道口。分类装置的种类很多，一般有推出式、浮出式、倾斜式和分支式几种，不同的装置对分拣货物的包装材料、包装重量、包装物底面的平滑程度等有不同的要求。

（3）输送装置的主要组成部分是传送带或输送机，其主要作用是使待分拣商品鱼贯通过控制装置、分类装置，并输送至装置的两侧，一般要连接若干分拣道口，使分好类的商品滑下主输送机（或主传送带）以便进行后续作业。

（4）分拣道口是已分拣商品脱离主输送机（或主传送带）进入集货区域的通道，一般由钢带、皮带、滚筒等组成滑道，使商品从主输送装置滑向集货站台。在那里由工作人员将该道口的所有商品集中后或是入库储存，或是组配装车并进行配送作业。

以上四部分装置通过计算机网络联结在一起，配合人工控制及相应的人工处理环节构成一个完整的自动分拣系统。

4. 自动分拣系统的适用条件

第二次世界大战以后，自动分拣系统逐渐开始在西方发达国家投入使用，成为发达国家先进物流中心、配送中心或流通中心所必需的设施条件之一，但因其要求使用者必须具备一定的技术经济条件，因此，在发达国家物流中心、配送中心或流通中心不用自动分拣系统的情况也很普遍。在引进和建设自动分拣系统时一定要考虑以下条件：

（1）一次性投资巨大。

自动分拣系统本身需要建设短则 40 ~ 50 m，长则 150 ~ 200 m 的机械传输线，还有配套的机电一体化控制系统、计算机网络及通信系统等，这一系统不仅占地面积大，动辄 2 万平方米以上，而且一般自动分拣系统都建在自动主体仓库中。这样就要建 3 ~ 4 层楼高的立体仓库，库内需要配备各种自动化的搬运设施，这丝毫不亚于建立一个现代化工厂所需要的硬件投资。这种巨额的先期投入要花 10 ~ 20 年才能收回。

（2）对商品外包装要求高。

自动分拣机只适于分拣底部平坦且具有刚性的包装规则的商品。袋装商品、包装底部柔软且凹凸不平、包装容易变形、易破损、超长、超薄、超重、超高、不能倾覆的商品不能使用普通的自动分拣机进行分拣。因此，为了使大部分商品都能用机械进行自动分拣，可以采取两条措施：一是推行标准化包装，使大部分商品的包装符合国家标准；二是根据所分拣的大部分商品的统一的包装特性定制特定的分拣机。但要让所有商品的供应商都执行国家的包装标准是很困难的，定制特写的分拣机又会使硬件成本上升，并且越是特别的其通用性就越差。因此，公司要根据经营商品的包装情况来确定是否建或建什么样的自动分拣系统。

（七）自动导向车系统

自动导引车（automated guided vehicle）又称无人搬运车，是指装备有电磁或光学等自动导引装置，能够沿规定的导引路径行驶，具有安全保护以及各种移载功能的运输小车。AGV 的关键技术包含导航（navigation）和导引计算（算法）两部分，“导航”是指确定 AGV 在系统全局中的坐标位置(X,Y)及车体自身的方位角度(q)；“导引计算”是指将导航信号转换为 AGV 驱动命令（速度和转向角度）的算法，不同的导引方式有不同的导引算法。目前，应用较为广泛的导引技术主要有电磁导引、磁带导引、激光导引和惯性导航。其中，激光导引是通过激光束扫描地面反射坐标点，根据三点计算法确定其精确位置与方向，能非常方便地变更走行路径，具有很高的柔性。

自动导向车可自动装载货物，并按预先设置的路线自动行驶。其自动作业的基本功能分为自动载货、自动行驶、和自动卸货。AGV 由于其独特的功能、其优势表现在以下方面：

（1）通过无线通信技术可以十分方便地与其他物流系统实现立体仓库到生产线的连接、立体仓库到立体仓库的连接，从而实现自动化物流，完成物流及信息流的自动连接，均可以通过无线通信完成信息的自动传递，从而实现自动化物流。

（2）AGV 的最大优势是由于采用埋设地下通信电缆或采用激光制导技术，能够保持地面的平整和不受损坏。在许多需要其他交通、运输工具交叉运行的场合，如生产线等应用十分广泛。

（3）AGV 输送对于减少货物在运输过程中的损坏，降低工人的劳动强度等均具有积极意义。

（4）AGV 系统本身具有较高的可靠性，能耗较低，这些特点均使近年来 AGV 得到了广泛的应用。

（八）信息自动采集系统

自动化物流系统中，为了完成物料编号、品名、类别、数量等物流信息的采集，通常采用条形码、射频（RF）等识别技术。条形码中较为经济、应用较广的是一维码，是在浅色衬底上由深色矩形的线条（码条）排列而成的编码。其码条及空白条的数量和宽度按一定的规则编排，可通过连线的条码识别器或无线手持数据采集终端动态读取信息。射频技术的应用之一是电子标签，它是一种非接触式 IC，它将一个集成电路芯片镶嵌在塑料基片中，并封装成卡，可埋植在物料载体（托盘、箱体等）内，自动读写数据时，读写头与电子标签的距离可达 120 ~ 150 mm。

（九）自动输送系统

输送机设备是物料输送重要的运输工具，包括各种类型的链式、辊道、带式、集放、升降、合流、分流输送机，以及升降台、连续提升机、滑槽、穿梭车（往复式和环形式）等设备，主要完成从巷道堆垛机到出入库站台、分拣机、包装机等设备之间的物料输送工作。输送机设备结构简单，但输送时要求设备之间过渡平稳、到位精确，物料不跑偏，同时要保证物料的流量。

（十）信息管理系统

计算机管理包括物流管理和物流控制两个方面，上联企业 MRPII/ERP 系统，下联工业实时控制系统。计算机系统是自动化物流系统的调度核心和信息存储处理中心，构建在先进的工业控制网上，运行于计算机网络系统与数据库环境下，以集成技术为核心，实现物流指令快速、准确地执行及物流信息的收集、处理、传送、存储和分析，并做出正确的决策以协调各业务环节，从而实现迅速、准确、及时、高效的自动化物料存取、输送、配送和科学管理。

【课后习题】

1. ABC 分析法中，A 类物资种类数占全部库存物资种类总数的______左右。

2. 按照储存的集中程度分类，储存分为________、________和________，其中______是网络经济时代越来越普遍采用的一种方式。

3.（　　）是经海关批准，在海关监管下专供存放未办理关税手续而入境或过境货物的场所。

A. 出口监管仓库　　B. 特种仓库　　C. 保税仓库　　D. 营业仓库

4.（　　）是为了预防不确定性因素而准备的库存。

A. 经常库存　　B. 安全库存　　C. 在途库存　　D. 投机库存

5. 下列不属于协同供应体系下的库存管理模式的是（　　）。

A. 及时供应　　B. 寄售库　　C. 现代库存管理模式　　D. 虚拟库存

6. 物流系统中，起着缓冲、调节和平衡作用的活动环节是（　　）。

A. 运输　　B. 配送　　C. 装卸　　D. 存储

7.（　　）是仓库的传统功能，也是最基本的功能。

A. 储存与保管　　B. 调节供需平衡

C. 调节货物运输能力　　D. 配送和流通加工

8.（多选）按用途进行分类，可以将仓库分为（　　）。

A. 自用仓库　　B. 营业仓库　　C. 特种仓库　　D. 公用仓库

9.（判断）营业仓库是生产企业或是流通企业，为了自身物流业务需要而设立的附属仓库。（　　）

10.（判断）投机库存是为了满足正常需求之外的某种需求而准备的库存。（　　）

第四章 配送管理

【学习目标】

1. 理解配送的概念、特点与分类等基本知识。
2. 了解配送的发展趋势与模式。
3. 熟悉配送基本作业流程。
4. 掌握配送中心的概念及分类。
5. 掌握配送中心的选址原则及程序。

【引导案例】

7-11

这家 70 多年前发源于美国的商店是全球最大的便利连锁店。7-11 最初采用的就是在特定区域高密度集中开店策略，在物流管理上也采用集中的物流配送方案，这一方案每年大概能为 7-11 节约相当于商品原价 10% 的费用。

一间普通的 7-11 连锁店一般只有 100 ~ 200 m^2，却要提供 2000 ~ 3000 种食品，不同的食品有可能来自不同的供应商，运送和保存的要求也各有不同。每一种食品又不能短缺或过剩，而且还要根据顾客的不同需要随时能调整货物的品种，种种要求给连锁店的物流配送提出了很高的要求。7-11 的成功，很大程度上取决于配送系统的成功。以台湾地区的 7-11 为例，全省的物流配送就细分为出版物、常温食品、低温食品和鲜食食品四个类别的配送，各区域的配送中心每天需要根据不同商品的特征和需求量做出不同频率的配送，以确保食品的新鲜度，以此来吸引更多的顾客。新鲜、即时、便利和不缺货是 7-11 配送管理的最大特点，也是各家 7-11 店铺的最大卖点。

除了配送设备，不同食品对配送时间和频率也会有不同要求。对于有特殊要求的食品如冰淇淋，7-11 会绕过配送中心，由配送车早中晚三次直接从生产商门口拉到各个店铺。对于一般的商品，7-11 实行的是一日三次的配送制度，早上 3 点到 7 点配送前一天晚上生产的一般食品，早上 8 点到 11 点配送前一天晚上生产的特殊食品如牛奶、新鲜蔬菜，下午 3 点到 6 点配送当天上午生产的食品，这样一日三次的配送频率在保证商店不缺货的同时，也保证了食品的新鲜度。为了确保各店铺供货的万无一失，配送中心还有一个特别配送制度和一日三次的配送相搭配。每个店铺都会随时碰到一些特殊情况造成缺货，这时只能向配送中心打电话告急，配送中心则会用安全库存对店铺紧急配送。如果安全库存也已告罄，中心就转而向供应商紧急要货，并且在第一时间将货送到缺货的店铺手中。

问题思考：

按照配送商品种类及数量的不同，思考 7-11 中的商品都适合哪几种配送方式。

第一节　配送概述

配送是一种现代物流方式和新型的流通体制。实践证明，配送是一种非常好的物流方式。随着我国市场经济体制的逐步建立，物流配送得到了很大的发展，但绝大多数配送中心的作业和管理都比较落后，配送设施不足，与发达国家那些以机电一体化、无纸化为主要特征的现代化配送中心相比，还有较大差距。

一、配送的概念

1. 配送的定义

配送是指在经济合理区域范围内，根据客户要求，对物品进行拣选、加工、包装、分割、组配等作业，并按时送达指定地点的物流活动。配送是物流中一种特殊的、综合的活动形式，是商流与物流紧密结合，包含商流活动和物流活动，也包含物流中若干功能要素的一种形式。

《中华人民共和国国家标准物流术语》GB/T18354—2001 将配送定义为：在经济合理区域范围内，根据用户的要求，对物品进行拣选、加工、包装、分割、组配等作业，并按时送达指定地点的物流活动。一般来说，配送是在整个物流过程中的一种既包含集货、储存、拣货、配货、装货等一系列狭义的物流活动，也包括输送、送达、验货等以送货上门为目的的商业活动。它是商流与物流紧密结合的一种综合的、特殊的综合性供应链环节，也是物流过程的关键环节。由于配送直接面对消费者，最直观地反映了供应链的服务水平，所以，配送"在恰当的时间、地点，将恰当的商品提供给恰当的消费者"的同时，也应将优质的服务传递给客户，配送作为供应链的末端环节和市场营销的辅助手段，日益受到重视。根据配送的定义可以从以下几方面来理解配送。

（1）配送的产生和发展既是社会化分工进一步细化的结果，又是社会化大生产发展的要求。社会分工的细化使企业内部在追求组织机构优化与重组的同时，开始寻求专业的物流服务，形成对配送服务的需求。

（2）配送是最终的资源配置，属于经济体制的一种形式，最接近顾客。它一头连接着物流系统的业务环节，一头连接着消费者，直接面对服务对象各种不同的服务要求。配送功能完成的质量及其达到的服务水准，最直观而又具体地反映了物流系统对需求的满足程度。

（3）配送的主要经济活动是现代送货，与传统意义上的简单送货不同，配送以现代化作业方法和手段为支撑，是特别依赖于现代化信息系统和信息作业的高水平的送货服务。离开现代化技术设施，就很难从水平、速度、服务质量上达到一个新的高度，更难以展开社会性流通配送。

（4）配送的实质是从物流终点至用户的一种特殊送货形式，它区别于一般送货，是一种

“中转”形式。一般送货通常具有偶然性的特点，而配送则具有经常性和固定性，是一种有确定组织、确定渠道，有一套装备和管理力量，有一套制度的体制形式。

（5）配送以用户要求为出发点，是一种从用户利益出发、按用户要求进行的活动。因此，在观念上必须明确用户处于主导地位，配送企业是服务地位。在实际经营中，经营者应从用户利益出发，在满足用户利益基础上取得本企业的利益，不能利用配送损害或控制用户，更不能利用配送作为部门分割、行业分割、割据市场的手段。当然，配送企业在满足用户需求的同时也应考虑自身的经济效益，以最合理的方式配送，避免过分强调“按用户要求”，否则会降低配送活动的效率和配送企业的效益，影响配送企业的可持续发展。

2. 配送的特点

从以上配送的概念分析中可以看出，配送活动具有以下特点：

（1）任务的多重性。

配送业务中，除了送货，在活动内容中还有“拣选”“分货”“包装”“分割”“组配”“配货”等项工作，这些工作难度很大，必须具有发达的商品经济和现代的经营水平才能做好。在商品经济不发达的国家及历史阶段，很难按用户要求实现配货，要实现广泛的高效率的配货就更加困难。因此，一般意义的送货和配货存在着时代的差别。

（2）各种业务的有机结合。

配送是送货、分货、配货等许多业务活动有机结合的整体，同时还与订货系统紧密联系。要实现这一点，就必须依赖现代情报信息，建立和完善整个大系统，使其成为一种现代化的作业系统。这也是以往的送货形式无法比拟的。

（3）技术手段现代化。

配送的全过程要有现代化技术手段做基础。现代化技术和装备的采用，使配送在规模、水平、效率、速度、质量等方面远远超过以往的送货形式。在活动中，由于大量采用各种传输设备及识码、拣选等机电装备，使整个配送作业像工业生产中广泛应用的流水线，实现了流通工作的一部分工厂化。因此可以说，配送也是科学技术进步的一个产物。

（4）分工专业化。

配送是一种专业化的分工方式。配送为客户提供定制化的服务，根据客户的订货要求准确及时地为其提供物资供应保证，在提高服务质量的同时，可以通过专业化的规模经营获得单独送货无法得到的低成本。

二、配送的分类

配送在长期的实践中以不同的运作特点和形式满足不同的顾客需求，形成不同的配送形式。

（一）按配送组织者不同分类

按配送组织者的不同，可以把配送分为以下几种形式：

1. 配送中心配送

配送中心配送是配送的重要形式，其组织者是专职配送中心。配送中心是一种以物流配送活动为核心的经营组织，通常有较大规模的存储、分拣及输送系统和设施，而且要建立较大的商品储备，风险和投资都比较大，其设施及工艺流程一般是根据配送活动的特点和需要而专门设计和建设的。因此这种配送的优点：① 规模比较大，专业性比较强，与用户之间存在固定的配送关系。一般情况下配送中心都实行计划配送，需要配送的商品有一定的库存量，很少超越自己的经营范围；② 配送能力强，配送距离较远，覆盖面较宽，配送的品种多，配送的数量大，可以承担工业生产用主要物资的配送以及向配送商店实行补充性配送等。

配送中心配送的缺点：投资较高，灵活与机动性较差。作为大规模配送形式的配送中心配送，必须有一套配套的大规模实施配送的设施，如配送中心建筑、车辆、路线、其他配送活动中需要的设备等。因此，其投资大，并且一旦建成便很难改变，灵活机动性较差，所以在实施配送初期很难大量建立配送中心。

2. 仓库配送

这种配送形式以一般仓库为据点来进行配送。它可以是把仓库完全改造成配送中心，也可以在保持仓库原功能的前提下，以仓库原功能为主，再增加一部分配送职能。其优点：投资小、上马快，是开展中等规模的配送可以选择的形式。仓库配送可以利用原仓库的储存设施及能力、收发货场地、交通运输线路等，较为容易利用现有条件，因此不需大量投资、上马较快。

其缺点：配送的规模较小，专业化水平低。由于其并不是按配送中心的要求而专门设计和建立的，所以，一般来讲，仓库配送的规模较小，配送的专业化较差。

3. 商店配送

这种配送方式的组织者是商业或物资的门市网点。这些网点往往经营商品的零售，它们可以在经营的同时，根据用户的要求，将本店经营的商品种类配齐，甚至为用户代为订购别店的商品，连同该店的商品一起送到用户的手中。商店配送的优点是灵活机动，适用于小批量、零星商品的配送。这是由于商业和物资企业的经营网点较多，因此可以灵活机动地配送非生产企业非生产性物资的产品，满足企业或消费者的需求。但是通常商业或物资的门市网点规模和实力有限，所以这种配送方式的缺点是一般无法承担大批量的商品配送。

按照商店的性质和其进行配送的程度，该配送分为专营配送形式和兼营配送形式。专营配送形式是指商店不进行销售，而是专门进行配送；兼营配送形式是商店在进行一般销售的同时，还进行商品的配送。

4. 生产企业配送

这种配送形式的组织者是生产企业，尤其是进行多种产品生产的企业。这种配送方式越过了配送中心，直接由生产企业进行配送。由于具有直接、避免中转的特点，所以在节省成本方面具有一定的优势，但是这种配送方式多适用于大批量、单一产品的配送，不适用于多种产品“划零为整”的配送方式，所以具有一定的局限性。其实，把生产企业作为配送的主体是不适宜的，只有在那些有独特的生产技术和独特的产品种类的企业中才适用。

（二）按配送时间及数量分类

按照配送时间及数量的不同，可以把配送分成以下几种：

1. 定时配送

定时配送即按事先约定的时间间隔进行配送，如数天、数小时一次，每次配送的品种及数量可以预先计划，也可以根据客户的需求进行调整，用商定的联络方式（电话、计算机终端联系等）通知配送品种和数量。这种方式的优点：时间固定，易于安排工作计划，易于计划使用设备，也有利于安排接运人员和接运作业。其缺点：临时性较强，配货、配装工作紧张，难度较大，如果配送数量变化较大时也会出现配送运力困难。

定时配送有以下两种常见形式：

（1）日配。

日配是定时配送中使用较广泛的一种方式，尤其在城市内的配送中，日配占了绝大多数比例。日配在时间方面的要求大体是，上午订货下午送达，下午订货第二天送达，配送时间在订货后24小时之内。

日配主要适用于以下一些情况：鲜食品配送，如蔬菜、水果、点心、肉类等的配送；小型商店配送，这些商店要求商品随进随售，因而需要采取日配形式，实现快速周转；不能保持较长时期库存的用户配送，如实现“零库存”的企业或缺乏冷冻设施的用户。

（2）准时—看板方式。

准时—看板方式是实现配送供货与生产企业生产保持同步的一种配送方式。与日配方式和一般定时方式相比，这种方式更为精细和准确。其配送每天至少一次，甚至几次，以保证企业生产的不间断。这种配送方式的目的是实现供货时间恰好是用户生产之时，从而保证货物不需要在用户的仓库中停留，而可直接运往生产地。这样，与日配方式比较，连“暂存”这种方式也可取消，可以绝对地实现零库存。

准时—看板方式要求依靠很高水平的配送系统来实施。该方式适合于装配型需要重复大量生产的用户。这种用户所需配送的物资是重复、大量而且没有大变化的，因而往往是一对一的配送。

2. 定量配送

定量配送是按规定的批量在一个指定的时间范围内进行的配送。由于数量和品种相对固定使备货工作相对简单，而时间规定不严格，则为将不同用户所需的物品拼凑整车运输、充分提高运力利用率提供了机会，并对配送路线进行合理优化，达到节约运力降低成本的目的。此外，定量配送还有利于充分发挥集合包装运输的优越性，如使用托盘或集装箱运输，提高运送效率。

3. 定时、定量配送

定时、定量配送是指在规定的时间内对规定的商品品种和数量进行配送。它兼有以下两种方式的特点，对配送企业的要求比较严格，管理和作业的难度较大。需要配送企业有较强的计划性和准确度，所以相对来说比较适用于生产和销售稳定、产品批量较大的生产制造企业和大型连锁商场的部分商品的配送及配送中心采用。

4. 定时、定量、定点配送

定时、定量、定点配送是指按照确定的周期、确定的货物品种和数量，对确定的用户进行配送。这种配送形式一般事先由配送中心与用户签订配送协议，双方严格按协议执行，适用于重点企业和重点项目的需要。配送中心一般与用户有长期稳定的业务往来，这对于保证物资供应、降低企业库存非常有利。

5. 定时、定路线配送

定时、定路线配送是指通过对客户的分布状况进行分析，设计出合理的运输路线，根据运输路线安排到达站点的时刻表，按照时刻表沿着规定的运行路线进行配送。用户可以按规定的路线站点及规定的时间接货以及提出配送要求。这种方式对于配送中心来说，易于安排车辆和驾驶人员接货、运货工作。对于用户来讲，可以就一定路线和时间进行选择，又可以有计划地安排接货力量，适应于消费者比较集中的地区。

6. 即时配送

即时配送是完全按照用户突然提出的时间和数量方面的配送要求，立即将商品送达指定地点的配送方式。即时配送可以灵活高效地满足用户的临时需求，但是对配送中心的要求比较高，特别是对配送速度和配送时间要求比较严格。因此，通常只有配送设施完备，具有较高的管理和服务水平，较高的组织和应变能力的专业化的配送中心才能大规模地开展即时配送业务。只有即时配送才会使用户真正实现保险储备的零库存，适应于采取“准时”生产的企业。

7. 快递配送

快递配送是一种面向社会的快速配送方式。这种配送方式与即时配送相比更为灵活机动。其服务对象为广大的企业和用户，覆盖范围比较广，服务时间随地域的变化而变化，配送的物品主要是小件物品，它可以快速地将物品送到所需的用户手里。这种方式方便快捷，大受市场欢迎，发展很快，如美国的联邦快递、中国的特快专递等。

（三）按配送商品种类及数量不同分类

按照配送商品种类及数量的不同，可以把配送分为以下几种形式：

1. 单（少）品种大批量配送

一般来讲，对于工业企业需要量较大的商品，由于单独一个品种或几个品种就可达到较大的输送量，可以实行整车运输，这种情况下就可以由专业性很强的配送中心实行配送，往往不需要再与其他商品进行搭配。由于配送量大，所以车辆经常满载并使用大吨位车辆。同时，由于配送中心的内部设置、组织、计划等工作也较为简单，因此配送成本较低。但是，如果可以从生产企业将这种商品直接运抵用户，同时又不至于使用户库存效益下降时，采用直送方式的效果往往更好一些。

2. 多品种、少批量配送

多品种、少批量配送是根据用户的要求，将所需的各种物品（每种物品的需要量不大）配备齐全，凑整装车后由配送据点送达用户。这种配送作业水平要求高，配送中心设备要求复杂，配货送货计划难度大，因此需要有高水平的组织工作保证和配合。而且在实际中，多品种、少批量配送往往伴随多用户、多批次的特点，配送频度往往较高。

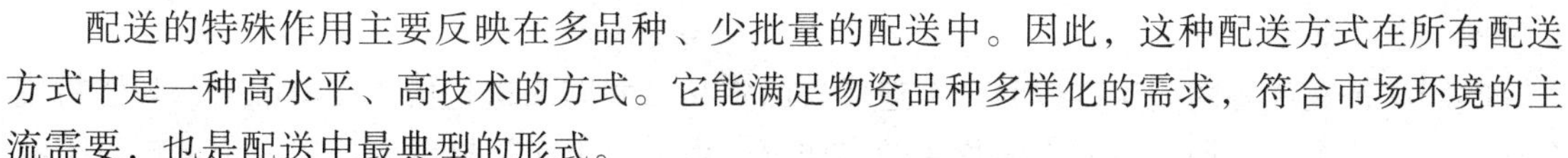

配送的特殊作用主要反映在多品种、少批量的配送中。因此，这种配送方式在所有配送方式中是一种高水平、高技术的方式。它能满足物资品种多样化的需求，符合市场环境的主流需要，也是配送中最典型的形式。

3. 配套成套配送

这种配送方式是指根据企业的生产需要，尤其是装配型企业的生产需要，把生产每一台产品所需要的全部零部件配齐，按照生产节奏定时送达生产企业，生产企业随即可将此成套零部件送入生产线以装配产品。这种配送方式中，配送企业承担了生产企业大部分的供应工作，使生产企业可以专注于生产。它与多品种、少批量的配送效果相同。

（四）按供应主体分类

1. 供应商直接配送

供应商直接配送是指用户为了自己的供应需要所采取的配送形式。在这种配送形式下，一般来讲是由用户或用户集团组建配送据点，集中组织大批量进货（以便取得批量折扣），然后向本企业配送或向本企业集团若干企业配送。在大型企业或企业集团或联合公司中，常常采用这种配送形式组织对本企业的供应，如商业中广泛采用的连锁商店，就常常采用这种方式。

2. 企业自营配送

企业自营配送是目前商贸企业广泛采用的一种配送模式。商贸企业通过独立组建配送中心，实现对内部各零售店的商品供应配送。作为一种物流组织，配送中心成为企业的一个有机组成部分，其最大的优点是具有灵活性。因为企业可以对其政策和作业程序进行调整，以满足自身的需要。自营配送模式与其他模式相比，可以提供给商贸企业更多的控制权利。因为企业对所有活动拥有绝对的决策权，这种控制能使企业将配送活动与企业内部的其他物流过程结合在一起。

自营配送模式在满足大型商贸企业供应方面发挥了重要作用。许多超市都通过组建自己的配送中心来完成对内部各门店的统一采购、统一配送和统一结算。例如，沃尔玛公司所属的自用型配送中心就是公司独资建立的，专门为公司所属连锁店提供配送服务。

同时，采用自营配送模式，还使商贸企业拥有一定的无形利益，尤其是在市场现象方面，配送车辆上冠有企业的名字，使顾客产生一种响应性和稳定性的感觉，这种感觉有时会使企业拥有优于其他企业的营销优势。

3. 社会化配送

在社会化配送模式中，商贸企业的物流活动由第三方的专业公司来承担。商贸企业可以将全部或部分物流活动委托给第三方物流公司来承担。社会化配送的优势在于，专业配送公司更能够通过规模化操作带来经济利益，所以具有较低的成本。另外，专业配送公司能够通过提供更多的物流作业和物流管理方面的专门知识，降低商贸企业的经营风险。在运作中，专业配送公司对信息进行统一组合、处理后按客户订单的要求，配送到各零售店。这种配送的模式，还表现为在用户之间进行交流供应信息，从而起到调剂余缺，合理利用资源的作用。

4. 共同配送

共同配送又称协同配送。按照日本运输省的定义，共同配送是指“在城市里，为使物流合理化，在几个有定期运货需求的货主的合作下，由一个卡车运输者，使用一个运输系统的配送”。

共同配送实质上就是在同一个地区，许多企业在物流运动中互相配合、联合运作，共同进行理货、送货等活动的一种组织形式。实际操作时有两种具体做法：① 共同投资建立“共同配送中心”，使装卸、保管、发送等职能全面协作化，以更有效地完成货物分类和理货、发送等工作。② 共同（或联合）配送运输、共同发送。后者有两种类型：其一，以物流业者为主体所组织的共同运送；其二，以需要提供运输服务的厂商和批发商牵头组织的共同配送。

共同配送的目的是增大企业中有限的物流量，是寻求大量化最有效的途径。由于对共同化对象的相互补充利用，能够追求商品配送的大量化并缩短配送距离，最有效地使物流效率化和降低成本，并可能通过大量储存、大量输送、大量处理使单位物流成本大幅度下降。共同配送对社会也是有利的，首先节约了社会运力，降低了对交通道路的压力；其次减少了空气及噪声污染。

（1）共同配送的特征。

① 技术设备先进，共同配送服务质量要求高，需要有高新技术的支撑，且配送规模较大，资金流动充足。② 多网络的有机结合。共同配送不仅是多家连锁企业多种配送网络的机械组合，而且是多家连锁企业多种配送网络的有机整合，使其产生递增的规模效益。③ 长距离高密度的聚集与发散。共同配送的服务范围一般较大，涉及的领域一般较广。④ 工作人员较少但素质较高。由于共同配送技术含量高，所以所需工作人员较少，但是要求工作人员有较高的文化水平和工作技能。

（2）共同配送的类别。

共同配送按照其主体的不同可以分为以下两种：① 以货主为主体的共同配送。以货主为主体的共同配送由有配送需要的厂家、批发商、零售商以及由他们组建的合作机构为主体进行配送，以避免个别配送的低效率。该种配送方式对货主而言，可以在不增加物流成本的情况下，实现小批量、多批次的配送。② 以物流业者为主体的共同配送。以物流业者为主体的协同配送是由提供配送的物流业者，或以它们组建的新公司或合作机构为主体进行合作，以避免个别配送的低效率。该种配送方式对物流业者而言，可以提高配送效率，改善服务，提高市场竞争力。

按照配送形态的不同可以分为以下两种：① 水平式的共同配送。水平式的共同配送是在批发商店及代理商店之间进行的一种配送。② 垂直式的共同配送。垂直式的共同配送是由制造商主导来汇总批发业的配送，或由连锁店总部主导来汇总供货厂商的配送。

（3）实施共同配送应注意的问题：① 参与共同配送的双方应签订较为正式的合同或协议；② 承担配送的货主或物流主体应具备较为完善的信息系统作为技术支持，在物流信息管理方面应具有一定的基础；③ 在客户分布、商品特性、操作方式及经营系统方面应具有相似性和趋同性，便于组织管理和相互协调；④ 货主或物流主体在物流配送方面应为共同的利益相互合作，相互配合，尽管他们在其他方面或许是竞争对手；⑤ 对于配送收益的分配在合同或协议内应有明确的规定，以免在以后引起不必要的争端。

三、配送的发展趋势

目前，我国物流和配送服务已有较快的发展，物流流配送已经成为许多企业降低成本、提高竞争能力的重要手段。相当多的实行连锁经营的零售企业建立了自己的配送中心，外资在物流配送服务领域的发展也十分迅速。随着我国对外开放的深化，更多的跨国企业将进入我国参与市场竞争，全球经济一体化的进程加快也迫使我国的物流配送业与国际市场紧密联系在一起，将面临共同的发展趋势。

（一）专业化

加入世界贸易组织后，我国的市场竞争进一步加剧，必然促使企业更加关注其核心资源和核心竞争力的培养，而将企业内部物流交由专业物流公司经营。但目前我国第三方物流的市场比重不大，据中国物流与采购联合会和美智管理顾问公司联合进行的一次调查，被调查企业中使用第三方物流的只占 22.2%，而美国这些类型的企业中使用第三方物流的占 58%。因此，我国第三方物流潜力很大，有待发展。预计今后几年，我国第三方物流服务的比重将会逐渐增大。

（二）规模化、集团化

发达国家的一些物流公司通过重组、资本扩张、兼并、流程再造等形式，已经形成了跨国综合物流企业。这些物流公司，拥有雄厚的资金、先进的技术和设备、先进的管理理念与经验、全球性的服务网络。而我国的物流企业大多规模小、实力弱、能力低，在与国际大型物流公司的市场竞争中处于不利地位。因此，国内的中小型物流企业，有一部分将利用拥有国内网络及设施、人力资本成本低等本土优势，与国内外大型物流企业建立战略合作伙伴关系；一部分将可能被大型物流公司收购、兼并；还有的将进行战略性重组和改造，向综合物流发展，为大型跨国物流企业配套，成为供应链的重要组成部分。

（三）多元化

随着我国改革开放的深入，以及我国加入世界贸易组织后在商品分销、公路运输、铁路运输、仓储、货运代理、邮递服务等领域的逐步开放，市场主体将出现多元化的局面。一是外资物流企业，这些企业主要服务于外资企业，从事跨国公司在中国的生产、销售和采购等方面的物流活动。二是以多元化股权结构为特征的民营物流企业，这是目前物流市场最具活力的力量。三是国有经济中传统的运输、货代、仓储、批发企业，现在仍是物流市场的主力军。今后相当长的一段时间内，我国物流市场将呈现出一个国有、集体、个体、中资、外资等各种所有制物流企业相互依存、同台竞争、相互促进的局面。

（四）共同化

共同化配送是指由几个配送中心联合起来，共同制订计划，共同对某一个地区的用户进行配送，共同使用配送车辆。这是实行配送合理化的一种有效的、有发展前途的模式。这种模式目前在发达国家中已被广泛使用，主要是用来解决长途运输车辆跑空车和运费上升的问题，特别是当两个以上的产地和销地相距较远且又有交叉运输时，其优点尤为突出。采用共同化配送，既能减少企业的物流设施投资，使物流配送设施布局合理化，也能充分合理地利用物流资源，同时还可以促进质量管理的制度化。在目前我国企业资金紧张的情况下，推行共同化配送极具意义。

（五）信息化

现代物流是以信息技术为支撑的，没有信息化就没有现代物流的发展。在我国大力发展信息化的新形势下，物流的信息化应该走在其他行业前面。物流配送作为政府高度重视的热点，为了适应连锁经营等商业发展，物流配送信息技术也将有新的发展和变化。国外和国内的一些大型物流企业，都在规划建立自己的配送中心，改善物流配送信息服务技术，以提高企业的物流配送能力。这些现代信息技术（自动分类系统、自动拣选系统、自动仓储系统、电子补货系统等）的广泛应用，将会使配送中心实现以下“八化”。

1. 仓储自动化

配送中心通常采用自动化立体货架和拆零商品拣选货物相结合的仓储系统，大大提高了仓库空间的利用率、存货与取货的准确性和快速性。

2. 装卸搬运机械化

配送中心全面采用叉车、托盘作业系统，配以蓄电池拣选搬运车，实现装卸搬运作业机械化。

3. 配货电子化

由于连锁超市对商品的“拆零”作业需求越来越强烈，国外配送中心拣货、拆零的劳动力已占整个配送中心劳动力的70%，因此，配送中心多采用自动分类、自动拣选系统来完成配货过程。例如，已广泛采用的电子标签拣选系统，能提高商品处理速度，减轻作业强度。

4. 补货电子化

为了及时补进所需的货物，配送中心采用了自动补货系统，利用计算机技术来实现补货的电子化，这样既能与供应商及时地交换信息，又减少了人工作业的错误。

5. 商品数字化

对货物采用条码与电子扫描技术，可以实现对货物的自动检测和监控，只要把订单输入电脑，存放在各种货架上，相应货格的货位指示灯和品种显示器立刻会显示出需拣选商品在货架上的具体位置以及所需数量，作业人员便可以从货格里取出商品，放入拣货周转箱，然后揿动按钮，货位指示灯和品种显示器熄灭，订单商品配齐后进入理货环节。

6. 流程无纸化

采用条码、扫描技术和EDI技术后，实现了流程无纸化，大幅度地降低了差错率；采用无线通信的电脑终端，从收货验货、入库到拆零、配货，全面实现条码和无纸化的作业。

7. 作业智能化

计算机技术在物流上的应用已远远超出了数据处理和事务管理，已跨入智能管理的领域。

例如，配送中心的配车计划与车辆调度计算机管理软件，在美、日等国已商品化。它能大大缩短配车计划编制时间，提高车辆的利用率，减少闲置及等候时间，合理安排配送区域和路线等。

8．交流协同化

由于配送中心要与众多的供应商以及客户交换信息，作业的计划与执行间的协调尤为重要，而协同的关键是实现信息共享，在采用 Internet、电子商务和 EDI 等技术与手段后，就能紧密集成各自的信息系统和整合相互间的业务流程，实现上下游间的协同运作。

总之，通过采用先进的信息技术，优化配送业务流程和与供应商、客户间的业务衔接，可以实现配送作业的高效、低耗、实时与高质的服务，及时了解客户的需求，拉动整个物流作业与流程，并促进物流产业整体效益的提高。

（六）绿色化

配送虽然促进了经济的发展，但是其发展的同时也会给城市环境带来负面影响。为此，21 世纪对配送提出了新的要求，即绿色物流配送。绿色物流配送主要包括两个方面：一是对配送系统污染进行控制，即在配送系统和配送活动的规划与决策中尽量采用对环境污染小的方案，如采用排污量小的货车车型、近距离配送、夜间运货（以减少交通阻塞、节省燃料和降低排放）等。二是建立工业和生活废料处理的物流系统。

第二节　配送的环节、流程与模式

一、配送的基本环节

配送作业是按照用户的要求，将货物分拣出来，按时按量发送到指定地点的过程。配送作业是配送中心运作的核心内容，因而配送作业流程的合理性，以及配送作业效率的高低都会直接影响整个物流系统的正常运行。从总体上看，配送是由备货、理货和送货等三个环节组成的，其中每个环节又包含着若干项具体的、枝节性的活动。

（一）备　货

备货即指准备货物的系列活动，它是配送的基本环节，严格说来，备货应当包括两项具体活动：筹集货物和储存货物。

1．筹集货物

在不同的经济体制下，筹集货物（或者说组织货源）是由不同的行为主体去完成的。若生产企业直接进行配送，那么，筹集货物的工作则会出现两种情况：其一，由提供配送服务的配送企业直接承担，一般是通过向生产企业订货或购货完成此项工作；其二，选择商流、物流分开的模式进行配送，订货、购货等筹集货物的工作通常是由货主（如生产企业）自己去做，配送组织只负责进货和集货（集中货物）等工作，货物所有权属于事主（接受配送服务的需求者）。然而，不管具体做法怎样，就总体活动而言，筹集货物都是由订货（或购货）、进货、集货及相关的验货、结算等一系列活动组成的。

2. 储存货物

储存货物是购货、进货活动的延续。在配送活动中，货物储存有两种表现形态：一种是暂存形态；另一种是储备（包括保险储备和周转储备）形态。

暂存形态的储存是按照分拣、配货工序的要求，在理货场地储存少量货物。这种形态的货物储存是为了适应“日配”“即时配送”需要而设置的，其数量多少对下一个环节的工作方便与否会产生很大的影响，但不会影响储存活动的总体效益。

储备形态的货物是按照一定时期配送活动要求和根据货源的到货情况（到货周期）有计划地确定的，它是配送持续运作的资源保证。如上所述，用于支持配送的货物储备有两种具体形态：周转储备和保险储备。然而不管是哪一种形态的储备，相对来说，数量都比较多。据此，货物储备合理与否，会直接影响配送的整体效益。

以上所讲的备货是决定配送成败与否、规模大小最基础的环节。同时，它也是决定配送效益高低的关键环节。如果备货不及时或不合理、成本高，那么就会大大降低配送的整体效益。

（二）理　货

理货是配送的一项重要内容，也是区别于一般送货的重要标志。理货包括货物分拣、配货和包装等项活动。货物分拣采用适当的方式和手段，从储存的货物中分出（或拣选）用户所需要的货物。分拣货物一般采用两种方式来操作：一是摘取式；二是播种式。

摘取式分拣就像在果园中摘果子那样去拣货物。其具体做法：作业人员拉着集货箱（或分箱）在排列整齐的仓库货架间巡回走动，按照配送单上所列的品种、规格、数量等客户所需的货物拣出及装入集货箱内。在一般情况下，每次拣选只为一个客户装配；在特殊情况下，也可以为两个以上的客户装配。目前，推广和应用了自动化分拣技术，由于装配了自动化分拣设施等，大大提高了分拣作业的劳动效率。

播种式分拣货物类似于田野中的播种操作。其具体做法：将数量多的同种货物集中运送到发货场，然后根据每个货位货物的发送量分别取出货物，并分别投放到每个代表用户的货位上，直至配货完毕。为了完好无损地运送货物和便于识别装备好的货物，有些已经经过分拣、装配好的货物尚需重新包装，并且要在包装上贴上标签，记载货物的品种、数量、收货人的姓名、地址及运抵时间等。

（三）送货（发送）

送货是配送活动的核心，也是备货和理货工序的延伸。在物流运动中，送货的现象形态实际上就是货物的运输（或运送），因此，常常以运输代表送货。但是，组成配送活动的运输（有人称之为“配送运输”）与通常所讲的“干线运输”有很大的区别，其具体内容将在第十一章中详细介绍。由于配送中的送货（或运输）需要对众多的客户，并且要多方向运动，因此，在送货过程中，常常在进行全面计划的基础上，制定科学的、距离较短的货运路线，选择就近、迅速、安全的运输方式作为主要运输工具。

（四）流通加工

在配送过程中，根据用户要求或配送对象（产品）的特点，有时需要在未配货之前先对货物进行加工（如钢材剪切、木材截锯等），以求提高配送质量，更好地满足用户需要。融合在配送中的货物加工是流通加工的一种特殊形式，其主要目的是使配送的货物完全适合用户的需要和提高资源的利用率。

二、配送的基本作业流程

配送的基本流程包括以下几项作业：进货、搬运、储存、订单处理、拣货、补货、配货及送货，如图 4-1 所示。

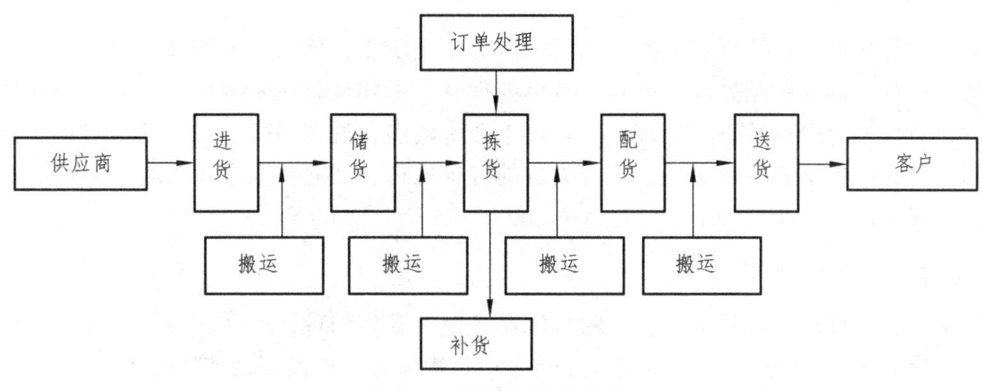

图 4-1　配送的基本流程

（一）进货作业

进货作业的基本流程：确定进货目标→货车到达→卸货→拆装→提示及分类货品→检查单据、传票等文件→在进货单上记录进货→货品验收检查→进货正确记录→指派入库位置。

其中，确定进货目标的内容一般有：掌握货物到达的日期、品种、数量；配合停泊信息协调进出货车的交通问题；为了方便卸货及搬运，计划好货车的停车位置；预先计划临时存放位置。

货物验收是对产品的质量和数量进行检查的工作。验收工作一般分为两种：第一种是先点收货物，再通知负责检验的单位办理检验工作；第二种是先由检查部门检验品质，认为完全合格后，再通知仓储部门办理收货手续。

1. 货物验收的标准

（1）采购合同或订单所规定的具体要求和条件；

（2）采购合约中的规格或图解；

（3）议价时的合格样品；

（4）各类产品的国家品质标准或国际标准作为验收货物标准。

2. 货物验收的内容

在验收货物时，主要进行质量验收、包装验收和数量验收三方面的工作。

（1）对入库货物进行质量检验的主要目的是查明入库商品的质量状况，以便及时发现问题，分清责任，确保到库货物符合订货要求。

（2）包装验收的具体内容主要包括：包装是否安全牢固，包装标志、标记是否符合要求，包装材料的质量状况是否良好等。

（3）在日常作业中，入库货物数量上的溢缺是较常见的现象，这直接关系到配送中心的库存数量控制和流动资产管理。所以，数量验收是进货作业中很重要的内容。

到达配送中心的商品，经验收确认后，必须填写“验收单”，并将有关入库信息及时准确地登入库存商品信息管理系统，以便及时更新库存商品的有关数据。货物信息登录的目的在于为后续作业环节提供管理和控制的依据。

（二）订单处理

从接到客户订单开始到着手准备拣货之间的作业阶段，称为订单处理。通常包括订单资料确认、存货查询、单据处理等内容。订单处理分人工和计算机两种形式。人工处理具有较大弹性，但只适合少量的订单处理，一旦订单数量较多，处理将变得缓慢且易出错。计算机处理则速度快、效率高、成本低，适合大量的订单处理，因此目前主要采取后一种形式。订单处理的基本内容及步骤如下：

1. 接受订货

接单作业是订单处理的第一步。随着流通环境的变化和现代科技的发展，客户更趋于高频度的订货，且要求快速配送。因此，接受客户订货的方式也渐渐由传统的人工下单、接单，演变为计算机间直接送收订货资料的电子订货方式。电子订货，即采用电子传运方式取代传统人工书写、输入、传送的订货方式，它将订货资料由书面资料转为电子资料，通过通信网络进行传送。

2. 货物数量及日期的确认

接单以后，首先确认货物名称、数量及日期，即检查品名、数量、送货日期等是否有遗漏、笔误或不符合公司要求的情形。尤其当送货时间有问题或出货时间已延迟时，更需与客户再次确认订单内容或更正运送时间。同样的，若采用电子订货方式接单，也须对已接受的订货资料加以检验确认。

3. 客户信用的确认

不论订单是由何种方式传至公司，配送系统都要核查客户的财务状况，以确定其是否有能力支付该订单的账款。通常的做法是检查客户的应收账款是否已超过其信用额度，若客户应收账款已超过其信用额度，系统自动加以警示，以便输入人员决定是继续输入其订货资料还是拒绝其订单。运销部门一旦发现客户的信用有问题，则将订单送回销售部门再调查或退回订单。

4. 订单形态确认

配送中心虽有整合传统批发商的功能以及有效率的物流信息处理功能，但在面对较多的交易对象时，仍需根据顾客的不同需求采取不同做法。在接受订货业务上，表现为具有多种订单的交易形态，所以物流中心应对不同的客户采取不同的交易及处理方式。

（1）一般交易订单。一般的交易订单，即接单后按正常的作业程序拣货、出货、发送、收款的订单。其处理方式是接单后，将资料输入订单处理系统，按正常的订单处理程序处理，资料处理完后进行拣货、出货、发送、收款等作业。

（2）间接交易订单。间接交易订单是客户向配送中心订货，直接由供应商配送给客户的交易订单。其处理方式是，接单后，将客户的出货资料传给供应商由其代配。此方式需注意的是，客户的送货单是自行制作或委托供应商制作的，应对出货资料加以核对确认。

（3）现销式交易订单。现销式交易订单是与客户当场交易、直接给货的交易订单。其处理方式是，订单资料输入后，因货物此时已交给客户，故订单资料不再参与拣货、出货、发送等作业，只需记录交易资料即可。

（4）合约式交易订单。合约式交易订单是与客户签订配送契约的交易，如签订某期间内定时配送某数量的商品。其处理方式是，在约定的送货日，将配送资料输入系统处理以便出货配送，或一开始便输入合约内容的订货资料并设定各批次送货时间，以便在约定日期系统自动产生所需的订单资料。

5. 订单价格确认

对于不同的客户（批发商、零售商）、不同的订购批量，可能对应不同的售价，因而输入价格时系统应加以检核。若输入的价格不符（输入错误或业务员降价接受订单等），系统应加以锁定，以便主管进行审核。

6. 加工包装确认

客户订购的商品是否有特殊的包装、分装或贴标等要求，或是有关赠品的包装等资料系统都需加以专门的确认记录。

7. 设定订单号码

每一份订单都要有单独的订单号码，此号码一般是由控制单位或成本单位来指定，它除了便于计算成本外，还有利于制造、配送等一切相关工作。所有工作的说明单及进度报告都应附有此号码。

8. 建立客户档案

将客户状况详细记录，不但能有益于此次交易的顺利进行，且有益于以后合作机会的增加。

9. 订单资料处理输出

订单资料经上述处理后，即可开始印制出货单据，展开后续的物流作业。

（三）补货作业

补货作业是将货物从仓库保管区搬运至拣货区的工作，其目的是确保商品能保质保量按时送到指定的拣货区。

补货方式主要有整箱补货、托盘补货和从货架上层到货架下层补货三种。补货的时机主要有批组补货、定时补货和随机补货三种。批组补货，是指每天由计算机计算所需货物的总拣取量和查询动管区存货量后得出补货数量，从而在拣货前一次性补足，以满足全天拣货量。

这种一次补足的补货原则，较适合一日内作业量变化不大、紧急订单不多或是每批次拣取量大的情况。定时补货，是把每天划分为几个时点，补货人员在时段内检查动管拣货区货架上的货品存量，若不足则及时补货。这种方式适合分批拣货时间固定且紧急处理较多的配送中心。随机补货，是指定专门的补货人员，随时巡视动管拣货区的货品存量，发现不足则随时补货。这种方式较适合每批次拣取量不大、紧急订单多以至于一日内作业量不易事先掌握的情况，如图 4-2 所示。

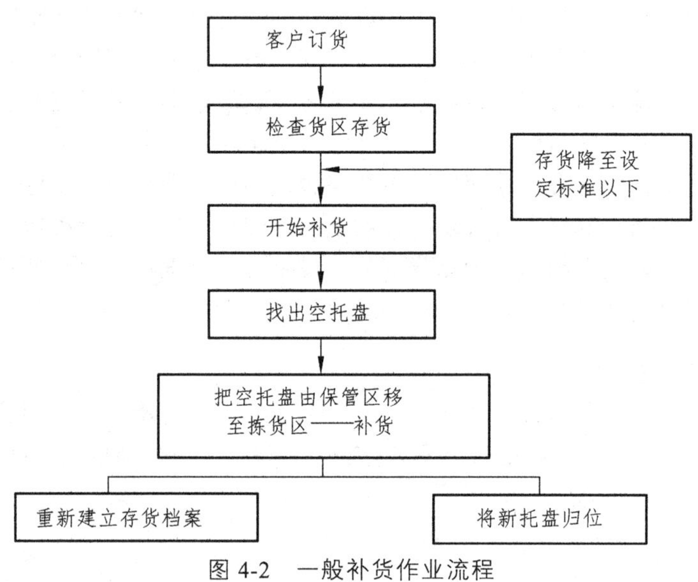

图 4-2　一般补货作业流程

（四）配货作业

配货作业是指把拣取分类完成的货品经过配货检查过程后，装入容器和做好标示，再运到配货准备区，待装车后发送。配货作业既可采用人工作业方式，也可采用人机作业方式，还可采用自动化作业方式，但组织方式有一定区别，如图 4-3 所示。

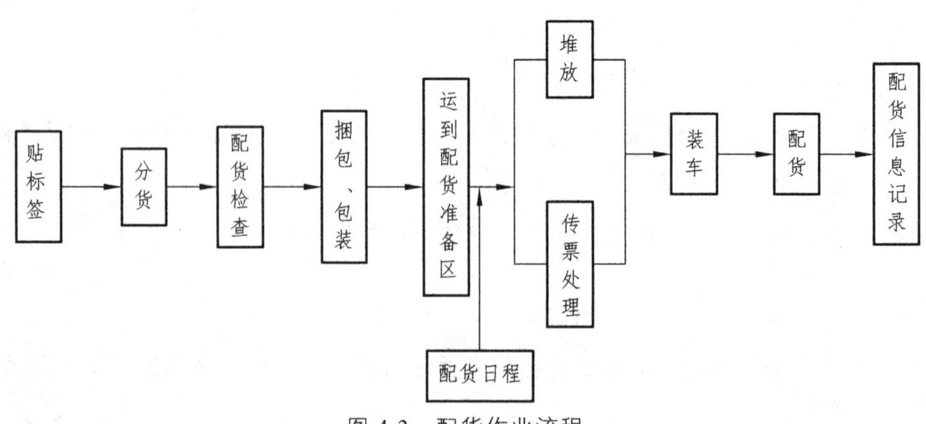

图 4-3　配货作业流程

（五）送货作业

送货作业是利用配送车辆把用户订购的物品从制造厂、生产基地、批发商、经销商或配送中心，送到用户手中的过程。送货通常是一种短距离、小批量、高频率的运输形式。它以服务为目标，以尽可能地满足客户需求为宗旨。从日本配送运输的实践来看，配送的有效距离最好在 50 km 半径以内。我国国内配送中心、物流中心，其配送经济里程在 30 km 以内。送货是运输中的末端运输、支线运输，因此，如何集中车辆调度、组合最佳路线、确定送货顺序、完成车辆积载是配送活动中送货组织需要加以解决的主要问题，这些内容将在第十一章详细介绍。

三、配送模式

（一）商流、物流一体化的配送模式

这种配送结构模式又称配销模式。其模式结构如图 4-4 所示。

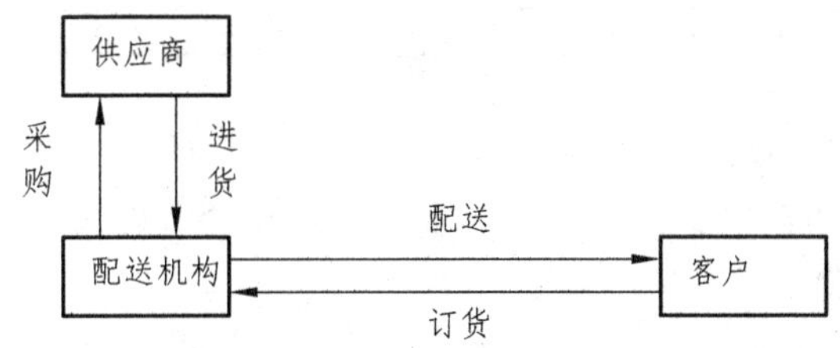

图 4-4　商流、物流一体化配送模式

在这种配送模式下，配送的主体通常是销售企业或生产企业，也可以是生产企业的专门物流机构。这些配送主体不仅参与物流过程同时还参与商流过程，而且将配送作为其商流活动的一种营销手段和策略，即参与商品所有权的让渡和转移，在此基础上向客户提供高水平的配送服务。其主要经营行为是商品销售，配送是实现其营销策略的具体实施手段，主要目的是通过提供高水平的配送服务来促进商品销售和提高市场占有率。在我国物流实践中，以批发为主体经营业务的商品流通机构以及连锁经营企业所进行的内部配送多采用这种配送模式，国外的许多汽车配件中心所开展的配送业务同样也属于这种配销模式。

商流、物流一体化的配送模式对于行为主体来说，由于其直接组织货源及商品销售，因而配送活动中能够形成资源优势，扩大业务范围和服务对象，同时也便于向客户提供特殊的物流服务，如配套供应物资等，从而满足客户的不同需求。可见，这种配送模式是一种能全面发挥专业流通企业功能的物流形式，但这种模式对于组织者的要求较高，需要大量资金和管理技术的支持，给企业资源配置带来过重的压力，不利于实现物流配送活动的经营规模。

此外，由于这种配送模式是围绕着销售而展开的，因而不可避免地要受到后者的制约。在现代化大批量、单品种生产条件下，生产企业采取这种配送模式直接配送自己的产品，往往难以获得物流方面的优势。

（二）商流、物流相分离的配送模式

商流、物流相分离的配送模式如图 4-5 所示。

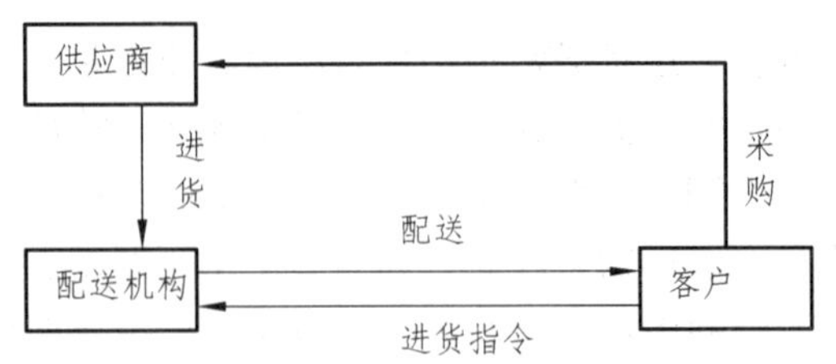

图 4-5　商流、物流相分离配送模式

在这种配送模式下，配送的组织者不直接参与商品交易活动，即不参与商流过程，它只是专门为客户提供货物的入库、保管、加工、分拣、运送等物流服务，其业务实质上属于“物流代理”。从组织形式上看，商流与物流活动是分离的，分属于不同的行为主体。

在我国的物流实践中，这类模式多存在于由传统的储运企业发展起来的物流企业，其业务是在传统的仓储与运输业务基础上增加了配送服务功能，其宗旨是为市场提供全面的物流保证。在国外，发达国家的运输业配送中心、仓储业配送中心和物流服务中心所开展的配送活动均属于这类配送模式。

这种配送模式的优点：① 配送企业的业务活动单一，有利于专业化的形成，提高了物流服务水平；② 占用资金相对较少，易于扩大服务范围和经营规模；③ 只提供物流代理服务，企业收益主要来自服务费，经营风险较小。

这种模式的主要缺点：配送机构不直接掌握货源，其调度和调节能力较差。另外，对客户的依赖性强，容易随客户的销售不畅而导致自身配送规模的下降，经营的主动性差。

（三）合理选择配送策略

1. 混合策略

混合策略是指配送业务一部分由企业自身完成，另一部分则外包给第三方物流公司完成。这种策略的基本思想是，尽管采用纯策略（即配送活动要么全部由企业自身完成，要么完全外包给第三方物流公司完成）易形成一定的规模经济，并使管理简化，但由于产品品种多变、规格不一、销量不等情况，采用纯策略的配送方式超出一定程度不仅不能取得规模效益，反而还会造成规模不经济。而采用混合策略，合理安排企业自身完成的配送和外包给第三方物流企业完成的配送，能使配送成本最低。

2. 差异化策略

差异化策略的指导思想：产品特征不同，顾客服务水平也不同。当企业拥有多种产品线时，不能对所有产品都按同一标准的顾客服务水平来配送，而应按产品的特点、销售水平，来设置不同的库存、不同的运输方式以及不同的储存地点，忽视产品的差异性会增加不必要的配送成本。

3. 合并策略

合并策略包含两个层次：一是配送方法上的合并；二是共同配送。配送方法上的合并是指企业在安排车辆完成配送任务时，充分利用车辆的容积和载重量，做到满载满装。由于产品品种繁多，不仅包装形态、储运性能不一，在容重方面，往往也相差甚远。一车上如果只装容重大的货物，往往是达到了载重量，但容积空余很多；只装容重小的货物则相反，看起来车装得满，实际上并未达到车辆载重量。这两种情况实际上都造成了浪费。实行合理的轻重配装、容积大小不同的货物搭配装车，不但可以在载重方面达到满载，而且也可充分利用车辆的有效容积，取得最优效果，最好是借助电脑计算货物配车的最优解。共同配送是在中心机构的统一指挥和调度下，各配送主体以经营活动（或以资产为纽带）联合行动，在较大的地域内协调运作，共同对某一个或某几个客户提供系列化的配送服务，这样可以大大降低单位的配送成本。

4. 延迟策略

传统的配送计划安排中，大多数的库存是按照对未来市场需求的预测量设置的，这样就存在着预测风险，当预测量与实际需求量不符时，就出现库存过多或过少的情况，从而增加配送成本。延迟策略的基本思想就是对产品的外观、形状及其生产、组装、配送应尽可能推迟到接到顾客订单后再确定。一旦接到订单就要快速反应，因此采用延迟策略的一个基本前提就是信息传递要非常快。一般说来，实施延迟策略的企业应具备以下几个基本条件：

（1）产品特征：模块化程度高，产品价值密度大，有特定的外形，产品特征易于表述，定制后可改变产品的容积或重量。

（2）生产技术特征：模块化产品设计、设备智能化程度高、定制工艺与基本工艺差别不大。

（3）市场特征：产品生命周期短、销售波动性大、价格竞争激烈、市场变化大、产品的提前期短。

实施延迟策略常采用两种方式：生产延迟（或称形成延迟）和物流延迟（或称时间延迟）。配送中往往存在着加工活动，所以实施配送延迟策略既可采用形成延迟方式，也可采用时间延迟方式。具体操作时，常常发生在诸如贴标签（形成延迟）、包装（形成延迟）、装配（形成延迟）和发送（时间延迟）等领域。

5. 标准化策略

标准化策略就是尽量减少因品种多变而导致附加配送成本，尽可能多地采用标准零部件、模块化产品。如服装制造商按统一规格生产服装，直到顾客购买时才按顾客的身材调整尺寸大小。采用标准化策略要求厂家从产品设计开始就要站在消费者的立场去考虑怎样节省配送成本，而不要等到产品定型生产出来后才考虑采用什么技巧降低配送成本。

（四）推广使用现代化信息技术，提高配送作业效率

1. 加强自动识别技术的开发与应用，提高入货和发货时商品检验的效率

配送企业可以通过加强自动识别技术的开发与应用来提高入货和发货时商品检验的效率。一方面是条码技术的推广和使用，要求在商品包装上贴附的条码中增加信息量，包括商品本身的基本信息、储运、包装、配送等方面的内容，增强商品检验的自动化程度；另一方面是推广电子标签的使用。电子标签采用的是无限射频技术，其有效范围远远大于条码识读设备的有效工作范围，而且是非接触全方位识读的，标签中包含的信息量也大，只要标签进入有效范围，不需要卸货、开箱便能在几秒钟之内完成整车货物的验收。

2. 使用自动化智能设备提高保管、装卸、备货和拣货作业的效率

一是提高配送作业的自动化程度。从事现代配送中心再建的企业都极力在中心内导入自

动化作业，在实现配送作业快速化的同时，极力削减作业人员、降低人力费。特别是以往需要大量人力的备货或标价等流通加工作业如何实现自动化是很多企业面临的重要课题。备货自动化中最普及的是数码备货，所谓数码备货就是不使用人力而是借助于信息系统有效地进行作业活动，具体讲，在由信息系统接受顾客订货的基础上，向分拣员发出数码指示，从而按指定的数量和种类正确、迅速地输入备货作业系统。实行自动化备货作业后，各个货架或货棚顶部装有液晶显示的装置，该装置标示有商品的分类号以及店铺号，作业员可以很迅速地查找到所需商品。

3. 采用先进的计算机分析软件，优化配送运输作业，降低配送运输成本

可以采用解析法、线性规划法或静态仿真法对配送中心选址进行合理布局，使用车辆安排程序，合理安排配送运输的路线、顺序、积载等来降低成本。相关原理请参阅后面章节。

（五）实行责任中心管理

随着企业规模的扩大，企业应把配送中心作为一个责任中心来对待，并考虑划分若干责任区域，并指派下属经理——配送经理进行管理。责任中心是指企业具有一定权力并承担相应的工作责任的各级组织和各个管理层次，是由一名对其行为负责的管理者领导的组织单元。根据管理者承担的责任和职权不同，责任中心分为成本中心（其经理人员只对成本负责的责任中心）、收入中心（其经理人员只对收入负责的责任中心）、利润中心（其经理人员同时对成本和收入负责的责任中心）和投资中心（其经理人员不仅要对成本和收入负责，还要对投资负责的责任中心）四种。配送中心应属于哪一种责任中心要视不同的实体而言，比如在制造商、中间商中，属于标准的成本中心；对于物流企业而言则可以视为收入中心或利润中心甚至可以作为投资中心。不同的中心，经理人员的职权是不同的。

为了指导各责任中心管理者的决策，并评估其经营业绩和该中心的经营成果，企业实施责任中心管理的关键是制定一个业绩计量标准，包括制定决策规则、标准和奖励制度。利用这个标准，可以表达公司希望各中心应该如何做，并对他们的业绩进行判断和评价。业绩计量标准制定的工作大体上可从两方面入手：首先，详细规定各中心允许的和可被采纳的行为规范，并限制中心经理可以选择的行动方案，如指定供应商、禁止处理某些资产、限定项目投资的最高额度等。其次，还必须建立一套完善的奖励制度以激励中心经理，促使其行动达到最优化。另外，在指定业绩计量标准时，还应注意以下几点：

1. 目标一致

比较理想的计量标准应该与企业总目标保持高度一致。但是在复杂的不确定环境下，任何一个单一的业绩计量标准都不可能保证分散经营的分部目标与企业总目标保持完美的协调一致。原因在于：① 计量标准的选择带有人为因素，它与企业战略目标的相关性主要靠高层管理者的主观判断；② 大多数计量标准是以内部业绩，而不是以外部机会为基础的，而有时候外部机会恰恰是影响企业总目标实现的关键因素；③ 单一计量标准没有考虑到各中心当前活动对未来经营所带来的后果。

2. 协调和各责任中心的关系

各中心的业务活动之间是相互作用的，一个独立单位的业务活动可能不仅影响自身的业

绩计量，而且也会影响其他单位的业绩计量。因此，各中心之间转移价格的制定通常是最容易引起争议的。

即使转移价格问题能够比较圆满地解决，各责任中心之间仍存在着许多疑难的非价格因素。例如，某些产品质量以及转移的时效性会影响下一个环节接受单位的经营，但是这种延误所带来的财务影响却难以将它量化。处于同一价值链的不同环节的各责任中心，其业务活动的关联性导致各自业绩计量的相互干扰现象也比较容易发生。例如，制造工厂的效率受到供应部门效率的影响，由此造成的不利差异应该是供应部门的责任而不能算在制造工厂的账上，但事实上往往难以区分。

3. 避免过度消费

在责任中心管理中，因为各自负责任的考核标准不同，如果拥有费用支配权力的下级管理人员耗费无度，如花巨资装修办公室、雇用大量的临时工、无节制的职位消费。这些支出尽管会降低自身业绩，但只要他从过度消费中获得的实惠远远超过业绩奖励，就不能杜绝这种“寻租”行为的发生。同时，下级管理人员还可能去实施一种叫“帝国大厦”的行为，即尽量扩大其所管理的组织规模，以追求非货币性实惠，如他在整个企业中的权势和威望。

总之，配送中心既要提高服务水平，又要降低配送运营的总成本，是一个难度很大的课题，配送企业应在整个物流企业总成本目标和服务水平总体要求的指导下，进行合理的控制。

第三节 配送中心

一、配送中心概述

（一）配送中心的概念

现代物流手册对配送中心的定义是：从事配送业务的物流场所或组织。应基本符合下列要求：主要为特定的客户服务；配送功能健全；完善的信息网络；辐射范围小；多品种、小批量；以配送为主，储存为辅。

配送中心是以组织配送性销售或供应，执行实物配送为主要职能的流通型结点。在配送中心中，为了能做好送货的编组准备，需要采取零星集货、批量进货等作业和对商品的分整、配备等工作，因此，配送中心也具有集货中心、分货中心的职能。为了满足用户需要，配送中心还需具有较强的流通加工能力，以开展各种形式的流通加工。从这个意义上来讲，配送中心实际上是将集货中心、分货中心和流通加工中心合为一体的现代化物流基地，也是能够发挥多种功能作用的物流组织。

配送中心与传统的仓库和批发、储运企业相比，具有质的不同。仓库仅仅是储存商品，而配送中心不是被动地储存商品，具有集、配、送等多样化功能和作用。和传统的批发、储运企业相比，配送中心在服务内容上由商流、物流分离发展到商流、物流和信息流的有机结合，在流通环节上由多个流通环节发展到由一个中心完成流通全过程。

（二）配送中心的分类

1. 按配送中心的经济功能分类

（1）供应型配送中心。供应型配送中心是专门向某些用户供应商品，提供后勤保障为主要特点的配送中心。在物流实践中，有许多配送中心与生产企业或大型商业组织建立起相对稳定的供需关系，为其供应原材料、零配件和其他商品，这类配送中心即属于供应型配送中心。例如，我国上海地区 6 家造船厂共同组建的钢板配送中心、美国 SUZUKI MOTOR 洛杉矶配件中心以及德国 MAZDA MOTOR 配件中心等物流组织，就是这种配送中心的典型代表。

供应型配送中心担负着向多家用户供应商品，起着供应商的作用，因此，这类配送中心占地面积比较大，一般建有大型的现代化仓库并储存一定数量的商品。

（2）销售型配送中心。

销售型配送中心是以销售商品为目的，借助配送这一服务手段来开展经营活动的配送中心。这类配送中心主要有三种类型：① 生产企业为本身产品直接销售给用户的配送中心。在国内外，这种类型的配送中心很多。② 流通企业建立的配送中心。作为本身经营的一种方式，流通企业建立配送中心以扩大销售。国内已建或拟建的生产资料配送中心，多属于这种类型。③ 流通企业和生产企业联合建立的销售型配送中心。此类配送中心是一种发展趋势。

（3）储存型配送中心。

储存型配送中心是以储存功能为主，在充分发挥储存作用的基础上开展配送活动的配送中心。从商品销售的角度来看，在买方市场条件下，企业商品的销售需要有较大的库存支持；在卖方市场条件下，生产企业需要储存一定数量的生产资料，以此保证生产连续运转，其配送中心需要有较强的储存功能。大范围配送的配送中心，需要有较大的库存支持，也是储存型配送中心。例如，美国福来明公司的食品配送中心的建筑面积为 7 万平方米，其中，包括 4 万平方米的冷库、3 万平方米的杂货仓库，经营商品达 8 万多种。

（4）加工型配送中心。

加工型配送中心的主要功能是对商品进行流通加工，在配送中心对商品进行清洗、组装、分解、集装等加工活动。例如，在我国一些城市已广泛开展的配煤配送、水泥配送等都属于加工型配送中心。

2. 按配送中心归属分类

（1）自有型配送中心。

自有型配送中心是指隶属于某一个企业或企业集团，通常只为本企业提供配送服务。连锁经营的企业常常建有这类配送中心，如美国沃尔玛公司所属的配送中心，就是公司独资建立并专门为本公司所属的连锁企业提供商品配送服务的自有型配送中心。

（2）公共型配送中心。

共用型配送中心是以盈利为目的，面向社会开展后勤服务的配送组织。其特点是服务范围不限于某一个企业。在配送中心总量中，这种配送组织占有相当大的比例，并随着经济的发展其比例还会不断提高。

3. 按配送中心辐射服务范围分类

（1）城市配送中心。

城市配送中心是为城市范围内的用户提供配送服务的物流组织。其特点是，多品种、小

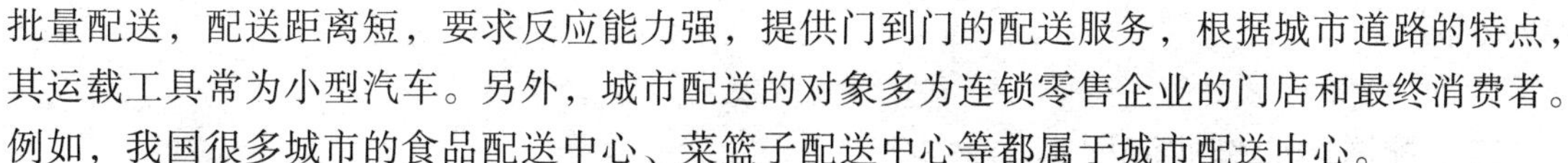

批量配送，配送距离短，要求反应能力强，提供门到门的配送服务，根据城市道路的特点，其运载工具常为小型汽车。另外，城市配送的对象多为连锁零售企业的门店和最终消费者。例如，我国很多城市的食品配送中心、菜篮子配送中心等都属于城市配送中心。

（2）区域配送中心

区域配送中心库存商品充分，辐射能力强，配送范围广，可以跨省、市开展配送业务。这种配送中心规模较大，客户较多，配送批量也较大。其服务对象经常是下一级的配送中心、零售商或生产企业用户，如前所述的美国沃尔玛公司的配送中心，建筑面积 12 万平方米，每天可为 6 个州 100 家连锁店配送商品。

（三）配送中心的功能

配送中心是专门从事商品配送活动的经济组织，是将集货中心、分货中心和加工中心合为一体的现代化物流基地，因此，配送中心除具有传统的储存、集散、衔接等功能外，还具有分拣、加工、信息处理等功能。

1. 储存功能

配送中心必须按照用户的要求，在规定的时间和地点把商品送到客户手中，以满足生产和消费的需要。因此，必须储存一定数量的商品以保证配送服务所需要的货源。无论何种类型的配送中心，储存功能都是重要的功能之一。

2. 集散功能

配送中心凭借其拥有的先进物流设施和设备将分散的商品集中起来，经过分拣、配装、送达给多家客户。集散功能是配送中心的一项基本功能，通过集散商品来调节生产与消费，实现资源的合理配置，并由此降低物流成本。

3. 衔接功能

配送中心是重要的流通结点，衔接着生产和消费，通过配送服务，把各种商品运送到用户手中。同时，通过集货和储存商品，配送中心又有平衡供求的作用。

4. 分拣功能

配送中心服务对象众多，对配送服务的时间要求、数量要求及品种要求差异很大，而配送中心必须满足用户的配送需求。因此，配送中心必须通过分拣作业完成商品的配货工作，为配送运输做好准备，以满足用户的不同需要。分拣功能是配送中心与普通仓库的主要区别。

5. 加工功能

配送中心为扩大经营范围和提高配送服务水平，按用户的要求根据合理配送的原则对商品进行分装、组装、贴标签等初加工活动，使配送中心拥有一定的加工能力。加工功能是配送中心提高经济效益和提高服务水平的重要手段，必须引起足够的重视。

6. 信息处理功能

配送中心不仅实现物的流通，而且也通过信息处理来协调各个环节的作业，协调生产与消费。信息化、网络化、自动化是配送中心的发展趋势，信息系统越来越成为配送中心的重要组成部分。

二、配送中心作业流程

配送中心的作业流程是以配送服务所需要的基本环节和工艺流程为基础的。功能不同的配送中心和商品特性的不同，其作业过程和作业环节会有所区别，但都是在基本流程基础上对相应的作业环节进行调整。

（一）配送中心的基本作业流程

配送中心基本作业流程是配送中心为完成配送目标而进行的一系列作业的有序集合，如图 4-6 所示。

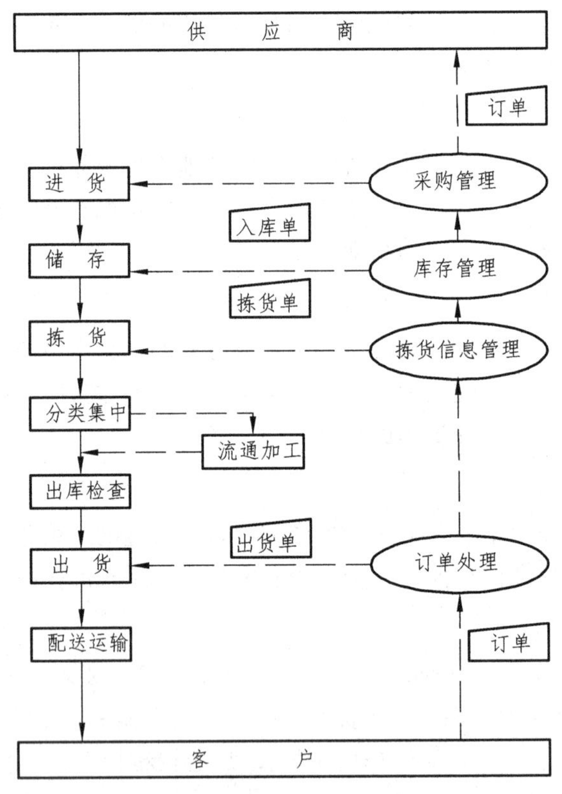

图 4-6 配送中心基本作业流程

1. 订单处理

配送中心与其他经营实体一样，有明确的经营目标和服务对象。因此，在配送中心开展配送活动之前，必须根据订单信息，对顾客分布情况、商品特性、商品品项数、顾客对配送时间要求等资料进行分析，以此确定所要配送的商品品种、规格、数量和时间等，并把信息传递给业务部门。

2. 进 货

配送中心的进货主要包括订货、接货、验收、理货四个环节。

（1）订货。配送中心收到和汇总用户的订单之后，首先要确定商品的种类和数量，然后通过信息系统查询商品库存情况，如有现货，则转入分拣作业；如果没有现货或库存不能满足配送需要以及库存低于安全库存时，则要及时向供应商发出订单。对于商流和物流相分离的配送中心，订货工作由其客户直接向供应商下达采购订单，配送中心的进货工作从负责接受商品开始。

（2）接货。当供应商接到配送中心或用户发出的订单之后，会根据订单的要求组织供货，配送中心则需要进行相应的人力、物力准备工作。

（3）验收。商品达到配送中心后，由配送中心组织检验人员对到货商品进行验收。验收的内容包括数量验收、质量验收，其验收依据可参照仓储作业管理。

（4）理货。经过验收的商品，按照商品特性、储存单位、拣货单位等要求，需要对商品进行拆箱、组合等理货作业。

3. 储　存

为保证配送活动正常进行，配送中心具有储存的作业，不同类型的配送中心库存量相差很大。配销模式的配送中心需要储存大量的商品，以获得价格或数量方面的折扣。

4. 分　拣

为了保证商品能准时送达客户手中，满足客户的需要，配送中心要根据客户订单要求对储存的商品进行拣取归类作业。从地位和作用上来说，分拣是配送中心整个作业流程的关键环节，配送活动的实质所在。

5. 流通加工

配送中心的流通加工主要是根据客户的要求所进行的初加工活动，加工作业属于增值性经济活动，能够完善配送中心的服务功能。

6. 配装出货

为了充分利用载货车辆的容积和载重能力，提高运输效率，降低运输成本，配送中心按照配送线路、客户分布情况等因素对配送商品进行合理地配装、配载作业。

7. 送　货

送货是根据客户的要求，在准确的时间和准确的地点将商品送到客户手中的作业。送货是配送中心的最后一个作业环节，直接面对最终客户，因此必须提高送货人员的服务质量。在配送实践中，有时，配送中心要借助于社会车辆完成送货作业，对此应引起足够的重视。

（二）配送中心的特殊作业流程

配送中心的特殊作业流程是由于配送中心的类型不同，担负的流通职责不同，提供的服务差异很大，其流程和配送中心基本作业流程相比有很大区别。

1. 转运型配送中心

转运型配送中心主要的功能是提供配货和送货活动，本身不需要储存场所，而是利用“公共仓库”来完成商品的补充。转运型配送中心的特点是商品周转快，临时性暂存为主，因此不需要储存区域。实际上，在这类配送中心内部，其分拣、暂存、分货等作业是同时进行的。在配送实践中，配送生鲜食品的配送中心通常都是按照这样的作业流程开展活动的。其作业流程图如 4-7 所示。

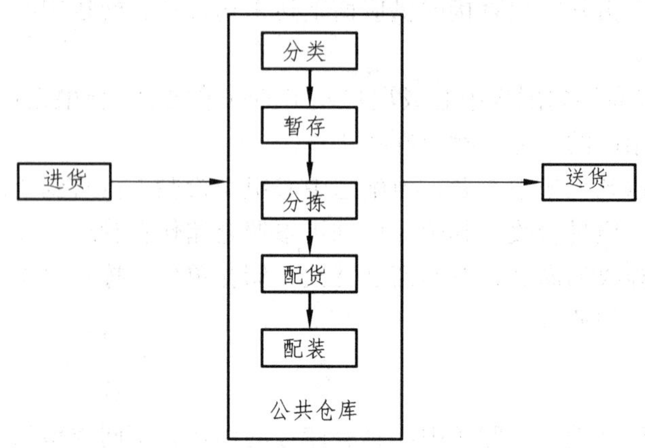

图 4-7　转运型配送中心作业流程

2．加工型配送中心

加工型配送中心以流通加工为主，因此，在其作业流程中，储存作业和加工作业居主导地位。流通加工多为单品种、大批量加工作业，商品种类少，因此，通常不需要分拣作业环节，而是将加工好的商品放到专门的货位内，进行包装配货。图 4-8 为加工型配送中心流程。

进货 → 储存 → 加工 → 包装配货 → 配装 → 送货

图 4-8　加工型配送中心流程

3．分货型配送中心

分货型配送中心是以商品中转为主要职能的配送组织。在一般情况下，这类配送中心在配送商品之前都要先按照要求把少品种、大批量的商品分堆，然后再将分好的商品配送到用户指定的接货点。其作业流程比较简单，无需拣选、配货、配装等作业程序，其作业流程如图 4-9 所示。

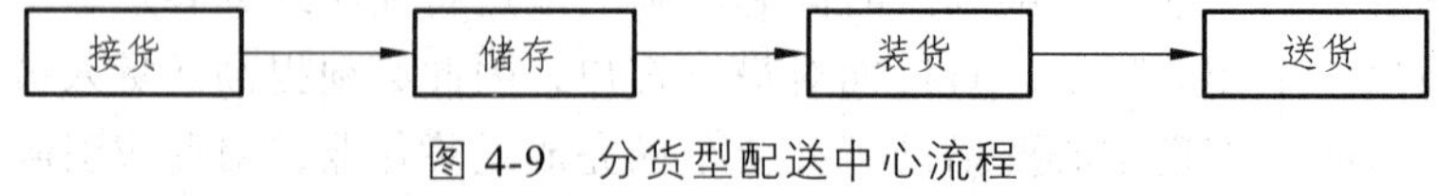

图 4-9　分货型配送中心流程

三、配送中心的选址

（一）配送中心的选址原则

1．适应性原则

配送中心的选址须与国家以及省市的经济发展方针、政策相适应，与物流资源和需求分布相适应。

2. 协调性原则

配送中心的选址应将国家或区域的物流网络作为一个大系统来考虑，使配送中心的设施设备，在地域分布、物流技术水平等方面互相协调。

3. 经济性原则

配送中心发展过程中的总费用主要包括建设费用和经营费用两部分。配送中心选址在市区、近郊及远郊，其建设规模和费用以及经营费用是不同的，选址时应用成本费用分析等定量方法进行分析，选择合理的地点。

4. 战略性原则

配送中心的选址应具有战略眼光，既要考虑目前的实际需要，又要考虑日后发展的可能。

（二）配送中心选址的影响因素

1. 自然环境因素

自然环境因素包括气象条件、地质条件、水文条件及地形条件等。

（1）气象条件。配送中心选址过程中，主要考虑的气象条件有温度、风力、降水量、无霜期、年平均蒸发量等指标。

（2）地质条件。配送中心是大量商品的集结地。配送中心拥有大量的建筑物及构筑物，有些商品的重量很大，这些都对地面造成很大的压力。如果配送中心地面以下存在着淤泥层、松土层等不良地质条件，会在受压地段造成沉陷、翻浆等严重后果，为此，配送中心选址要求土壤承载力要高。

（3）水文条件。配送中心选址需远离容易泛滥的河川流域与地下水上溢的区域。要认真考察近年的水文资料，洪泛区、内涝区、干河滩等区域绝对禁止选择。

（4）地形条件。配送中心应选择地势较高、地形平坦之处，且应具有适当的面积与外形。

2. 经营环境因素

经营环境因素包括经营环境、顾客需求分布和物流费用等。

（1）经营环境。配送中心所在地区的物流产业政策对物流企业的经济效益产生重要影响。本地区物流发展水平、行业内竞争情况等也是影响选址的重要因素。

（2）顾客需求分布。配送中心服务对象的分布，经营配送的商品及顾客对配送服务的要求等是配送中心选址必须考虑的因素。经营不同类型商品的配送中心最好能分别布局在不同区域，因为顾客分布状况、配送商品数量的增加和顾客对配送服务要求的提高等都对配送中心的经营和管理带来影响。

（3）物流费用。配送中心选址必须考虑物流费用，应综合考虑总费用的合理性，大多数配送中心选址接近服务需求地，以便缩短运距、降低运费等物流费用。

3. 基础设施状况

基础设施状况包括交通条件、公共设置状况等。

（1）交通条件。配送中心选址时必须考虑交通运输条件。运输是物流活动的核心环节，配送活动必须依靠各种运输方式所组成的最有效的运输系统，才能及时、准确地将商品送交给顾客。所以，配送中心的选址应尽可能接近交通运输枢纽，如高速公路、主要干道、其他交通运输站港等，以提高配送效率，缩短配送运输时间。

（2）公共设施状况。配送中心周围的公共设施也是必须考虑的因素之一。要求有充足的供水、电、气、热的能力，排污能力，此外还应具有信息网络技术条件。

4. 其他因素

其他因素包括环境保护方面的要求，选址地周边状况等。

（三）配送中心选址的基本程序

配送中心的选址直接影响配送中心各项活动的成本，同时也关系到配送中心的正常运作和发展，因此，配送中心的选址和布局必须在充分调查分析的基础上综合考虑自身经营的特点、商品特性及交通状况等因素，在详细分析现状及预测的基础上对配送中心进行选址。配送中心的选址可参照图 4-10 所示的程序进行。

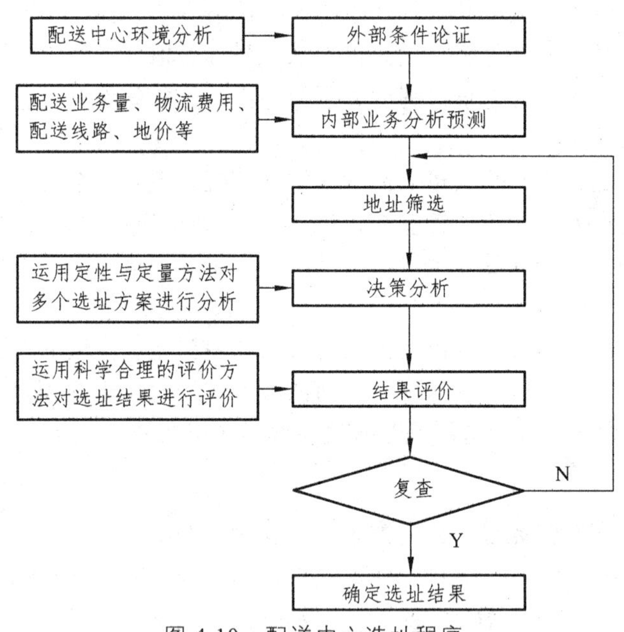

图 4-10 配送中心选址程序

1. 外部条件论证

（1）交通运输条件。配送中心地址选择应靠近交通运输枢纽，以保证配送服务的及时性、准确性。

（2）用地条件。配送中心建设须占用大量的土地资源，充分考虑并落实土地的来源、地价、土地的利用程度等。

（3）顾客分布情况。准确掌握配送中心现有服务对象的分布情况以及未来一段时间内的发展变化情况，因为顾客分布状况的改变、配送商品数量的改变及顾客对配送服务要求的改变都会对配送中心的经营和管理产生影响。

（4）政策法规条件。掌握政府对配送中心建设的法律法规要求，哪些地区不允许建设配送中心、哪些地区的政府有优惠政策等。

（5）附属设施条件。配送中心周围的服务设施也是要考虑的因素之一，如外部信息网络技术条件，水电及通信等辅助设施，北方地区的供暖保温设施等。

（6）其他。要考虑不同类别的配送中心对选址的需要的不同。如有些配送中心所保管的商品有保温设施、冷冻设施、危险品设施等对选址都有特殊要求。

2. 内部业务分析预测

（1）业务量分析。配送中心的主要业务量有以下几个方面：① 供应商到配送中心的运输量；② 配送中心向用户的配送量；③ 配送中心储存保管的数量；④ 配送中心流通加工业务量；⑤ 配送中心搬运装卸业务量。

以上业务量在不同时期会有波动，因此，要对所采用的数据水平进行研究，除了对现状的各项数据进行分析外，还必须对业务量进行准确预测。

（2）成本分析。配送中心的成本主要有伴随业务量发生的相应成本及其他管理费用。值得注意的是，运输成本随业务量的增加而增加，而加工、装卸搬运成本包括固定成本和变动成本，应进行准确分析。

3. 地址筛选

在对所取得的上述资料进行充分的整理和分析，考虑各种因素的影响并对需求进行预测后，就可以初步确定选址范围，即确定初始地址。

4. 决策分析

对筛选后的初始地址进行选址，可采用定性和定量的方法进行决策。由于配送中心的投资额较大，可采用定量决策方法进行决策。定量分析可针对不同的情况选用不同的数学模型进行计算得出结果。如对单一配送中心进行选址，可采用重心法进行计算。

5. 结果评价

结合市场适应性、购置土地条件、服务质量等，对计算所得结果进行评价，对其可行性进行评价。

6. 复 查

分析其他影响因素对决策结果的相对影响程度，分别赋予它们一定的权重，采用加权法对计算结果进行复查。如果复查通过，则为最终计算结果；如果复查发现原计算结果不适用，则返回第三步继续计算，直至得到最终结果为止。

7. 确定选址结果

在用加权法复查通过后，计算的结果即为最终的计算结果。

（四）配送中心选址注意事项

配送中心的选址应遵循选址基本程序，但类型不同的配送中心在进行选址决策时差异较大。以下是各类配送中心在选址时的主要注意事项：

1. 不同类型配送中心选址的主要事项

（1）转运型配送中心。转运型配送中心以商品转运、短期储存为主，商品周转速度快，大多采用多式联运方式转运，因此，转运型配送中心应设置在市郊交通枢纽地段。

（2）储存型配送中心。储存型配送中心以储存商品为主，商品储存时间长，商品进出形式多为大批大量，一般应设置在城市郊区的地段，且具备直接而方便的水陆运输条件。

2. 经营不同商品的配送中心选址的注意事项

（1）果品蔬菜配送中心。果品蔬菜配送中心应选择入城干道处，以免运输距离过长，商品损耗多大。

（2）冷藏品配送中心。冷藏品配送中心往往选择在屠宰厂、加工厂、毛皮处理厂等附近。

（3）建筑材料配送中心。通常，建筑材料配送中心的物流量大、占地多，可能会产生某些环境污染问题，有严格的放火等安全要求，应选择在城市边缘交通运输干线附近。

（4）燃料配送中心。石油、煤炭等燃料配送中心应满足放火要求，选择城郊的独立地段。

【课后习题】

1. 蔬菜、水果、点心、肉类等的配送属于（　　）配送方式。

A. 定时配送　　B. 定量配送

C. 定时定量配送　　D. 定时定量定路线配送

2. 适用于重点企业和重点项目支持的配送方式是（　　）。

A. 定时配送　　B. 定量配送

C. 定时定量配送　　D. 定时定量定路线配送

3. 灵活性很高，可用来代替保险才储备，从而实现企业零库存的配送是（　　）。

A. 定量配送　　B. 即时配送　　C. 定时配送　　D. 定时定量配送

4. 种类多、存货量较少，需要进行商品包装拆除、配货组合等作业，通常还会开展配送业务的仓库是（　　）。

A. 储存仓库　　B. 流通仓库　　C. 配送中心　　D. 营业仓库

5.（　　）具有运距短和反应速度快的特点，能从事多品种、少批量、多用户的配送。

A. 共同配送中心　　B. 零售供货配送中心

C. 专业配送中心　　D. 区域性配送中心

6. 确定用户的送达地、货物的品种、规格、数量、送货时间等；确定配送车辆以及装车货物的比例、配送路线等工作属于（　　）。

A. 制订配送中心计划　　B. 制订配送计划

C. 下达配送计划　　D. 配送店按计划配送

7.（多选）按配送商品的种类和数量分类，配送可分为（　　）。

A. 少品种、大批量的配送　　B. 多品种、少批量、多批次配送

C. 成套配套配送　　D. 公路、铁路、水运、航空配送

8.（判断）配送中心的配送功能属于核心功能。（　　）

9.（判断）配送是“配”和“送”的有机结合，为追求整个配送的优势，分拣、配货等项工作是必不可少的。（　　）

第五章　包装和包装技术

【学习目标】

1. 掌握商品包装的概念和功能。
2. 了解商品包装的分类方法及各种包装材料的特点。
3. 了解商品包装的各种标志及包装容器的选用。
4. 掌握商品集装化和商品集合包装的概念。
5. 掌握商品集装化的作用及在集合运输中的作用。

【引导案例】

网　购

统计显示，仅 2015 年，网购就催生出近 200 亿个快递包裹，当然还有数量惊人的包装垃圾。据估算，2015 年我国快递行业消耗编织袋 29.6 亿条、塑料袋 82.6 亿个、包装箱 99 亿个，若以 1 个快递包裹使用 1 米塑料胶带计，全年使用的胶带可绕地球 400 多圈。可以想象，一个包装袋的成本即使降低一分钱，乘以数以亿计的订单量也不是一个小数目。

目前，京东与东港股份联合打造了“京东包装实验室”，致力于绿色物流包装产品的研发和使用。该实验室是国内首家基于电商物流包装领域的实验研发机构，研发方向有两个：一是通过压缩包装耗材的尺寸和面积减少材料成本，从而减少社会资源的浪费；二是用更加环保的新材料替代旧材料，使包装物能够循环利用，进而实现节能环保。

电商行业大量使用包装袋、纸箱、填充物等包装材料，而作为一个微利行业，要想降低成本提高效率就要从每一个订单的包装成本控制入手，更重要的是通过大量科技和管理上的创新，降低包装成本，节约社会资源。

问题思考：

1. 物流包装的发展趋势是什么？
2. 包装技术的运用对企业有何作用？

第一节 包装概述

大部分商品通过综合物流系统时需要保护。包装不仅仅有助于防止盗窃和损坏，而且也有助于推销商品，让顾客得知产品信息。包装还与生产有关，因为生产工人经常包装商品。包装的大小、形状和材料极大地影响着生产劳动效率。尽管包装不像运输一样昂贵，但包装占了综合物流成本的 10%。

一、包装的概念

（一）包装的定义

包装（packaging）是指为在流通过程中保护产品，方便储运，促进销售，按一定技术方法而采用的容器、材料和辅助材料的总体名字。包装也包括为了达到上述目的而进行的操作活动。

（二）对包装的理解

包装一般有两重含义：

（1）关于盛装商品的容器、材料及辅助物品，即包装物。

（2）关于实施盛装和封缄、包扎等的技术活动。

二、包装的基本功能

（一）保护商品

（1）防止商品破损变形。

（2）防止商品发生化学变化。

（3）防止腐朽、霉变、鼠咬虫食。

（4）包装还有防止异物混入、污物污染，防止丢失、散失的作用。

（二）便利性

（1）生产方便。

（2）搬运方便。

（3）保管方便。

（4）使用方便。

（三）促销性

（1）包装形状与构造具有吸引顾客的魅力。

（2）包装的文字、图案、色彩可以刺激顾客的购买欲。

（3）包装被人们称为“不会说话的推销员”。

三、包装策略

（一）创新包装策略

企业产品的包装，尽量不搞仿制，不与别的包装雷同，而要采用新材料、新工艺、新图案、新形状，给消费者一种新感觉。如利用可再生及可降解材料制成的包装就比较受欢迎，这不仅方便了消费者，同时也符合环保潮流，为企业树立良好形象。

（二）方便包装策略

企业在设计、购置产品包装时，要处处考虑给消费者带来购买、携带、使用、保管等方面的方便。如为方便消费者购买，企业将不同样式、用途、口味的产品，组成多种包装或组合包装。

（三）廉价包装策略

这种包装策略，就是企业使用成本低廉、构造简单的包装，通常用于大量使用的日常用品。如一般的服装、鞋袜、食用的盐、味精、熬服的中药、袋装鲜奶等。当然，企业采用这种包装策略，不能因为消费者要求低而随意购置，而应考虑其适用、经济实惠的特点。

（四）系列包装策略

这种包装与系列包装的不同之处是，系列包装为同类商品，成套包装为不同商品。如旅行用品盒、化妆盒、传统的文房四宝——笔、墨、纸砚等，就属成套包装。

（五）类似包装策略

类似包装策略有时也称家庭式包装，将同一企业生产的产品，在包装外形上采用相同的图案、近似的色彩、共同的特征，特别是以企业的 CI 形象反复出现，形成视觉定势，不仅能节省包装设计成本，还能加深用户对这类商品的印象。

（六）变换包装策略

变换包装策略指的是以新的包装代替原有的包装。一般来说，一个企业、一家零售商使用的包装应相对固定，但当出现以下三种情况时，企业应采取变换包装策略：① 该种产品的质量出了问题，消费者对此包装已形成不良印象；② 企业的产品质量尚可，但同类产品竞争者较多，原包装不利于打开产品的销售局面；③ 产品的销售尚可，但由于企业使用该包装时间太长，会使消费者产生陈旧感。

四、商品包装的基本要求

（一）商品包装的总体要求

1. 适应各种流通条件的需要

要确保商品在流通过程中的安全，商品包装应具有一定的强度，坚实、牢固、耐用。对于不同的运输方式和运输工具，还应有选择地利用相应的包装容器和技术处理。总之，整个包装应适应流通领域中的储存运输条件和强度要求。

2. 适应商品特性

商品包装必须根据商品的特性，分别采用相应的材料与技术，使包装完全符合商品合理化性质的要求。

3. 适应标准化的要求

商品包装必须推行标准化，即对商品包装的包装容（重）量、包装材料、结构造型、规格尺寸、印刷标志、名词术语、封装方法等加以统一规定，逐步形成系列化和通用化，以便有利于包装容器的生产，提高包装生产效率，简化包装容器的规格，节约原材料，降低成本，易于识别和计量，有利于保证包装质量和商品安全。

4. 包装要适量、适度

对销售包装而言，包装容器大小与内装商品相宜，包装费用，应与内装商品相吻合。预留空间过大、包装费用占商品总价值比例过高，都有损消费者的利益，误导消费者过分包装。

5. 商品包装要做到绿色、环保

商品包装的绿色、环保要求从两个方面认识：首先，材料、容器、技术本身应是对商品、对消费者而言的，是安全的和卫生的。其次，包装的技法、材料容器等是对环境而言的，是安全的、绿色的，在选材料和制作上，遵循可持续发展原则，节能、低耗、高功能、防污染，可以持续性回收利用，或废弃之后能安全降解。

（二）商品包装的技术要求

商品包装技术是指为了防止商品在流通领域发生数量损失和质量变化，而采取的抵抗内外影响质量因素的技术措施，又称商品包装防护方法。

影响商品质量变化的外部因素分为物理、化学、生物等因素。商品包装防护技术正是针对以上影响商品质量的内外因素而采取的具体防范措施。

五、包装的起源与发展

包装是一个古老而现代的话题，也是人们自始至终在研究和探索的课题。从远古的原始社会、农耕时代，到科学技术十分发达的现代社会，包装随着人类的进化、商品的出现、生产的发展和科学技术的进步而逐渐发展，并不断地发生一次次重大突破。从总体上看，包装大致经历了原始包装、传统包装和现代包装三个发展阶段。

（一）原始包装

人类使用包装的历史可以追溯到远古时期。早在距今一万年左右的原始社会后期，随着生产技术的提高，生产得到发展，有了剩余物品需贮存和进行交换，于是开始出现原始包装。最初，人们用葛藤捆扎猎获物，用植物的叶、贝壳、兽皮等包裹物品，这是原始包装发展的胚胎。后来，随着劳动技能的提高，人们以植物纤维等制作最原始的篮、筐，用火煅烧石头、泥土制成泥壶、泥碗和泥灌等，用来盛装、保存食物、饮料及其他物品，使包装的方便运输、储存与保管功能得到初步完善。这是古代包装，即原始包装。

（二）传统包装

约在公元前 5000 年，人类就开始进入青铜器时代。4000 多年前的中国夏代，中国人已能冶炼铜器，商周时期青铜冶炼技术进一步发展。春秋战国时期，人们掌握了铸铁炼钢技术和制漆涂漆技术，铁制容器、涂漆木制容器大量出现。在古代埃及，公元前 3000 年就开始吹制玻璃容器。因此，用陶瓷、玻璃、木材、金属加工各种包装容器已有千年的历史，其中许多技术经过不断完善发展，一直到今天都还在使用。

早在汉代，公元前 105 年蔡伦发明了造纸术。公元 61 年，中国造纸术经高丽传至日本；13 世纪传入欧洲，德国第一个建造了较大的造纸厂。11 世纪中叶，毕昇发明了活字印刷术。15 世纪，欧洲开始出现了活版印刷，包装印刷及包装装潢业开始发展。16 世纪欧洲陶瓷工业开始发展；美国建成了玻璃工厂，开始生产各种玻璃容器。至此，以陶瓷、玻璃、木材、金属等为主要材料的包装工业发展起来。近代，传统包装开始向现代包装过渡。

（三）现代包装

16 世纪以来，由于工业生产的迅速发展，特别是 19 世纪的欧洲产业革命，极大地推动了包装工业的发展，从而为现代包装工业和包装科技的产生和建立奠定了基础。

18 世纪末，法国科学家发明了灭菌法包装储存食品，导致 19 世纪初出现了玻璃食品罐头和马口铁食品罐头，使食品包装学得到迅速发展。进入 19 世纪，包装工业开始全面发展，1800 年机制木箱出现，1814 年英国出现了第一台长网造纸机，1818 年镀锡金属罐出现，1856 年美国发明了瓦楞纸，1860 年欧洲制成制袋机，1868 年美国发明了第一种合成塑料袋——赛璐珞，1890 年美国铁路货场运输委员会开始承认瓦楞纸箱正式作为运输包装容器。

进入 20 世纪，科技发展日新月异，新材料、新技术不断出现，聚乙烯、纸、玻璃、铝箔、各种塑料、复合材料等包装材料被广泛使用，无菌包装、防震包装、防盗包装、保险包装、组合包装、复合包装等技术日益成熟，从多方面强化了包装的功能。

20 世纪中后期开始，国际贸易飞速发展，包装已为世界各国所重视，大约 90%的商品需经过不同程度、不同类型的包装。至此，包装已成为商品生产和流通过程中不可缺少的重要环节。目前，电子技术、激光技术、微波技术广泛应用于包装工业，包装设计实现了计算机辅助设计（CAD），包装生产也实现了机械化与自动化生产。

包装工业和技术的发展，推动了包装科学研究和包装学的形成。包装学科涵盖物理、化学、生物、人文、艺术等多方面的知识，属于交叉学科群中的综合科学，它有机地吸收、整合了不同学科的新理论、新材料、新技术和新工艺，从系统工程的观点来解决商品保护、储存、运输及促进销售等流通过程中的综合问题。包装学科的分类比较多，通常将其分为包装材料学、包装运输学、包装工艺学、包装设计学、包装管理学、包装装饰学、包装测试学、包装机械学等分学科。目前，我国已有 100 多所高校开办了包装工程专业，包装人才队伍日益壮大。

第二节　包装分类及常见的包装技术

一、包装的分类

根据不同的分类标准可以把包装分成不同的类别。

（一）按产品经营方式分

按产品经营方式，可分为内销产品包装、出口产品包装、特殊产品包装。

（二）按包装在流通过程中的作用分

按包装在流通过程中的作用，可分为单件包装、中包装和外包装等。

（三）按包装制品材料分

按包装制品材料，可分为纸制品包装、塑料制品包装、金属包装、竹木器包装、玻璃容器包装和复合材料包装等。

（四）按包装使用次数分

按包装使用次数，可分为一次用包装、多次用包装和周转包装等。

（五）按包装容器的软硬程度分

按包装容器的软硬程度，可分为硬包装、半硬包装和软包装等。

（六）按产品种类分

按产品种类，可分为食品包装、药品包装、机电产品设器包装、危险品包装等。

（七）按功能分

按功能，可分为运输包装、贮藏包装和销售包装等。

（八）按包装技术方法分

按包装技术方法，可分为防震包装、防湿包装、防锈包装、防霉包装等。

二、运输包装

（一）运输包装概述

运输包装是以保护物品安全流通、方便储运为主要功能目的的包装。运输包装，是为了尽可能降低运输流通过程中对产品造成损坏，保障产品的安全，方便储运装卸，加速交接点

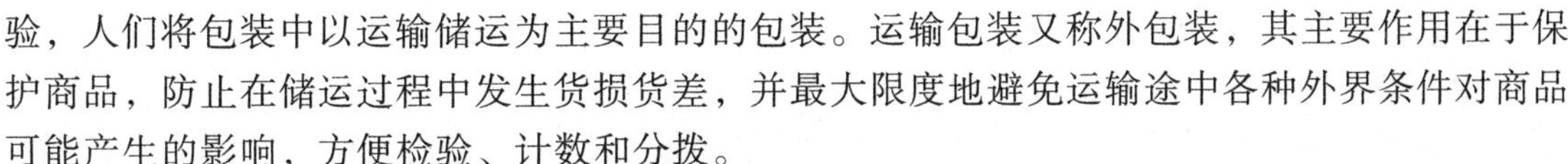

验，人们将包装中以运输储运为主要目的的包装。运输包装又称外包装，其主要作用在于保护商品，防止在储运过程中发生货损货差，并最大限度地避免运输途中各种外界条件对商品可能产生的影响，方便检验、计数和分拨。

（二）运输包装的基本要求

（1）具有足够的强度、刚度与稳定性；
（2）具有防水、防潮、防虫、防腐、防盗等防护能力；
（3）包装材料选用符合经济、安全的要求；
（4）包装重量、尺寸、标志、形式等应符合国际与国家标准，便于搬运与装卸；
（5）能减轻工人劳动强度，使操作安全便利。
（6）符合环保要求。

（三）运输包装设计的基本原则

运输包装设计应遵循以下基本原则：标准化、系列化原则；集装化、大型化原则；多元化、专业化原则；科学化原则；生态化原则等。

（四）运输包装的形式

1. 内包装

易碎品内包装的最主要功能是提供内装物的固定和缓冲。合格的内包装可以保护易碎品在运输期间免受冲撞及震动，并能恢复原来形状以提供进一步的缓冲作用。有多种内部包装材料及方法可供选择。

2. 衬　板

衬板是目前最流行的一种内部包装形式，通常是使用瓦楞纸板通过彼此交叉形成一个网状结构，在尺寸上与外包装纸箱相匹配。根据所装物品的形状，对瓦楞纸衬板进行切割，然后将物品卡在其中即可。从衬板的制作、切割和装箱，全过程都可以通过机械化操作完成，非常适合大批量的产品包装。

用瓦楞衬板作为内部包装，可以提供良好的商品固定性能，能够避免易碎品之间的相互碰撞，降低破损率。并且，由于制作材料是瓦楞纸，与瓦楞纸箱材料一致，利于统一回收，符合环保需求，成本也很低。

与箱体底部接触的物品由于所承受压力较大，受损率也较大。通常在箱底添加一层瓦楞纸隔板，以增强缓冲性能。目前，市场上也出现了用塑料制作的隔板。它采用高密度聚乙烯（HDPE）或聚丙烯（PP）挤出或挤压成型，具有低成本、抗弯折、耐冲击、无污染、抗老化、耐腐蚀、防潮防水等多种优点，可以解决啤酒瓶、陶瓷等在大批量搬运过程中可能遇到的隔层包装问题。与瓦楞纸板相比，塑料隔板更能适应卸垛堆码机械化和仓储管理货架化等趋势，将得到越来越广泛的应用。

3. 泡沫塑料及其替代品

作为传统的缓冲包装材料，发泡塑料具有良好的缓冲性能和吸振性能，有重量轻、保护性能好、适应性广等优势，广泛用于易碎品的包装上。特别是发泡塑料可以根据产品形状预制成相关的缓冲模块，使用起来十分方便。

聚苯乙烯泡沫塑料曾经是最为主要的缓冲包装材料。不过，由于传统的发泡聚苯乙烯使用会破坏大气臭氧层的氟利昂做发泡剂，加上废弃的泡沫塑料体积大，回收困难等原因，逐渐被其他环保缓冲材料所替代。

目前，代替聚苯乙烯发泡塑料的主要有发泡 PP、蜂窝纸板及纸浆模塑产品等几类。发泡 PP 不使用氟利昂，具有很多与发泡聚苯乙烯相似的缓冲性能，它属于软发泡材料，可以通过黏结组成复杂结构，是应用前景很好的一类新型缓冲材料。

蜂窝纸板具有承重力大、缓冲性好、不易变形、强度高、符合环保、成本低廉等优点。它可以代替发泡塑料预制成各种形状，适用于大批量使用的易碎品包装上，特别是体积大或较为笨重的易碎品的包装。

纸浆模塑制品也是可部分替代发泡聚苯乙烯的包装材料。它主要以纸张或其他天然植物纤维为原料，经制浆、模塑成型和干燥定型而成，可根据易碎品的产品外形、重量，设计出特定的几何空间结构来满足产品的不同要求。这种产品的吸附性好、废弃物可降解，且可堆叠存放，大大减少运输存放空间。但其回弹性差，防震性能较弱，不适用于体积大或较重的易碎品包装。

4. 气垫薄膜

气垫薄膜也称气泡薄膜，是在两层塑料薄膜之间采用特殊的方法封入空气，使薄膜之间连续均匀地形成气泡。气泡有圆形、半圆形、钟罩形等形状。气泡薄膜对于轻型物品能提供很好的保护效果，作为软性缓冲材料，气泡薄膜可被剪成各种规格，可以包装几乎任何形状或大小的产品。使用气垫薄膜时，要使用多层以确保产品（包括角落与边缘）得到完整的保护。

气垫薄膜的缺点在于易受其周围气温的影响而膨胀和收缩。膨胀将导致外包装箱和被包装物的损坏，收缩则导致包装内容物的移动，从而使包装失稳，最终引起产品的破损。而且其抗戳穿强度较差，不适合包装带有锐角的易碎品。

5. 现场发泡

现场发泡，主要是利用聚氨酯泡沫塑料制品，在内容物旁边扩张并形成保护模型，特别适用于小批量、不规则物品的包装。

现场发泡一般的操作程序：首先在纸箱底部的一个塑料袋中注入双组分发泡材料，然后将被包装产品放在发泡材料上，再取一个塑料袋，注入适当分量的发泡材料覆盖在易碎品上，发泡材料很快会充满整个纸箱，形成对易碎品的完美保护。

现场发泡最大的特点在于可在现场成形，不需要使用任何模具，特别适合于个别的、不规则的产品，或贵重易碎品的包装，可广泛用于邮政、快递等特殊场合使用。

6. 填　料

在包装容器中，填充各种软制材料做缓冲包装曾经广泛采用。软制材料有废纸、植物纤维、发泡塑料球等。但是由于填充料难以填充满容器，对内装物的固定性能较差，而且包装废弃后，不便于回收利用，因此目前这一包装形式正在逐渐衰退。

（五）运输包装的标志

1. 运输包装标志简介

运输包装标志的主要作用是在储运过程中识别货物，合理操作。按其用途可分成运输标志、指示性标志、警告性标志、重量体积标志和产地标志。

运输标志又称唛头，是一种识别标志。按国际标准化组织（ISO）的建议，包括四项内容：① 收货人名称的英文缩写或简称；② 参考号，如订单、发票或运单号码；③ 目的地；④ 件号。例如：ABCCO，收货人名称；SC9750，合同号码；LONDON，目的港；No.4-20，件号（顺序号和总件数）。

运输标志在国际贸易中还有其特殊的作用。按公约规定，在商品特定化以前，风险不转移到买方承担。而商品特定化最常见的有效方式是，在商品外包装上标明运输标志。此外，国际贸易主要采用的是凭单付款的方式，而主要的出口单据如发票、提单、保险单上，都必须显示出运输标志。商品以集装箱方式运输时，运输标志可被集装箱号码和封口号码取代。

2. 指示性标志

指示性标志是一种操作注意标志，以图形和文字表达，如小心轻放、由此起吊、禁止翻滚等。

3. 警告性标志

警告性标志又称危险品标志，用以说明商品是易燃、易爆、有毒、腐蚀性或放射性等危险性货物，用图形及文字表达。对危险性货物的包装储运，各国政府制定有专门的法规，应严格遵照执行。

4. 重量体积标志

运输包装外通常都标明包装的体积和毛重，以方便储运过程中安排装卸作业和舱位。

5. 产地标志

商品产地是海关统计和征税的重要依据，由产地证说明。但一般在内外包装上均要注明产地，作为商品说明的一个重要内容。

（六）运输包装的方式

运输包装的方式和造型多种多样，用料和质地各不相同，包装程度也有差异，这就导致运输包装具有下列多样性：

（1）按包装方式不同可分为单件运输包装和集合运输包装。前者是指货物在运输过程中作为一个计件单位的包装；后者是指将若干单件运输包装组合成一件大包装，以更有效地保护商品，提高装卸效率和节省运输费用。在国际贸易中，常见的集合运输包装有集装包和集装袋。

（2）按包装形状不同，可分为箱袋、桶和捆不同形状的包装。

（3）按包装材料不同，可分为纸制包装，金属包装，木制包装，塑料包装，麻制品包装，竹、柳、草制品包装，玻璃制品包装和陶瓷包装等。

（4）按包装质地不同，可分为半硬性包装和硬性包装。究竟采用其中哪一种，需视商品的特性而定。

（5）按包装程度不同，可分为全部包装和局部包装。

三、销售包装

（一）销售包装概述

销售包装又称内包装或小包装，是直接接触商品并随商品进入零售网点和消费者或用户直接见面的包装。

（二）销售包装的形式与条件

1. 销售包装的形式

（1）便于陈列展销的包装。

（2）便于识别商品的包装。

（3）便于携带和使用的包装。

2. 销售包装应具备的条件

（1）能保护商品，延长货物寿命。

（2）能方便消费者使用。

（3）有独特的个性和吸引力。

（4）符合销售国的法令。

（5）成本经济合理。

（6）减少或不造成环境污染。

（7）白纸板是销售包装的主要材料。

（三）销售包装标示和说明

1. 包装的画面

销售包装的画面要美观大方，富有艺术上的吸引力，并突出商品特点，图案和色彩应适应有关国家的民族习惯和爱好。在设计画面时，应投其所好，以利扩大。

2. 文字说明

在销售包装上应有必要的文字说明，如商标、品名、产地、数量、规格、成分、用途和使用方法等。文字说明要同画面紧密结合，互相衬托，彼此补充，以达到宣传和促销的目的。使用的文字必须简明扼要，并让销售市场的顾客能看懂，必要时也可以中外文同时并用。在销售包装上使用文字说明或制作标签时，还应注意有关国家的标签管理条件的规定。

3. 条形码

商品包装上的条形码是一组带有数字的黑白及粗细间隔不等的平行条纹所组成，这是利用光电扫描阅读设备为计算机输入数据的特殊的代码语言。目前，世界许多国家都在商品上

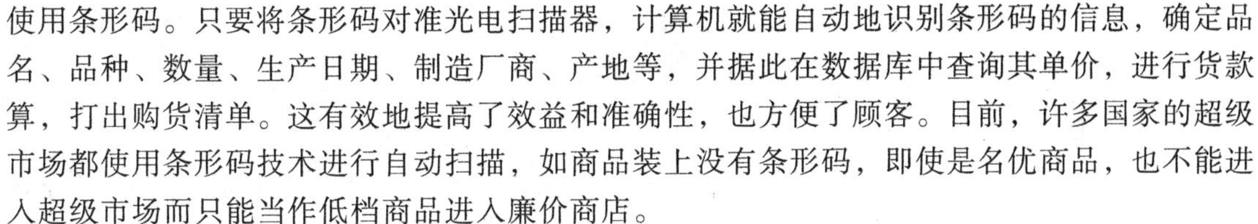
使用条形码。只要将条形码对准光电扫描器，计算机就能自动地识别条形码的信息，确定品名、品种、数量、生产日期、制造厂商、产地等，并据此在数据库中查询其单价，进行货款算，打出购货清单。这有效地提高了效益和准确性，也方便了顾客。目前，许多国家的超级市场都使用条形码技术进行自动扫描，如商品装上没有条形码，即使是名优商品，也不能进入超级市场而只能当作低档商品进入廉价商店。

（四）销售包装的发展趋向

在包装的发展趋向上，销售包装今后倾向于多规格、系列化和特色化；在包装材料方面倾向于多功能、轻型化和绿色化；在包装机械方面，则要求多用途、组合化和自动化。优化和创新销售包装的过程中，要抓住包装设计这个源头，使销售包装在设计开始时就不仅要适应市场与消费需求，也要符合绿色环保需要。

（五）销售包装的心理设计策略

1. 求便心理

顾客购物都求方便，如透明或开窗式包装的食品可以方便挑选；组合式包装的礼品篮可以方便使用；软包装饮料方便携带等，包装的方便易用增添了商品的吸引力。国外流行的“无障碍”包装，如接触式判断识别包中用锯齿状标识区分洗涤剂的类型；在罐装食品中设置“盖中部凹陷状证明未过保质期”的自动识别标志等，它们原来都是为迎合高龄老人和残疾人而开发的，结果深得消费者的广泛喜爱，可见求方便是所有人的消费心理。

2. 求实心理

产品包括包装，它的设计必须能够满足消费者的核心需求，也就是必须有实在的价值。在所有年龄的文化群体中，老年人最讲求质朴、实在，但是现在五花八门的老年人健康滋补品却普遍是“形式大于内容”的过度包装。这些产品即使能够吸引到偶然的礼品购买，也难以赢得消费者的忠诚，缺乏长远发展的动力。

3. 求新心理

特别是对于科技含量比较高的产品，包装的选材、工艺、款式和装潢设计都应该体现出技术的先进性。例如，采用凹凸工艺制作的立体式包装、无菌包装和防盗包装等，就可以通过新颖独特的包装来反映科学技术的优异成果，映衬产品的优越性能。

4. 求信心理

在产品上突出厂名、商标，有助于减轻购买者对产品质量的怀疑心理。特别是有一定知名度的企业，这样做对产品和企业的宣传一举两得。美国百威公司的银冰啤酒的包装上有一个企鹅和厂牌图案组成的品质标志。只有当啤酒冷藏温度最适宜的时候，活泼的小企鹅才会显示出来，向消费者保证是货真价实，风味最佳，满足他们的求信心理。

5. 求美心理

产品的包装设计是装饰艺术的结晶。精美的包装能激起消费者高层次的社会性需求。深具艺术魅力的包装对购买者而言是一种美的享受，是促使潜在消费者变为显在消费者，变为长久型、习惯型消费者的驱动力量。大凡是世界名酒，其包装都十分考究，从瓶到盒都焕发着艺术的光彩，这是一种最优雅且最成功的包装促销。

6. 求趣心理

人们在紧张的生活中尤其需要轻松和幽默。美国的一家公司在所生产的饼干的罐盖上印上各种有趣的谜。

7. 求异心理

年轻人喜欢与众不同，喜欢求异、求奇、求新，极力寻找机会表现自我。以这类消费为目标市场的产品包装可以大胆采用禁忌用色，在造型上突破传统，在标识语中大肆宣扬“新一代的选择”，以求引导潮流，创造时尚。但是这类消费者的心理不稳定又难以捉摸，潮流变幻无常，因此对其进行的包装促销是高风险高回报的尝试。

消费者的心理还可以按生态心理和性别心理等标准细分。消费者心理市场细分的多层次性决定了包装促销也要从多角度进行。随着物质文化生活水平的提高，人们的消费观念也在不断地发展。今天的时尚，可能明天就会过时，所以商品的销售包装必须不断改进，在继承传统与创意中寻求平衡、和谐与统一。

销售包装是保护功能和艺术美感的融合，是实用性和新颖性的创新结合。成功的包装促销是生产者的意念心理，创造者的思维心理和购买者的需求心理的共鸣。商品销售包装只有把握消费者的心理，迎合消费者的喜好，满足消费者的需求，激发和引导消费者的情感，才能够在激烈的商战中脱颖而出，稳操胜券。

四、按包装技术划分包装

按照包装技术，可以把包装划分成以下几种：

（一）防震包装

防震包装又称缓冲包装，是指为减缓内装物受到冲击和振动，保护其免受损坏所采取的一定防护措施的包装，在各种包装方法中占有重要的地位。

防震包装主要分为四种：全面防震包装、局部防震包装、悬浮式防震包装和联合式防震包装。

1. 全面防震包装

全面防震包装是指内装物与外包装之间全部用防震材料填充固定，对产品周围进行全面保护的方法。全面防震包装根据所用防震材料或工艺方法的不同又可分为以下几种。

（1）压缩包装法。

压缩包装法又称填充式包装法，主要用弹性材料，如丝状、片状、粒状及小块状等把易碎物品填塞起来或进行加固，达到吸收振动或冲击能量的目的。

（2）裹包包装法。

裹包包装法采用各种类型材料的片材把单件内装物裹包起来放入外包装箱内。这种方法多用于小件物品的防震包装。

（3）浮动包装法。

使用浮动包装法时，用小块可以位移和流动的衬垫，有效地充满内装物直接受力部分的间隙，从而分散内装物所受的冲击力。这种方法与压缩包装法基本相同。

（4）模盒包装法。

模盒包装法是指利用模具将发泡聚合物防震材料做成和产品形状一样的模盒包装制品，以达到防震作用的方法。这种方法多用于小型、轻质制品的包装。

（5）现场发泡包装法。

现场发泡包装法是指在产品和外包装箱之间用特殊装置（如喷枪）充填发泡材料（以液体状态注入），并很快（10 s 后）发泡膨胀（不到 40 s 即可发泡膨胀到本身体积的 100 ~ 140 倍）、固化形成泡沫聚合物防震材料的包装方法。

2. 局部防震包装

局部防震包装是对被包装产品或内包装件的拐角、侧面或局部地方用防震材料进行衬垫的方法。它的类型有面支承包装、棱支承包装、角支承包装、混合支承包装等。所用防震材料主要有泡沫塑料成型防震垫、充气塑料薄膜防震垫和橡胶弹簧等。这种方法可根据包装产品的特点，在最适合的部位进行防震，用最少的防震材料取得最好的防震效果，降低包装成本。它还可以把防震材料预先放在或黏结在包装箱内的适当部位，装入比较方便。因此，本法适用于大批量物品的包装，是目前应用最广泛的一种包装方法，如电视机、洗衣机、仪器仪表等的包装。

3. 悬浮式防震包装

悬浮式防震包装是用带子、绳子、吊环或弹簧等把被包装物品悬吊在外包装容器内，使产品不与四壁接触，吊在外包装箱中，以致包装件在遭受外力作用时，产品在各个方向都能得到防震保护。这种包装方法特别适用于精密、贵重易损的产品，如大型电子计算机、大型电子管、制导装置等。

4. 联合式防震包装

缓冲包装在实际应用中常将两种以上的防震方法配合使用，有时还把异种材质的缓冲材料组合起来使用，使产品得到更充分的保护。如既加铺垫又填充无定形缓冲材料的防震方法，将厚度相等的异种材料并联使用的防震方法。

（二）防湿包装

防湿包装就是采用具有一定隔绝水蒸气能力的防湿材料对产品进行包封，隔绝外界湿度变化对产品的影响，同时使包装内的相对湿度满足产品的要求，保护产品的质量。

防湿包装的作用：防止吸潮的产品吸潮；防止有水分食品脱水；防止皮革、纸制品霉变；防止金属锈蚀。

（三）防锈包装

1. 防锈包装概述

金属由于受到周围介质的化学作用或电化学作用而发生损坏的现象叫金属锈蚀。按腐蚀介质的不同，可分为大气锈蚀、海水腐蚀、地下锈蚀、细菌锈蚀等。在包装工程中遇到的最多的是大气锈蚀。锈蚀对于金属材料和制品有严重的破坏作用。据试验，钢材如果锈蚀 1%，它的强度就会降低 5% ~ 10%，薄钢板就更容易因锈蚀穿孔而失去使用价值。金属制品因锈蚀而造成的损失远远超过所用材料的价值。

所以，为了减轻因金属锈蚀带来的损失，对金属制品采用适宜的防锈材料和包装方法，以防止其在贮运过程中发生锈蚀而进行的技术处理，就是防锈包装技术。

2. 防锈包装技术的原理

（1）防锈油防锈包装技术。

大气锈蚀是空气中的氧、水蒸气及其他有害气体等作用于金属表面引起电化学作用的结果。如果使金属表面与引起大气锈蚀的各种因素隔绝（即将金属表面保护起来），就可以达到防止金属大气锈蚀的目的。防锈油包装技术就是根据这一原理将金属涂封防止锈蚀的。

用防锈油封装金属制品，要求油层要有一定厚度，油层的连续性好，涂层完整。不同类型的防锈油要采用不同的方法进行涂复。

（2）气相防锈包装技术。

气相防锈包装技术就是用气相缓蚀剂（挥发性缓蚀剂），在密封包装容器中对金属制品进行防锈处理的技术。气相缓蚀剂是一种能减慢或完全停止金属在侵蚀性介质中的破坏过程的物质，在常温下即具有挥发性。它在密封包装容器中，在很短的时间内挥发或升华出的缓蚀气体就能充满整个包装容器内的每个角落和缝隙，同时吸附在金属制品的表面上，从而起到抑制大气对金属的锈蚀作用。

（四）防霉包装

防霉包装可分为密封性包装和非密封性包装两大类。密封性包装是指将产品用不透气的或透气率低的阻隔层材料密封包装起来，这种方法能有效地控制霉腐微生物（霉菌）的生长繁殖所依赖的氧气、水分、基质等条件，从而达到防止或抑制产品发生霉变的目的。所用阻隔层材料可以是金属、玻璃、陶瓷、硬质塑料、软质塑料薄膜及其复合膜等。这种密封包装有干燥空气封存包装、真空包装、充气包装、除氧包装及气相防霉包装等。

非密封性包装适合于一些对霉菌敏感度较低或经过有效防霉处理后的产品，在非密封条件下能够达到防霉效果。这种包装方法有低温和冷冻防霉包装，用抗霉性材料包装，对内装物进行防霉处理后包装，电离辐射防霉包装，紫外线、微波、远红外线和高频电场防霉包装等。

1. 干燥空气封存包装

这种方法通过降低密封包装容器内的相对湿度，使霉腐微生物得不到生长繁殖所需的水分而达到防霉目的。霉菌孢子萌发生长的相对湿度均在 70% 以上，只要能保证包装件内相对湿度在 60% 以下，就能保证内装产品不会长霉的目的。因此，首先要选择气密性好及透湿率低的各类容器或复合材料进行密封包装，并且在密封包装容器内放入一定量干燥剂（如硅胶）及湿度指示纸（如氯化钴湿度指示纸，当湿度大于 60% 时由蓝变成粉红），以降低包装容器内的相对湿度。

2. 真空包装

真空包装是将产品或材料装入具有气密性的包装容器内，抽去容器内的空气使其达到规定的真空度后密封。这种包装容器不透气，一般可用金属、玻璃、陶瓷、硬质塑料等材料制成，也可用透气性很低的复合塑料薄膜或铝塑复合膜等阻隔层材料制成。

由于真空包装将容器内的绝大部分空气抽出来了，残留于容器内的潮气或水分、氧气等很稀薄，从而使内装产品不会受潮变质，不会氧化腐蚀。由于缺少水分和足够的氧气，一些生物也就无法发育生长，所以也可以达到防霉的目的。

3. 充气包装

充气包装是在真空包装的基础上发展起来的，主要用干燥的氮或二氧化碳等气体置换容器内空气。充气包装能使包装容器内的氧气和水蒸气大大降低，同时又能够保持容器内外压力的平衡，在储存、运输过程中容器壁不会因起应力而损坏，因此较安全。

实验说明，当包装空间中的二氧化碳的浓度达到 7% 时，即使尚有 2% 的氧气存在，对防止内装物的霉腐也能起很大的作用；当二氧化碳的浓度达到 10% 时，效果将更显著；当二氧化碳含量达到 50% 时，对霉菌、微生物就有强烈的抑制和杀灭作用。

充气包装的质量取决于所充气体的纯度和露点（干燥程度）。对于储存、运输时间较长的包装，如充氮时，其纯度要求大于 99.5%，露点在 – 40 °C 以下，氮气中的含水量应小于 1.4 mg/m^3。由于所制取的氮气中，通常均多少含有一些水蒸气，故在充入包装容器前应对其进行干燥处理，通常可使其通过装有分子筛的干燥塔处理后充入包装容器。对充气包装置换入二氧化碳或干燥氮气时，为保证包装防护的有效功能，在充入包装容器前，亦应使之经过分子筛干燥塔处理，然后再密封，并检查其气密性能。

充气包装还应使内装产品及其衬垫材料清洁、干燥，若是欠干燥，则最好应将其在 60 °C 下烘干 1 h 以上时间，使之干燥，然后再进行包装，从而达到防潮、防霉的效果。

4. 除氧（脱氧）包装

这种包装方法是将产品用透氧率、透湿度低的金属、玻璃、塑料复合膜等材料或气密性良好的容器包装起来，并将具有除氧能力的脱氧剂封入包装空间内，以除去容器中的微量氧气，达到防止氧化和抑制微生物发育生长的目的。

除氧包装中，目前常用的脱氧剂是采用已制好的通用型除氧剂。包装时，按密封容器内剩余空气容积的 1/5 来计算所需要的公称除氧量，并据此值选用相接近型号的除氧剂，将其放入包装容器内密封好即可。

这种包装适用于含水量低于 20%的各种物品以及水分活性小于 0.75 的食品等。如各种机械零件、电工、电子元器件、精密仪器、仪表、光学部件、食品、棉、毛、丝绸、皮革、胶卷等制品。

除氧包装比真空包装和充气包装要方便，不需要抽真空和置换惰性气体的机械设备，生产效率也高。

5. 气相防霉包装

气相防霉包装是将在常温下具有升华作用的防霉药剂与产品一起放入具有良好气体阻隔性的包装容器内密封起来，挥发性防霉剂释放出气体，使气体分子渗透到内装产品上，并与霉菌直接接触，杀死或抑制霉菌生长繁殖，以达到防霉的目的。

常用的气相防霉剂有多聚甲醛、甲醛、环氧乙烷、SF501 等。

其中，多聚甲醛升华的甲醛气体能被氧化成甲酸，甲酸对金属制品有腐蚀作用，因此对有金属附件的制品不可使用。另外，甲醛气体对人的眼睛黏膜有刺激作用，所以操作人员应注意防护。

环氧乙烷分子的穿透力比甲醛强，因而杀菌力强，能在低温低湿下发挥杀菌作用。所以主要应用于不能加热、怕受潮的产品的杀菌防霉包装，但是环氧乙烷能使蛋白质液化，并能破坏粮食中的纤维和氨基酸，还残留有毒的氯乙醇，所以只可应用于日用工业品的防霉，不宜做粮食和食品的防霉。

SF501 可作光学仪器、玻璃零件及各类工业产品密封包装的防霉剂。

6. 低温和冷冻防霉包装

低温和冷冻防霉包装是通过控制物品及其周围环境的温度，使其低于霉腐微生物生长繁殖的最低温度极限，从而降低酶的活性，抑制微生物的生命活动。

根据防霉的温度高低及时间长短分为低温防霉和冷冻防霉。低温防霉包装是短时期在 0 °C 左右的温度下包装储藏，适用于含水量大又不耐冷冻的易霉腐食品，如蔬菜、水果、鲜蛋等，低温只能抑制微生物的生理活动，但并未使其死亡，酶的活性也没有完全丧失。冷冻防霉包装是在 – 16 °C ~ – 20 °C 左右的温度下包装并要求储藏较长时间，适用于肉类、鱼类等食品。冷冻使霉腐微生物细胞内的水变成冰晶脱水，冰晶又损坏细胞质膜而引起多数霉腐微生物死亡。

低温和冷冻防霉包装应使用耐低温包装材料。

7. 抗霉性材料包装

新型的抗霉包装材料有抗霉性薄片、抗霉吸水薄板、抗霉薄膜等。其特点是，采用了以沸石为母体的无机抗霉剂，并且以沸石自身来作为催化剂，与以往所使用的有机抗霉剂比较起来，具有抗霉持久的作用。

（五）防破损包装

防破损包装常见的技术和方法如下：

（1）捆扎及裹紧技术。捆扎及裹紧技术的作用，是使杂货、散货形成一个牢固整体，以增加整体性，便于处理及防止散堆来减少破损。

（2）集装技术。利用集装，减少与货体的接触，从而防止破损。

（3）选择高强度保护材料。通过外包装材料的高强度来防止内装物受外力作用而破损。

五、常见的包装材料

（一）包装材料概述

包装材料是指用于制造包装容器、包装装潢、包装印刷、包装运输等满足产品包装要求所使用的材料，它既包括金属、塑料、玻璃、陶瓷、纸、竹本、野生蘑类、天然纤维、化学纤维、复合材料等主要包装材料，又包括涂料、黏合剂、捆扎带、装潢、印刷材料等辅助材料。

（二）包装材料的性能

1. 一定的机械性能

包装材料应能有效地保护产品。因此，应具有一定的强度、韧性和弹性，以适应压力、冲击、振动等静力和动力因素的影响。

2. 较高的阻隔性能

根据对产品包装的不同要求，包装材料应对水分、水蒸气、气体、光线、芳香气、异味、热量等具有一定的阻挡。

3. 良好的安全性

包装材料本身的毒性要小，以免污染产品和影响人体健康；包装材料应无腐蚀性，并具有防虫、防蛀、防鼠、抑制微生物等性能，以保护产品安全。

4. 合适的加工性能

包装材料应宜于加工，易于制成各种包装容器实现包装作业的机械化、自动化，以适应大规模工业生产完成印刷，便于印刷包装标志。

5. 较好的经济性能

包装材料应来源广泛、取材方便、成本低廉，使用后的包装材料和包装容器应易于处理，不污染环境，以免造成公害。

6. 包装材料的适当使用关系到成本和产品运输的安全性能

用适当的包装材料来包装产品可以大量节约支出成本，用更低的成本也可使产品得到最安全的保护。

（三）常用包装材料

产品的包装是产品的重要组成部分，它不仅在运输过程中起保护的作用，而且直接关系到产品的综合品质。

（1）纸包装材料，如包装纸、蜂窝纸、纸袋纸、干燥剂包装纸、蜂窝纸板、牛皮纸、工业纸板、蜂窝纸芯等。

（2）塑料包装材料，如封口膜、收缩膜、塑料膜、缠绕膜、热收缩膜、中空板、收缩膜、CPP、EPP 等。

（3）复合类软包装材料，如软包装、镀铝膜、铝箔复合膜、真空镀铝纸、复合膜、复合纸、BOPP 等。

（4）金属包装材料，如马口铁、铝箔、桶箍、钢带、打包扣、泡罩铝、PTP 铝箔、铝板、钢扣等。

（5）陶瓷材料。

（6）玻璃材料。

（7）木材。

（8）其他包装材料/辅料。

① 烫金材料：烫金材料、镭射膜、电化铝、烫金纸、烫金膜、烫印膜、烫印箔、烫印箔、色箔等。

② 胶黏剂、涂料，如黏合剂、胶黏剂、复合胶、增强剂、淀粉黏合剂、封口胶、乳胶、树脂、不干胶等。

③ 包装辅助材料，如瓶盖、手套机、模具、垫片、提手、衬垫、喷头、封口盖、包装膜等。

（四）常用包装

1. 按种类分类

（1）包装箱：纸箱、微瓦、普瓦、重瓦、蜂窝纸板、展示架等。

（2）包装盒：彩盒、卡纸盒、微楞纸盒等。

（3）包装袋：塑料包装袋、塑料复合袋、单层塑料袋等。

（4）包装瓶：塑料瓶、玻璃瓶、普通瓶、水晶瓶等。

（5）包装罐：铁罐、铝罐、玻璃罐、纸罐等。

（6）包装管：软管、复合软管、塑料软管、铝管等。

（7）其他包装容器：托盘、纸标签、纸隔档、胶带、瓶封、喷嘴、金属盖、泵等。

2. 按包装形式分类

（1）内包装。

① 塑料袋：美国线一般要求热封口，材质为高压的 PE 料；除非客户有指定要求，否则不允许用 PP 料。

② OPP 袋：透明度好，但属脆性，易破裂，多用于蜡烛小玩具等产品的包装，欧洲线客人常要求。

③ 彩盒：分为有瓦楞彩盒和无瓦楞彩盒。

④ 普通棕色瓦楞盒：常用的为 3 层瓦楞盒和 5 层瓦楞盒，产品包装好后，一般要用胶带封口。

⑤ 白盒：可分为有瓦楞（3 层或 5 层）白盒和无瓦楞白盒，产品包装后一般要用胶带封口。

⑥ 展示盒：其种类较多，主要有彩色展示盒，带 PVC 盖的展示盒等，通过该包装可直观地看到包装盒内的产品。

⑦ 塑料袋+吊卡：一般称 PBH。

⑧ 吸塑卡：Blister Card ，简称 BC。

⑨ VC 盒或 PVC 桶。

⑩ 收缩膜：也叫热缩膜，小玩具、蜡烛等产品用此类包装较多。

⑪ 挂卡。

⑫ 蛋隔盒。

⑬ 背卡。

⑭ 礼品盒；多用于首饰、文具等产品的包装，种类较多。

（2）中包装。

中包装主要有塑料袋及瓦楞盒包装。瓦楞盒包装主要有 FOL、TUCK TOP BOX 等。

（3）外包装。

外包装一般用外贸出口纸箱，5 层瓦楞盒。瓦楞主要用 B/C 瓦。

（五）常用包装设备

包装机械种类众多，可分为包装前机械、包装中机械以及包装后机械。从功能及包装材料上分，又可分成多种具体的机械类型。

（1）纸箱加工机械，包括瓦线、纵横切机、接纸机、制糊机、上胶机、烘干机、横切机、纵切机、模切机、裱纸机、钉箱机、印刷机、瓦楞辊、网纹辊、刀具、胶垫。

（2）软包加工机械，包括吹膜机、流延机、涂布机、复合机、立式充填包装机、水平式充填包装机。

（3）彩盒加工机械，包括彩盒模切机、糊盒机、捆扎机、切纸机、上光机、烫金机、覆膜机。

（4）印刷设备类，包括打样机、预印机、印刷机、印刷开槽机。

（5）包装机械，包括灌装机、封口机、灌装封口机、无菌灌装机、喷墨打码机、激光打码机、热转印打码机、贴标机、套标机、封口包装设备、热收缩包装机、胶带封箱机、装盒设备、装箱设备。

（6）其他机械，如自动化控制、检测设备等。

（六）包装容器

包装容器是包装材料和造型结合的产物。列入现代物流包装行列的主要有瓦楞纸箱、木箱、托盘集合包装、集装箱和塑料周转箱，它们在满足商品运输包装功能方面各具特色，必须根据实际需要合理地加以选用。

1. 瓦楞纸箱

瓦楞纸箱是采用具有空心结构的瓦楞纸板，经过成型工序制成的包装容器。瓦楞纸箱采用包括单瓦楞、双瓦楞、三瓦楞等各种类型的纸板作包装材料，大型纸箱所装载货物重量可达 3000 kg。瓦楞纸箱的应用范围非常广泛，几乎包括所有的日用消费品，包括水果、蔬菜、加工食品、针棉织品、玻璃陶瓷、化妆品、医药药品等以及自行车、家用电器、精美家具等。

从各国瓦楞纸箱的发展来看，它已经取代或正在取代传统的木箱包装。据有关文献统计，瓦楞纸板舱产值在整个包材料中所占的比重在 20% ~ 25% 以上，占第一位。国外有文献指出，估计瓦楞纸箱在 30 年内不可能由其他包装材料来取代。

下面就运输包装的功能来考察瓦楞纸箱的优缺点。

从保护的功能来看，瓦楞纸箱的设计可使它具有足够的强度；富有弹性，具有良好的防震防缓冲功能；且密封性好，能防尘、保持产品清洁卫生等。

从方便流通的功能看，瓦楞纸箱便于实现集装箱化；它本身重量轻，便于装卸堆垛；空箱能折叠，体积能大大缩小，便于空箱储存；瓦楞纸箱箱面光洁，印刷美观，标志明显，便于传达信息。

从降低流通费用的功能看，纸箱耗用资源比木箱要少，其价格自然比木箱低；它的体积重量比木箱要小要轻，有利于节约运费。经废品回收，还可造纸，可节省资源。

当然，瓦楞纸箱也有一些不足之处，主要是抗压强度不足和防水性能不好，这两项都会影响瓦楞纸箱的基本功能——保护功能的实现。近年来，由于纸箱设计中抗压强度的提高以及物流环境的变化，如装卸次数减少，存放时间缩短，堆码高度降低，自动化立体仓库的应用，集装箱和托盘包装对纸箱形成保护等，对纸箱的这两项性能要求也就降低，使纸箱的不足得到弥补，从而得以在更大范围内应用。

2. 木　箱

木箱是一种传统的包装容器，虽然在很多情况下已逐步被瓦楞纸箱取代，但木箱与瓦楞纸箱相比，在某些方面仍有其优越性和不可取代性，加上目前木箱还比较适合我国包装生产和商品流通的现状，所以木箱在整个运输包装容器中仍占有一席之地。常见的木箱有木板箱、框板箱和框架箱三种。

（1）木板箱。

木板箱用木质条板钉制而成，是一种小型运输包装容器。木板箱在满足运输包装的各种功能方面具有以下特点：

从保护功能来看，木板箱具有较高的抗戳穿强度和抗压强度，能较好地抵抗外物碰撞和承受较高的堆垛负荷，尤其是在受潮的情况下，不会因强度下降而变形导致倒垛事故。但木板箱又具有弹性小，缓冲抗震性能差，受潮后不易干燥，拼缝留有孔隙而难以密封等待点。如果不增加其他附加保护措施，在受到较大冲击，受潮气和雨淋，或受灰尘、虫害时，容易使内装产品受到损伤或变质。

从方便流通的功能看，木板箱的制作易做到就地取材，就地加工，不需要太复杂的加工设备，制作方便，因此，木板箱对于那些批量小，或者体积小重量大的特殊产品，较易制作合适的包装，有较大的优越性。但木板箱体重、体积大、空箱储存占地面积大，给使用和储运带来了种种不便，如装卸、堆垛都较纸箱费力。同时，一般木板箱表面租糙，刷字和标志容易模糊不清，但因其制作曲机械化水平低，生产效率不高，加上我国木材原料价格较高，因此木板箱的成本较高。由于木板箱体重、体积大，会使运费增大，其空箱储存和回收运输较大，导致采用木板箱的流通费用增加。

木板箱可以做成一种稀疏的木条箱，称为花格木箱。它能通风透气，可减少木材用量，降低成本，减轻重量，减少流通费用，适合于用作鲜活商品和不需要防尘的商品的运输包装容器。

（2）框板箱。

框板箱是采用条木与人造板材制成箱框板，再经钉合装配而成的一种小型包装容器。从框板箱整体来看，其框架为条木，而箱面则通常为整块的胶合板、纤维板和纸板等。

框板箱是条木框架结构，承载能力大，堆码层数多；箱面为整块人造板材，防尘防潮性强；箱内尺寸相同时，与木板箱比自重较轻，还有框架结构，便于搬运；人造板材较木板光滑，印刷标记清晰；采用胶合板、纤维板、纸板，有利于节省木材资源。但框板箱的抗戳穿强度低于木板箱，箱体不宜过大；框架在箱外，使其体积增大；箱面较易损坏，降低了回收复用率；增设加强木撑时，加工也比较困难。

（3）框架箱。

框架箱是由一定截面的条木构成箱体骨架，然后再根据需要在骨架外面加装板材覆盖的大型包装容器。通常，箱体由六块框架组合而成，组装方式分为用钉子和螺栓两种，货物轻者采用钉子，货物重者则采用螺栓。

框架结构坚固，强度高，保护能力强，适用于包装笨重物资或脆弱精细的电子设备；能承受较大的堆积负荷；可装载 1000 kg 以上到 15 000 kg 以下的较大物资和设备。但框架箱设计制作比较复杂，自重较大，大型框架箱搬运比较困难。

3. 托盘集合包装

托盘集合包装是把若干件货物集中在一起，堆叠在运载托盘上，构成一件大型货物的包装形式。托盘包装是为适应装卸和搬运作业机械化而产生的一种包装。

它区别于普通运输包装件的特点，是在任何时候都处于可转入运动的状态，使静态的货物变成动态的货物。从不同角度看，托盘集合包装既是包装方法，又是运输工具，又是包装容器。

4. 集装箱

集装箱是密封性好的大型铁制包装箱。用集装箱可实现最先进的运输方式，即“门对门”运输，从发货人仓库门送到收货人门前。

集装箱属于大型集合包装，具有既是运输工具，又是包装方法、包装容器的特点。在适应现代化物流方面，它比托盘集合包装更具有优越性。

5. 周转箱

它是一种适合短途运输，可以长期重复使用的运输包装。同时，它是一种敞开式的、不进行捆扎、用户也不必开包的运输包装。一切厂销挂钩、快进快出的商品都可采用周转箱，如饮料、肉食、豆制品、牛奶、糕点、禽蛋等食品。

过去的周转箱都采用木箱，近年出现了新型的塑料周转箱，逐步取代了木箱。塑料周转箱在保护商品、节约费用、提高服务质量等方面有很大作用，使周转箱的应用范围逐步扩大。

塑料周转箱的重量轻、体积小、费用低，搬运方便；可提高安全度，不会发生箱底脱落现象，玻璃瓶的破损率大大降低；塑料箱的采用，可以节约宝贵的木材资源。但塑料周转箱的一次性投资大，成本高；空箱要占用运输储存费用；密封性差，在某些情况下有碍卫生；缺少标志，给物流管理带来了一定的困难。

六、包装材料的发展前景

随着中国经济高速发展以及人民生活质量的提高，对微波食品、休闲食品及冷冻食品等方便食品的需求量将不断增加，这将直接带动相关食品包装的需求，中国食品与包装机械业在今后一段长时间内将维持正增长。“十一五”期间，中国包装工业的总产值达到 4500 亿元，并保持年均 7% 的增长速度。从 2011 年到 2015 年，总产值可望突破 6000 亿元，每年平均增速约维持在 16% 的水平。以产品分类，中国纸包装制品产量到 2015 年可达 3600 万吨，塑料包装制品 946 万吨，金属包装制品 491 万吨，玻璃包装制品 1550 万吨，包装机械 120 万台套。预计循环经济将成为包装行业发展的主要模式，包装废资源回收利用将实现产业化，绿色包装材料将获得大力开发和发展，包装基础工业也将加快发展。

第三节　商品集合包装和集装化

一、商品集装化和集合包装概述

（一）商品集装化的概念

商品集装化又称组合化或单元化，是指将一定数量的散装或零星成件物组合在一起，在装卸、保管、运输等物流环节中作为一个整件，进行技术上或业务上的包装处理方式。

（二）集合包装的概念

集合包装指将若干个相同或不同的包装单位汇集起来，最后组成一个更大的包装单位或装入一个更大的包装容器内的包装形式。

（三）典型的集装方法

集装的种类方式有很多，但是一般不做特殊解释的称作集装，主要是指集装箱和托盘。

各种典型的集装方式有：托盘、集装箱、集装容器、集装货捆。

（四）集装的特点

（1）集装是集小为大，有种规模优势的效果。

（2）促使装卸合理化：缩短装卸时间、减少作业劳动强度。

（3）使包装合理化：可降低单体包装的要求。

（4）由于集装整体进行运输和保管，大大方便了运输及保管作业，便于管理。

（五）商品集装化的作用

（1）有利于实现商品运输，减少装卸的劳动强度，减少重复操作，提高运输、装卸效率。

（2）缩短装卸时间，加速车船周转，提高物流效率。

（3）保证商品的储运安全。

（4）节省包装费用，降低运输成本。

（5）促进商品包装标准化、规格化、系列化的实现。

（六）商品集合包装和集装运输

商品集合包装是实现集装运输的条件，而离开了集装运输也谈不上集合包装。集装运输是以集合包装为基础，集零为整的一种先进运输方式。

两者关系：相互依存、互相促进的关系。较好的协调两者，才能提高装载能力，保证商品储运安全，提高装卸运输效率。

（七）组织集装运输应注意的问题

（1）建立强有力的指挥和调度系统。
（2）合理组织商品运输。
（3）包装与装卸机械设备配套。
（4）加强专业化管理。
（5）实现集合包装标准化。

二、商品集装容器

（一）集装箱

1. 集装箱的概念

集装箱，也称“货箱”或“货柜”，指具有固定规格和足够强度，能装入若干件整装货或散装货的专用周转的大型容器。

2. 集装箱的特点

（1）材质坚固而耐久，具有足够强度，能反复使用。
（2）适用于各种运输方式，各种运输方式联运或中途中转时，箱内货物无须倒装。
（3）具有便于快速装卸和搬运的装置，可以从一种运输方式比较方便地直接换装到另一种运输方式。
（4）要求形状整齐划一，便于货场装卸和堆码，能充分利用车、船、货场等的容积，设计时还应考虑便于货物的装满或卸空。
（5）至少有 1 m^3 以上的内容积。

3. 集装箱的种类

常见的有 1AA（30 t）、1CC（20 t）、10D（10 t）和 5D（5 t）四种。

4. 根据集装箱的用途分类

（1）干货集装箱。

干货集装箱也称杂货集装箱，是一种通用集装箱，用以装载除液体货、需要调节温度货物及特种货物以外的一般件杂货。这种集装箱使用范围极广，其结构特点是常为封闭式，一般在一端或侧面设有箱门。

（2）开顶集装箱。

开顶集装箱又称敞顶集装箱，这是一种没有刚性箱顶的集装箱，但有可折式顶梁支撑的帆布、塑料布或涂塑布制成的顶篷，其他构件与干货集装箱类似。开顶集装箱适于装载较高的大型货物和需吊装的重货。

（3）台架式及平台式集装箱。

台架式集装箱是没有箱顶和侧壁，甚至有的连端壁也去掉而只有底板和四个角柱的集装箱。

台架式集装箱有很多类型。它们的主要特点是：为了保持其纵向强度，箱底较厚。箱底的强度比普通集装箱大，而其内部高度则比一般集装箱低。在下侧梁和角柱上设有系环，可把装载的货物系紧。台架式集装箱没有水密性，怕水湿的货物不能装运，适合装载形状不一的货物。

平台式集装箱是仅有底板而无上部结构的一种集装箱。该集装箱装卸作业方便，适于装载长、重大件。

（4）通风集装箱。

通风集装箱一般在侧壁或端壁上设有通风孔，适于装载不需要冷冻而需通风、防止汗湿的货物，如水果、蔬菜等。如将通风孔关闭，可作为杂货集装箱使用。

（5）冷藏集装箱。

冷藏集装箱是专为运输要求保持一定温度的冷冻货或低温货而设计的集装箱。它分为带有冷冻机的内藏式机械冷藏集装箱和没有冷冻机的外置式机械冷藏集装箱,适用于装载肉类、水果等货物。冷藏集装箱造价较高，营运费用较高，使用中应注意冷冻装置的技术状态及箱内货物所需的温度。

（6）散货集装箱。

散货集装箱除了有箱门外,在箱顶部还设有 2 ~ 3 个装货口,适用于装载粉状或粒状货物。使用时要注意保持箱内清洁干净，两侧保持光滑，便于货物从箱门卸货。

（7）动物集装箱。

这是一种专供装运牲畜的集装箱。为了实现良好的通风，箱壁用金属丝网制造，侧壁下方设有清扫口和排水口，并设有喂食装置。

（8）罐式集装箱。

这是一种专供装运液体货而设置的集装箱，如酒类、油类及液状化工品等货物。它由罐体和箱体框架两部分组成，装货时货物由罐顶部装货孔进入，卸货时则由排货孔流出或从顶部装货孔吸出。

（9）汽车集装箱。

这是专为装运小型轿车而设计制造的集装箱。其结构特点：无侧壁，仅设有框架和箱底，可装载一层或两层小轿车。

由于集装箱在运输途中常受各种力的作用和环境的影响，因此集装箱的制造材料要有足够的刚度和强度，应尽量采用质量轻、强度高、耐用、维修保养费用低的材料，并且材料既要价格低廉，又要便于获取。

5. 集装箱按主题材料的分类

（1）钢制集装箱。

其框架和箱壁板皆用钢材制成。其最大的优点：强度高、结构牢、焊接性和水密性好、价格低、易修理、不易损坏；其主要缺点：自重大、抗腐蚀性差。

（2）铝制集装箱。

铝制集装箱有两种：一种为钢架铝板；另一种仅框架两端用钢材，其余用铝材。其主要优点：自重轻、不生锈硅卜表美观、弹性好、不易变形；其主要缺点：造价高，受碰撞时易损坏。

（3）不锈钢制集装箱。

一般多用不锈钢制作罐式集装箱。不锈钢制集装箱的主要优点：强度高、不生锈、耐腐性好；其缺点：投资大。

（4）玻璃钢制集装箱。

玻璃钢集装箱是在钢制框架上装上玻璃钢复合板构成的。其主要优点：隔热性、防腐性和耐化学性均较好，强度大用，易清扫，修理简便，集装箱内容积较大等；其主要缺点：自重较大，造价较高。

6. 集装箱运输的优越性

（1）保证货物运输安全，减少货物损失。

（2）节省包装材料，降低包装费用。

（3）简化运输手续，提高工作效率。

（4）提高装卸效率，加速车船周转。

（5）可以露天存放，减少仓库占用。

（6）便于利用计算机进行现代化管理。

（二）托　盘

1. 托盘的概念

托盘又称集装托盘、集装盘，指为了便于装卸、运输、保管商品由盛装单位数量物品的负荷面和叉车插口构成的装卸用垫板。

2. 托盘的优点

（1）自重量小。

（2）返空容易。

（3）装盘容易。

（4）装载量适宜，组合量较大。

（5）节省包装材料，降低包装成本。

3. 托盘缺点如下

（1）保护商品的性能不如集装箱。

（2）露天存放困难，需要有仓库等配套设施。

4. 提高物流效率的一贯托盘化

（1）一贯托盘化的概念。

一贯托盘化就是把保管→发货→输送→进货→保管形成一条龙工序，以托盘为基本用具不改变货物状态，始终一贯地用机械搬运装卸来处理货物。

（2）一贯托盘化的优点：交易单位标准化；输送用具有效地返回；减少装卸场地；用机械装卸解放重体力劳动；减少装卸中的货物损伤。

5．托盘的标准化

选用通用托盘的时候，根据所要求的项目不同，所选的规格也不同。显然，优先考虑的是通用性、强度、对输送机械的适应性。

考虑对输送机械和船运集装箱宽度 2300 mm 的整合性时，对于 1100 mm × 1100 mm 的托盘用 1100 宽度，摆放 2 列，可以用强度高的 2 向进叉型；而对于 1000 mm × 1200 mm 的托盘，必须选用 4 向进叉。1100 mm × 1100 mm 是最合适的规格。

（三）其他集装容器

（1）集装袋。
（2）集装架。
（3）货捆。
（4）无托盘集装。

第四节　包装合理化

一、包装合理化概述

（一）包装合理化的概念

所谓包装合理化，是指在包装过程中使用适当的材料和适当的技术，制成与物品相适应的容器，节约包装费用，降低包装成本，既满足包装保护商品、方便储运、有利销售的要求，又要提高包装的经济效益的包装综合管理活动。

（二）包装合理化的要求

包装合理化一方面包括包装总体的合理化，这种合理化往往用整体物流效益与微观包装效益的统一来衡量；另一方面也包括包装材料、包装技术、包装方式的合理组合及运用。从多个角度来考察，合理包装应满足五个方面的要求：

（1）包装应妥善保护内装的商品，使其量不受损伤。
（2）包装的容量要适当，包装的标志要清楚，以便于装卸和搬运。
（3）科学包装、减少浪费。
① 包装标准化；
② 包装轻薄化；
③ 包装单纯化；
④ 包装绿色化。
（4）采用无包装的物流形态。
（5）包装要考虑人格因素。

（三）包装合理化的设计要点

由于包装强度不足，包装材料不足等因素所造成商品在流通过程中发生的损耗不可低估。据我国 1988 年相关统计分析，认定因此而引起的损失，一年达到 100 亿元以上。

由于包装物强度设计过高，包装材料选择不当而造成包装过剩，这一点在发达国家表现得尤为突出。日本的调查结果显示，发达国家包装过剩约在 20% 以上。

因此包装合理化要做到：

（1）深入了解产品因素和物流因素。

（2）了解流通环境和运输目的地。

（3）注意包装与物流功能间的平衡。

（四）包装合理化管理

要实现包装合理化，需要从以下几方面加强管理：

（1）广泛采用先进包装技术。

包装技术的改进是实现包装合理化的关键。要推广诸如缓冲包装、防锈包装、防湿包装等包装方法，使用不同的包装技法，以适应不同商品的包装、装卸、储存、运输的要求。

（2）由一次性包装向反复使用的周转包装发展。

（3）采用组合单元装载技术，即采用托盘、集装箱进行组合运输。

托盘、集装箱是包装—输送—储存三位一体的物流设备，是实现物流现代化的基础。

（4）推行包装标准化。

（5）采用无包装的物流形态。

对需要大量输送的商品（如水泥、煤炭、粮食等）来说，包装所消耗的人力、物力、资金、材料是非常大的，若采用专门的散装设备，则可获得较好的技术经济效果。散装并不是不要包装，它是一种变革了的包装，即由单件小包装向集合大包装转变。

（五）包装合理化策略

从物流总体角度出发，用科学方法确定最优包装。

（1）对包装产生影响的第一因素是装卸，不同装卸方法决定不同包装。

目前，我国的铁路运输特别是汽车运输，大多仍采用手工装卸，因此包装的外形和尺寸就要适合于人工操作。

另外，装卸人员素质低、作业不规范也直接引发商品损失。因此，引进装卸技术，提高装卸人员素质，规范装卸作业标准等都会相应地促进包装、物流的合理化。

（2）对包装有影响的第二个因素是保管。

在确定包装时，应根据不同的保管条件和方式而采用与之相适合的包装强度。

（3）对包装有影响的第三个因素是运输。

运送工具类型、输送距离长短、道路情况等对包装都有影响。现阶段，我国存在多种不同类型的运输方，不同的运送方式对包装都有着不同的要求和影响。

（六）包装合理化的主要表现

1. 包装的轻薄化

由于包装只是起保护作用，对产品使用价值没有任何意义，因此在强度、寿命、成本相同的条件下，更轻、更薄、更短、更小的包装，可以提高装卸搬运的效率。

2. 包装的单纯化

为了提高包装作业的效率，包装材料及规格应力求单纯化，包装规格还应标准化，包装形状和种类也应单纯化。

3. 符合集装单元化和标准化的要求

包装的规格与托盘、集装箱关系密切，也应考虑到与运输车辆、搬运机械的匹配，从系统的观点制定包装的尺寸标准。

4. 包装的机械化与自动化

为了提高作业效率和包装现代化水平，各种包装机械的开发和应用很重要。

5. 注意与其他环节的配合

包装是物流系统组成的一部分，需要和装卸搬运、运输、仓储等环节一起综合考虑、全面协调。

6. 有利于环保

包装是产生大量废弃物的环节，处理不好可能造成环境污染。包装材料最好可反复多次使用并能回收再生利用；在包装材料的选择上，还要考虑不对人体的健康产生影响，不对环境造成污染，即所谓的“绿色包装”。

二、绿色包装

（一）绿色包装概述

绿色包装设计是以环境和资源为核心概念的包装设计过程，具体是指选用合适的绿色包装材料，运用绿色工艺手段，为包装商品进行结构造型和美化装饰设计。

（二）绿色包装材料要素

材料要素包括基本材料（纸类材料、塑料材料、玻璃材料、金属材料、陶瓷材料、竹木材料以及其他复合材料等）和辅助材料（黏合剂、涂料和油墨等）两大部分，是包装三大功能（保护、方便和销售）得以实现的物质基础，直接关系到包装的整体功能和生产加工经济成方式及包装废弃物的回收处理等多方面的问题。

（三）绿色包装设计中的材料选择应遵循的原则

（1）轻量化、薄型化、易分离、高性能的包装材料。
（2）可回收和可再生的包装材料。

（3）可食性包装材料。
（4）可降解包装材料。
（5）利用自然资源开发的天然生态能的包装材料。
（6）尽量选用纸包装。

（四）绿色包装外形要素

包装的外形是包装设计的一个主要方面，外形要素包括包装展示面的大小和形状。如果外形设计合理，则可以节约包装材料，降低包装成本，减轻环保的压力。在考虑包装设计的外形要素时，应优先选择那些节省原材料的几何体。各种几何体中，若容积相同，则球形体的表面积最小；对于棱柱体来说，立方体的表面积要比长方体的表面积小；对于圆柱体来说，当圆柱体的高等于底面圆的直径时，其表面积最小。

优秀的包装外形设计应遵循以下原则：
（1）结合产品自身特点，充分运用商品外形要素的形式美法则。
（2）适应市场需求，进行准确的市场定位，创造品牌个性。
（3）要以“轻、薄、短、小”为杜绝过度包装、夸大包装和无用。
（4）从自然中吸取灵感，用模拟的手法进行包装外形的设计创新。
（5）充分考虑环境与人机工程学要素。
（6）积极运用新工艺、新材料进行现代包装外形设计。
（7）大力发展系列化包装外形设计。

（五）绿色包装技术要素

要想真正达到绿色包装的标准，仅仅依靠以上四点是不够的，还需要绿色包装技术作为补充。这里说的技术要素包括包装设计中设备、工艺、能源及采用的技术。而所谓的绿色技术，是指能减少污染，降低消耗、治理污染或改善生态的技术体系。

绿色包装设计的技术要素包括以下几点：
（1）加工设备和所用能源等要有益于环保，不产生有损环境的气、液、光、热、味等。污染生产工艺和生产过程采用低耗能的设备，加工过程不产生有毒、有害的物质。
（2）增强可拆卸式包装设计的研究，以便消费者能轻易按照环保要求拆卸包装。
（3）加强绿色助剂、绿色油墨的研制开发。

（六）绿色包装材料

绿色包装材料是指环境负担最小而再循环利用率最高的新型包装材料。绿色包装材料的种类主要有以下几种：

1. 重复再用和再生的包装材料

重复再用包装，如啤酒、饮料、酱油、醋等包装采用玻璃瓶反复使用。

再生利用包装，可用两种方法再生：① 物理方法是指直接彻底净化粉碎，无任何污染物残留，经处理后的塑料再直接用于再生包装容器。② 化学方法是指将回收的 PET 粉碎洗涤之后，在催化剂作用下，使 PET 全部解聚成单体或部分解聚，纯化后再将单体重新聚合成再生包装材料。

包装材料的重复利用和再生，仅仅延长了塑料等高分子材料作为包装材料的使用寿命，当达到其使用寿命后，仍要面临废弃物的处理和环境污染问题。

2. 可食性包装材料

可食性包装材料的典型代表是可食性包装膜。几十年来，大家熟悉的糖果包装上使用的糯米纸及包装冰淇淋的玉米烘烤包装杯都是典型的可食性包装。

人工合成可食性包装膜中比较成熟的是透明、无色、无嗅、无毒，具有韧性、高抗油性薄膜，能食用，可做食品包装。其光泽、强度、耐折性能都比较好。

3. 可降解材料

可降解材料是指在特定时间内造成性能损失的特定环境下，其化学结构发生变化的一种塑料。可降解塑料包装材料既具有传统塑料的功能和特性，又可以在完成使用寿命之后，通过阳光中紫外光的作用或土壤和水中的微生物作用，在自然环境中分裂降解和还原，最终以无毒形式重新进入生态环境中，回归大自然。

4. 纸材料

纸的原料主要是天然植物纤维，在自然界会很快腐烂，不会造成污染环境，也可回收重新造纸。纸材料还有纸浆注型制件、复合材料、建筑材料等多种用途。

纸浆模塑制品除具有质轻、价廉、防震等优点外，还具有透气性好的特点，有利于生鲜物品的保鲜，在国际商品流通上，被广泛用于蛋品、水果、玻璃制品等易碎、易破、怕挤压物品的周转包装上。

（七）绿色包装材料的评估方法

评估包装材料是否为绿色包装材料可用 LCA 法进行分析。LCA（life cycle analysis），即“生命周期分析方法”。国际标准化组织对 LCA 的定义：汇总和评估一个产品（或服务）体系在其整个生命周期间的所有投入及产出对环境造成的和潜在的影响的方法。该方法指出，评价包装产品（包装材料、包装技术）的环境性能，不能只从包装废弃后对环境的影响去评价，而必须从包装产品的整个生命周期，即原材料的提取、生产加工、运输、销售、使用、再使用或回收，直至最终处理的全过程，采用量化比较，去评价包装产品的环境性能。这种分析方法可以用来做比较性分析，在数种包装产品中评价谁的环境性能最优；也可以用来作为一个产品的全过程分析来寻求全过程中每个环节对环境的影响，由此可以调节产业政策、技术政策、生产工艺和材料选择等。

（八）促进绿色包装材料发展的措施

（1）制定绿色包装材料发展规划。

应该从我国国情出发，制订绿色包装材料的开发计划，提出主要的研究开发项目和目标，集中人财物，组织精干队伍，有计划有目标的开展攻关协作，使我国绿色包装材料的开发工作步入世界前列。

（2）制定和完善绿色包装材料法律制度。

可借鉴发达国家的经验，主要有以下几种：一是以立法形式规定禁止使用某些有毒有害包装材料；二是建立存储返还制度；三是实行税收优惠或罚金等“绿色税”制度。

中国尚无绿色包装法，虽然绿色包装材料的生产也可按环境保护的法律法规，但为了推进绿色包材料迅速发展，建议建立和完善以下法规：① 绿色包装材料法规应纳入绿色包装法规；② 绿色包装材料的环境标准；③ 绿色包装材料全生命过程生产中控制资源、能源消耗和排污总量的行政法规，以及防止和消除排入环境中污染物的环境净化技术法规；④ 建立包装废弃物进行再循环再使用的体系，达到包装材料再循环的目标。

（3）应研究包装材料的清洁生产技术。

目前，在包装业主要使用材料有纸、塑料、金属、玻璃生产过程中造成的环境污染远大于废弃后造成的环境污染，因此为使包装材料在其生命周期全过程中具有“绿色”性能，就必须进行清洁生产。

（4）开发单一高性能材料取代复合材料和易回收利用的绿色复合材料。

复合材料作为包装材料在使用中最大的优点：具有多种功能，使之高性能化，经济效益显著；最大的缺点：回收难，主要难在分离分层，而且在回收时复合材料如混入单一材料中，就将使单一材料的回收质量受到破坏。因此复合材料回收时一般只能作燃料，在焚烧炉焚烧回收热能。

（5）开发可利用再生资源和利用废弃物生产的低消耗、无污染和少污染，高性能，可回收、可循环、易降解的绿色包装材料。

三、商品包装标准化

商品包装标准化是指在生产技术活动中，对所有制作的运输包装和销售包装的品种、规格、尺寸、参数、工艺、成分、性能等所做的统一规定，并且按照统一的技术标准对包装过程进行管理。产品包装标准是包装设计、生产、制造和检验包装产品质量的技术依据。目前，我国的产品包装标准主要有建材、机械、电工、轻工、医疗器械、仪器仪表、中西药、食品、农畜水产、同电、军工等 14 大类。

商品包装标准化主要是使商品包装适用、牢固、美观，达到定型化、规格化和系列化。对同类或同种商品包装，需执行“七个统一”，即：统一材料、统一规格、统一容量、统一标记、统一结构、统一封装方法和统一捆扎方法等。

（一）商品包装标准化的作用

包装标准化工作是提高产品包装质量，减少消耗和降低成本的重要手段，主要作用表现在以下几个方面：

（1）包装标准化有利于包装工业的发展。

包装标准化是有计划发展包装工业的重要手段，是保证国民经济各部门生产活动高度统一、协调发展的有利措施。商品质量与包装设计、包装材料或容量、包装工艺、包装机械等有着密切关系。由于商品种类繁多，形状各一，为了保证商品质量，减少事故的发生，根据各方面的需要，制定出行业标准及互相衔接标准，逐步形成包装标准化体系，有利于商品运输、装卸和贮存；有利于各部门、各生产单位有机地联系起来，协调相互关系，促进包装工业的发展。

（2）包装标准化有利于提高生产效率，保证商品安全可靠。

根据不同商品的特点，制定出相应的标准，使商品包装在尺寸、重量、结构、用材等方面都有统一的标准，从而使商品在运转过程中免受损失。同时，也为商品贮存养护提供了良好条件，使商品质量得到保障。特别是运输危险品和有危险的商品时，由于包装比较适宜、妥当，减少了发热、撞击，因此运输安全也有了保障。

（3）包装标准化有利于合理利用资源、减少材料损耗、降低商品包装成本。

包装标准化可使包装设计科学合理，包装型号规格统一。过去，纸箱规格参差不齐，质量不好，但实行包装标准化以来，纸箱统一简化为 27 种规格，降低半成品损耗 5‰。

（4）包装标准化有利于包装的回收复用，减少包装、运输、贮存费用。

商品包装标准的统一，使各厂各地的包装容器，可以互通互用，便于就地组织包装回收复用，节省了回收空包装容器在地区间的往返运费，降低了包装贮存费用。

（5）包装标准化便于识别和计量。

标准化包装，简化了包装容器的规格，统一了包装的容量，明确规定了标志与标志书写的部位，便于从事商品流通的工作人员识别和分类。同时，整齐划一的包装，每箱中或者每个容器中的重量一样，数量相同，对于商品使用计量非常方便。

（6）包装标准化，对提高我国商品在国际市场上的竞争力，发展对外贸易有重要意义。

当前，包装标准化已成为发展国际贸易的重要组成部分，包装标准化已成为国际交往中互相遵循的技术准则。国际间贸易往来都要求加速实行商品包装标准化、通用化、系列化。

（二）商品包装标准化的内容

1. 标准化

商品的包装材料应尽量选择标准材料，少用或不用非标准材料，以保证材料质量和材料来源的稳定。要经常了解新材料的发展情况，结合企业生产的需要，有选择地采用。

包装材料主要有纸张、塑料、金属、木材、玻璃、纤维织物等。对这几大类包装材料的强度、伸长每平方米重量、耐破程度、水分等技术指标应做标准规定，以保证包装材料制成包装容器后能够承受流通过程中各损害商品的外力和其他条件。

2. 包装容器的标准化

包装容器的外形尺寸与运输车辆的内部尺寸和包装商品所占的有效仓库容积有关。因此，应对包装外形尺寸做严格规定。运输包装的内尺寸和商品中包装的外尺寸也有类似的关系，因此对运输包装的内尺寸和商品中包装的外尺寸，也应做严格规定。为了节约包装材料和便于搬运、堆码，一般情况下，包装容器的长与宽之比为 3∶2，高与长相等。

3. 包装工艺标准化

凡是包装箱、桶等，必须规定内装商品数量、排列顺序、合适的衬垫材料，并防止包装箱、桶内空隙太大、商品游动。如木箱包装箱，必须规定箱板的木质、箱板的厚度、装箱钉子的规格、相邻钉子距离，包角的技术要求是钉子不得钉在夹缝里等。纸箱必须规定如何封口，腰箍的材料，腰箍的松紧及牢固度等。布包则要规定针距及捆绳的松紧度等。回收复用的木箱、纸箱及其他包装箱也都必须制定标准。

4. 装卸作业标准化

在车站、港口、码头、仓库等处装卸物时，都要制定装卸作业标准，要搞好文明操作。机械化装卸要根据商品包装的特点选用合适的机具，如集装袋、托盘等。工业、商业、交通运输部门交接货物时，要实行验收责任制，以做到责任分明。

5. 集合包装标准化

集合包装既适合机械化装卸，又能保护商品安全。我国集合包装近几年有较快的发展，并制定了部分国家标准。其中，20 t 以上的集装箱采用国际标准。托盘的标准应和集装箱标准规定的尺寸相配套合。

【课后习题】

1. 为了缓冲内装物体受到冲击和震动，保护其免收损坏所采取的一定的防护措施的包装为（　　）。

A. 防震包装技术　　B. 防潮、防湿、防水包装技术
C. 防锈包装技术　　D. 防霉包装技术

2. 下列材料不符合绿色包装的有（　　）。

A. 可食性包装材料　　B. 再生的包装材料
C. 不可降解的塑料袋　　D. 可降解的材料

3. 包装的主要目的是（　　）。

A. 美化商品　　B. 保护商品　　C. 提高商品价格　　D. 促销商品

4. 以下关于木板箱的说法中，不正确的是（　　）。

A. 木板箱是一种小型运输包装容器
B. 木板箱的抗戳穿强度和抗压强度较低
C. 木板箱成本较高
D. 木板箱的制作方法简单

5. 根据产品自身的性质与特点，合理选用包装材料与包装技术，确保产品不损坏、不变质、不变形的包装原则是（　　）。

A. 可靠原则　　B. 经济原则　　C. 美观原则　　D. 适应原则

6. 下列关于最佳包装设计表述最正确的是（　　）。

A. 符合现代顾客的审美观，以顾客为导向的包装设计
B. 以成本为导向，尽量节省成本，从而提高经济效益
C. 用最少的费用获得最大的经济效益
D. 最佳包装设计是能够使产品价值最大化的包装设计

7. 包装一般可分为商业包装和（　　）。

A. 出售包装　　B. 储存包装　　C. 运输包装　　D. 简单包装

8. 包装材料要有利于环保，有利于节省资源，对环境无害，尽可能选择合适的包装材料。包装材料的这一性能称为（　　）。

A. 易加工性　　B. 保护性　　C. 易回收处理　　D. 方便性

9.（多选）常用的木箱有（　　）。

A. 木板箱　　B. 框板箱　　C. 框架箱　　D. 木桶　　E. 牛皮纸

10.（多选）包装的方便功能具体体现为（　　）。

A. 方便生产　　B. 方便储运　　C. 方便使用　　D. 方便处理　　E. 方便陈列

11.（多选）塑料包装材料的特点有（　　）。

A. 物理性能优良　　B. 化学稳定性好

C. 价格上具有竞争力　　D. 轻质材料

E. 塑料加工成型简单多样

12.（多选）包装标志的种类有（　　）。

A. 运输包装标志　　B. 危险货物包装标志

C. 包装储运图示标志　　D. 运输包装收发货标志

E. 生产标志

第六章　装卸搬运管理

【学习目标】

1. 了解装卸搬运的概念。
2. 了解特殊物品装卸搬运的方法和注意事项。
3. 理解装卸搬运的分类。
4. 掌握装卸搬运的原则及合理化手段。

【引导案例】

云南双鹤医药的装卸搬运

云南双鹤医药有限公司是北京双鹤这艘医药航母部署在西南战区的一艘战舰，是一个以市场为核心、现代医药科技为先导、金融支持为框架的新型公司，是西南地区经营药品品种较多、较全的医药专业公司。

虽然云南双鹤已经形成规模化的产品生产和网络化的市场销售，但其流通过程中物流管理严重滞后，造成物流成本居高不下，不能形成价格优势。这严重阻碍了物流服务的开拓与发展，成为公司业务发展的“瓶颈”。

装卸搬运活动室衔接物流各环节活动正常进行的关键，而云南双鹤恰好忽视了这一点，由于搬运设备的现代化程度低，只有几个小型货架和手推车，大多数作业仍处于人工作业为主的原始状态，工作效率低，且易损坏物品。另外，仓库设计不合理，造成长距离的搬运。并且库内作业流程混乱，形成重复搬运，大约有70%的无效搬运。这种过多搬运次数，既易损坏商品，也浪费了时间。

问题思考：

对于双鹤公司遇到的问题，联系本章内容提出一些解决建议。

第一节　装卸搬运概述及分类

物品装卸搬运活动渗透到物流各环节、各领域，是联系物流活动各子系统的功能，是物流顺利进行的关键。装卸搬运活动伴随着物流的始终，成为提高物流效率、降低物流成本、改善物流条件、保证物流质量最重要的物流环节之一。

一、装卸搬运概述

装卸是指物品在指定地点进行的以垂直移动为主的物流作业。搬运是指在同一场所内将物品进行水平移动为主的物流作业。装卸搬运就是指在某一物流节点范围内进行的，以改变物料的存放状态和空间位置为主要内容和目的的活动。

在实际操作中，装卸与搬运是密不可分的，两者是伴随在一起发生的。因此，在物流科学中并不过分强调两者的差别而是将其作为一种活动来对待。

搬运的“运”与运输的“运”的区别之处在于：搬运是在同一地域的小范围内发生的，而运输则是在较大范围内发生的。两者是量变到质变的关系，中间并无一个绝对的界限。

（一）装卸搬运的地位

装卸活动的基本动作包括装车（船）、卸车（船）、堆垛、入库、出库以及联结上述各项动作的短程输送。

在物流过程中，装卸活动是不断出现和反复进行的，它出现的频率高于其他各项物流活动。每次的装卸活动都要花费很长时间，所以往往成为决定物流速度的关键。装卸活动所消耗的人力也很多，所以装卸费用在物流成本中所占的比重也较高。以我国为例，铁路运输始发和到达的装卸作业费大致占运费的 20%，搬运占 40%。因此，为了降低物流费用，装卸是一个重要环节。

此外，进行装卸操作时往往需要接触货物，因此，这是在物流过程中造成货物破损、散失、损耗、混合等损失的主要环节。

由此可见，装卸活动是影响物流效率、决定物流技术经济效果的重要环节。

（二）装卸搬运的特点

1. 装卸搬运是附属性、伴生性的活动

装卸搬运是物流每一项活动开始及结束时必然发生的活动，因而有时常被人忽视，有时被看作其他操作时不可缺少的组成部分。例如，一般而言的“汽车运输”，实际就包含了相随的装卸搬运。仓库中泛指的“保管活动”，也含有装卸搬运活动。

2. 装卸搬运是支持、保障性活动

装卸搬运的附属性不能理解成被动的，实际上，装卸搬运对其他物流活动有一定的决定性。装卸搬运会影响其他物流活动的质量和速度。例如，装车不当，会引起运输过程中的损失；卸放不当，会引起货物转换成下一步运动的困难。许多物流活动在有效的装卸搬运的支持下，才能实现高水平。

3. 装卸搬运是衔接性的活动

在任何其他物流活动互相过渡时，都是以装卸搬运来衔接的，因而装卸搬运往往成为整个物流的“瓶颈”，是物流各功能之间能否形成有机联系和紧密衔接的关键，而这又是一个系统的关键。建立一个有效的物流系统，关键看这一衔接是否有效。比较先进的系统物流联合运输方式就是着力解决这种衔接而实现的。

二、装卸搬运的分类

（一）按装卸搬运作业的场所分类

根据装卸搬运作业场所的不同，流通领域的装卸搬运基本可分为车船装卸搬运、港站装卸搬运和库场装卸搬运三大类。

1. 车船装卸搬运

车船装卸搬运是指在载运工具之间进行的装卸、换装和搬运作业，主要包括汽车在铁路货场和站台旁的装卸搬运、铁路车辆在货场及站台的装卸搬运、装卸搬运时进行的加固作业，以及清扫车辆、揭盖篷布、移动车辆、检斤计量等辅助作业。

2. 港站装卸搬运

港站装卸搬运是指在港口码头、车站、机场进行的各种装卸搬运作业，主要包括码头前沿与后方之间的搬运，港站堆场的堆码、拆垛、分拣、理货、配货、中转作业等。

3. 库场装卸搬运

库场装卸搬运通常是指在货主的仓库或储运公司的仓库、堆场、物品集散点、物流中心等处进行的装卸搬运作业。库场装卸搬运经常伴随物品的出库、入库和维护保养活动，其操作内容多以堆垛、上架、取货为主。

在实际运作中，这三类作业往往是相互衔接、难以割裂的。例如，码头前沿的船舶装卸作业与港口和船舶都有联系，而这两者分别对应着港站装卸搬运和车船装卸搬运，所以作业的内容和方式肯定十分复杂，在具体组织实施的过程中，必须认真对待。

（二）按装卸搬运作业的内容分类

根据装卸搬运作业内容的不同，装卸搬运可分为堆放拆垛作业、分拣配货作业和挪动移位作业（即狭义的装卸搬运作业）等形式。

1. 堆放拆垛作业

堆放（或装上、装入）作业是指把物品移动或举升到装运设备或固定设备的指定位置，再按所要求的状态放置的作业；而拆垛（卸下、卸出）作业则是其逆向作业。如用叉车进行叉上叉下作业，将物品托起并放置到指定位置场所，如卡车车厢、集装箱内、货架或地面上等；又如利用各种形式的吊车进行吊上吊下作业，将物品从轮船货仓、火车车厢、卡车车厢吊出或吊进。

2. 分拣配货作业

分拣是在堆垛作业前后或配送作业之前把物品按品种、出入先后、货流进行分类，再放到指定地点的作业。配货是把物品从所定的位置按品种、下一步作业种类、发货对象进行分类的作业。一般情况下，配货作业多以人工进行，但是由于多品种、小批量的物流形态日益发展，对配货速度要求也越来越高，以高速分拣机为代表的机械化作业的应用逐渐增多。

3. 挪动移位作业

挪动移位作业，即狭义的装卸搬运作业，包括水平、垂直、斜行搬送以及几种组合的搬送。在水平搬运方式中，广泛应用辊道输送机、链条输送机、悬挂式输送机、皮带输送机以及手推车、无人搬运车等设备。从方式来分，有连续式和间歇式。对于粉体和液体物质，也可以用管道进行输送。

（三）按装卸搬运的机械及其作业方式分类

根据装卸搬运机械及其作业方式的不同，装卸搬运可分成吊上吊下、叉上叉下、滚上滚下、移上移下及散装散卸等方式。

1. 吊上吊下方式

吊上吊下方式是采用各种起重机械从物品上部起吊,依靠起吊装置的垂直移动实现装卸，并在吊车运行的范围内或回转的范围内实现搬运或依靠搬运车辆实现小搬运。由于吊起及放下属于垂直运动，所以这种装卸方式属于垂直装卸。

2. 叉上叉下方式

叉上叉下方式是采用叉车从物品底部托起物品，并依靠叉车的运动进行物品位移，搬运完全靠叉车本身，物品可不经中途落地直接放置到日的处。这种方式垂直运动不多，主要是水平运动，属水平装卸方式。

3. 滚上滚下方式

滚上滚下方式主要是指在港口对船舶物品进行水平装卸运的一种作业方式。在装货港，用拖车将半挂车或平车拖上船舶，完成装货作业。待载货车辆（包括汽车）连同物品一起由船舶运到目的港后，再用拖车将半挂车或平车拖下船舶，完成卸货作业。

4. 移上移下方式

移上移下方式是指在两车之间（如火车及汽车）进行靠接，然后利用各种方式，不使物品垂直运动，而靠水平移动从一个车辆上推移到另一车辆上的一种装卸搬运方式。这种方式需要使两种车辆水平靠接，因此需对站台或车辆货台进行改变，并配合移动工具实现装卸。

5. 散装散卸方式

散装散卸方式是指对散状物品不加包装地直接进行装卸搬运的作业方式。采用散装散卸方式时，物品从起始点到终止点的整个过程中不再落地。它是将物品的装卸与搬运作业连为一体的作业方式。

（四）按装卸搬运的作业特点分类

根据作业特点的不同，装卸搬运可分为连续装卸搬运与间歇装卸搬运两大类。

1. 连续装卸搬运

连续装卸搬运是指采用皮带机等连续作业机械，对大批量的同种散状物品或小型件杂货进行不间断输送的作业方式。采用连续装卸搬运时，作业过程中间不停顿、散货之间无间隔、

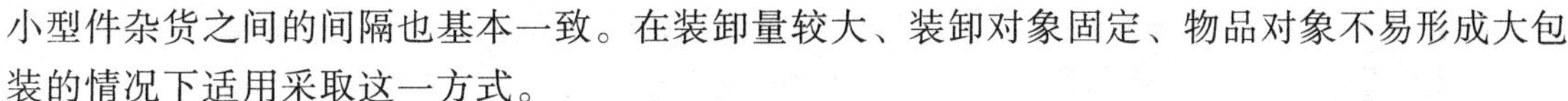

小型件杂货之间的间隔也基本一致。在装卸量较大、装卸对象固定、物品对象不易形成大包装的情况下适用采取这一方式。

2. 间歇装卸搬运

间歇装卸搬运是指作业过程包括重程和空程两个部分的作业方式。间歇装卸搬运有较强的机动性，装卸地点可在较大范围内变动，广泛适用于批量不大的各类物品，对于大件或包装物品尤其适合，如果配以抓斗或集装袋等辅助工具，也可以对散状物品进行装卸搬运。

（五）按装卸搬运对象分类

根据装卸搬运对象的不同，装卸搬运可分为单件作业法、集装作业法和散装作业法三大类。

1. 单件作业法

单件作业法指的是对非集装的、按件计的物品逐个进行装卸搬运操作的作业方法。单件作业对机械、装备、装卸条件要求不高，因而机动性较强，可在很广泛的地域内进行，不受固定设施、设备的地域局限。

单件作业可采取人力装卸搬运、半机械化装卸及机械装卸搬运。由于逐件处理，装卸速度慢，且装卸要逐件接触货体，因而容易出现货损，反复作业次数较多，也容易出现货差。

单件作业的装卸搬运对象主要是包装杂货，多种类、少批量物品及单件大型、笨重物品。

2. 集装作业

集装作业是对集装货载进行装卸搬运的一种作业方法。每装卸一次就是一个经组合之后的集装货载，在装卸时对集装体逐个进行装卸操作。它和单件装卸的主要异同在于，都是按件处理，但集装作业“件”的单位大大高于单件作业每件的大小。

集装作业一次作业装卸量大，装卸速度快，且在装卸时并不逐个接触货体，而仅对集装体进行作业，因而货损较小，货差也小。

由于集装作业集装单元较大，不能进行人力手工装卸，虽然在不得已时，可用简单机械偶尔解决一次装卸，但对大量集装货载而言，只能采用机械进行装卸。同时也必须在有条件的场所进行这种作业，不但受装卸机具的限制，也受集装货载存放条件的限制，因而其机动性较差。

3. 散装作业

散装作业指对大批量粉状、粒状物品进行无包装的散装、散卸的装卸搬运方法。装卸搬运可连续进行，也可采取间断的装卸搬运方式。但是都需采用机械化设施、设备。在特定情况下，且批量不大时，也可采用人力装卸搬运，但是会有很大的劳动强度。

（六）按被装物的主要运动形式分类

根据被装物的主要运动方式，装卸可分为垂直装卸和水平装卸两大类。

1. 垂直装卸

垂直装卸即采取提升和降落的方式进行装卸，这种装卸需要消耗较大的能量。垂直装卸是采用得比较多的一种装卸形式，所用的机具通用性较强，应用领域较广，如吊车、叉车等。

2. 水平装卸

水平装卸对装卸物采取平移的方式实现装卸的目的。这种装卸方式不改变被装物的势能，因此比较节能，但是需要有专门的设施，如和汽车水平接靠的高站台、汽车与火车车皮之间的平移工具等。

三、装卸搬运的原则

（一）尽量不进行装卸

前面已经讲过，装卸作业本身并不产生价值。但是，如果进行了不适当的装卸作业，就可能造成商品的破损，或使商品受到污染。因此，尽力排除无意义的作业是理所当然的。尽量减少装卸次数，以及尽可能地缩短搬运距离等，所起的作用也是很大的。因为装卸作业不仅要花费人力和物力，增加费用，还会使流通速度放慢。如果多增加一次装卸，费用也就相应地增加一次，同时还增加了商品污损、破坏、丢失、消耗的机会。因此，装卸作业的经济原则就是“不进行装卸”。所以，应当考虑如何才能减少装卸次数、缩短移动商品的距离问题。

（二）装卸的连续性

装卸的连续性是指两处以上的装卸作业要配合好。进行装卸作业时，为了不使连续的各种作业中途停顿，而能协调进行，整理作业流程是很必要的。因此，进行“流程分析”，对商品的流动进行分析，使经常相关的作业配合在一起，也是很必要的。如把商品装到汽车或铁路货车上，或把商品送往仓库进行保管时，应当考虑合理取卸，或出库的方便。所以某一次的装卸作业，某一个装卸动作，有必要考虑下一步的装卸而有计划地进行。要使一系列的装卸作业顺利地进行，作业动作的顺序、作业动作的组合或装卸机械的选择及运用都是很重要的。

（三）减轻人力装卸

减轻人力装卸就是把人的体力劳动改为机械化劳动。在不得已的情况下，非依靠人力不可时，尽可能不要让搬运距离太远。关于“减轻人力装卸”问题，主要是在减轻体力劳动、缩短劳动时间、防止成本上升、劳动安全卫生等方面推进省力化、自动化。

（四）提高搬运灵活性

物流过程中，常须将暂时存放的物品再次搬运。从便于经常发生的搬运作业考虑，物品的堆放方法是很重要的，这种便于移动的程度，被称之为“搬运灵活性”。衡量商品堆存形态的“搬运灵活性”，用灵活性指数表示。一般将灵活性指数分为五个等级，即：散堆于地面上为 0 级；装入箱内为 1 级；装在货盘或垫板上为 2 级；装在车台上为 3 级；装在输送带上为 4 级，如图 6-1 所示。

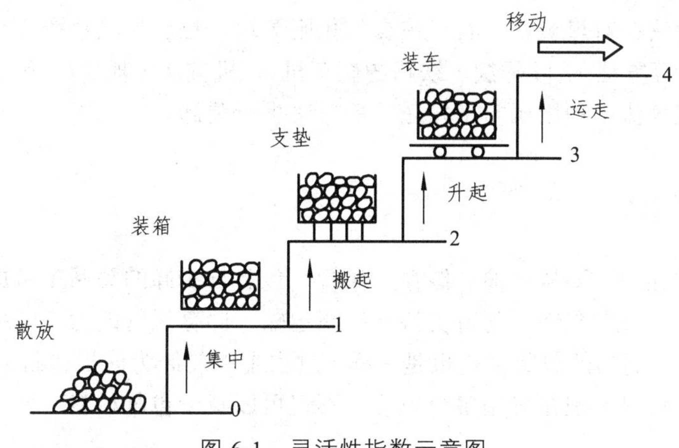

图 6-1　灵活性指数示意图

（五）把商品整理为一定单位

把商品整理为一定单位就是把商品汇集成一定单位数量，然后再进行装卸，既可避免损坏、消耗、丢失，又容易查点数量。其最大的优点：使装卸、搬运的单位加大，使机械装卸成为可能，使装卸、搬运的灵活性好等。这种方式是把商品装在托盘、集装箱和搬运器具中原封不动地装卸、搬运，进行输送、保管。

（六）从物流整体的角度考虑

在整个物流过程中，要从运输、储存、保管、包装与装卸的关系来考虑。装卸要适合运输、储存保管的规模，即装卸要起着支持并提高运输、储存保管能力、效率的作用，而不是起阻碍作用。对于商品的包装来说也是一样的，过去是以装卸为前提进行包装，要运进许多不必要的包装材料，现在采用集合包装，不仅可以减少包装材料，同时也省去了许多徒劳的运输。

四、企业装卸搬运作业的形式

（一）按作业场所分类

（1）车间装卸搬运：在车间内部工序间进行的各种装卸搬运活动。
（2）站台装卸搬运：在企业车间或仓库外的站台上进行的各种装卸搬运活动。
（3）仓库装卸搬运：在仓库、堆场、物流中心等处的装卸搬运活动。

（二）按作业方式分类

（1）吊装吊卸法（垂直装卸法）：使用各种起重机械，以改变货物铅垂方向的位置为主要特征的方法，这种方法应用面最广。
（2）滚装滚卸法（水平装卸法）：以改变货物水平方向的位置为主要特征的方法。

（三）按作业对象分类

（1）单件作业法：单件、逐件装卸搬运的方法，这是一种以人力作业为主的作业方法。

（2）集装作业法：对煤炭、矿石、粮食、化肥等块、粒、粉状物资，采用重力法（通过筒仓、溜槽、隧洞等方法）、倾翻法（铁路的翻车机）、机械法（抓、舀等）、气力输送法（用风机在管道内形成气流，利用压差来输送）等方法进行装卸。

五、装卸机械化

在整个物流过程中，要从运输、储存、保管、包装与装卸的关系来考虑。装卸要适合运输、储存保管的规模，即装卸要起着支持并提高运输、储存保管能力、效率的作用，而不是起阻碍的作用。对于商品的包装来说也是一样，过去是以装卸为前提进行的"包装"，要使用许多不必要的包装材料，现在采用集合包装，不仅可以减少包装材料，同时也省去了许多徒劳的运输。

实现装卸作业的机械化，是装卸作业的重要途径。过去的装卸作业主要依靠人力手搬肩扛，劳动效率低，劳动强度大，从而严重地影响了装卸效率和装卸能力的提高。随着我国国民经济的迅速发展，商品流通量的扩大，单纯依靠人工装卸，已无法满足客观形势发展的需要。

（一）装卸机械化的作用

1. 实现装卸机械化可以大大节省劳动力和减轻装卸工人的劳动强度

如装卸自行车时，每箱重 180 kg 左右，使用人工搬运，则比较费力，而使用铲车作业时，则轻而易举，充分显示了机械化的好处。

2. 装卸机械化可以缩短装卸作业时间，加快车船周转

各种运输工具在完成运输任务的过程中，有相当一段时间是属于等待装卸的。如能缩短装卸时间，就能用现有的运输工具完成更多的运输任务。这样不仅提高了物流的经济效益，也有利于社会经济效益的提高。

3. 有利于商品的完整和作业安全

商品的种类、形状极其复杂，但都可以根据商品的不同特性来选择或设计不同的机型和属具，以保证商品的完整。如果人工把超过自身重量两三倍的木箱，从 3 m 高处拿下，而又不使商品受损，是难以做到的。

4. 有效地利用仓库库容，加速货位周转

随着生产的发展，流通速度的加快，仓储的任务不断增加，无论是库房还是货场都要充分利用空间，提高库容利用率。因此，必须增加堆垛和货架的高度。但人工作业使堆码高度受到限制，若采用机械化作业，就可提高仓库的空间利用率，同时由于机械作业速度快，可及时腾空货位。

5. 装卸机械化可大大降低装卸作业成本，从而有利于物流成本的降低

由于装卸效率的提高，作业量大大增加，摊到每一吨商品的装卸费用相应地减少，因此降低了装卸成本。

（二）装卸机械化的原则

1. 符合装卸商品种类及特性的要求

不同种类的商品的物理、化学性质及其外部形状是不一样的，因此在选择装卸机械时必须符合商品的品种及其特性要求，以保证作业的安全和商品的完好。

2. 适应运量的需要

运量的大小直接决定了装卸的规模和装卸设备的配备、机械种类以及装卸机械化水平。因此，在确定机械化方案前，必须了解商品的运量情况。对于运量大的，应配备生产率较高的大型机械；而对于运量不大的，宜采用生产率较低的中小型机械；对于无电源的场所，则宜采用一些无动力的简单装卸机械。这样既能发挥机械的效率，又使方案经济合理。

3. 适合运输车辆类型和运输组织工作的特点

装卸作业与运输是密切相关的，因此，在考虑装卸机械时，必须考虑装载商品所用的运输工具的特性，包括车船种类、载重量、容积、外形尺寸等；同时，要了解运输组织的情况，如运输取送车（船）次数、运行图、对装卸时间的要求、货运组织要求、短途运输情况等。如在港口码头装卸商品和在车站装卸商品，所需要的装卸机械是不同的。即使是同一运输工具，即使构造相同，也要采取不同的装卸机械。如用于铁路敞车作业和用于铁路棚车作业的装卸机械是不一样的。

4. 经济合理，适合当地的自然、经济条件

在确定选择机械化方案时，要做技术分析，尽量达到经济合理的要求。对现有的设施、仓库和道路要加以充分利用，同时要充分考虑装卸场所的材料供应情况、动力资源，以及电力、燃料等因素。要充分利用当地的地形、地理条件，应当贯彻因地制宜、就地取材的原则。

（三）日用消费品装卸机械化作业方案

1. 需要考虑的因素

（1）满足日用消费品成批连续装卸的需要。日用消费品一般重量少、件数多、批量大，最好选择能连续完成装卸、搬运、堆码作业的装卸方案，以减少辅助作业的人力和时间。

（2）装卸机械的外形应与运输工具相适应。日用消费品在铁路上多采用棚车一类的运输工具，在选择日用消费品装卸机械时，其外形尺寸与机械自重应与棚车等运输工具的作业相适应。

（3）满足日用消费品种繁多、形状各异的特点。为提高装卸机械的利用率，最好能配备多种属具，同时也可减轻工人的劳动强度和提高作业效率。

（4）要求装卸作业平稳、可靠、安全、操作灵活。由于日用消费品中有些是被压易碎的，有些是不能倒置的，有些是怕撞击的，有些又具有腐蚀性等。因此，装卸机械应能满足上述要求。

2. 日用消费品装卸机械类型的选择

（1）叉车主要用于堆放、卸货作业和搬送、移送作业，是应用最广泛的装卸机械。叉车

的种类，按构造形式可分为平衡重量式叉车、前移式叉车和侧面叉式叉车。平衡重量式叉车在场所，作业方面有通用性的特长；前移式叉车有在室内使用的特长；侧面叉式叉车，有叉运长尺寸商品的特长。

（2）输送机适宜在搬运距离较长的场所使用，但在作业的机动性和灵活性方面都不如叉车，输送机本身不能解决商品的装卸问题，它必须与其他机械（如装车机、卸车机等）配合使用，才能提高其机械化作业水平。用于日用商品搬运作业的输送机主要有滚柱式输送机、链板输送机和平型狡带输送机。输送机的结构类型取决于商品的形状、重量及工作路线。对于箱装、袋装或无包装商品，可采用滚柱式输送机。链板输送机比较坚固，能承受冲击载荷，输送机可以有较大的倾斜角度。但与功率相同的胶带输送机相比，其自重量大，且工作速度低。根据货运量的大小及具体条件的不同，输送机可单个使用，也可由几种不同类型的输送机组合使用。

（3）巷道式或桥式堆垛起重机主要用于货架—托盘系统储存单元化商品的仓库中商品的存取。与滚柱式输送机相衔接，可构成一个完整的商品出入库运输系统。

六、装卸的集装化

集装化就是把许多需要运输的商品集中成一个单元，进行一系列的运输、储存和装卸作业，从而可以取得多方面的效果。集装化主要采取以下几种形式。

（一）集装箱化

除了符合国际和国内标准的通用集装箱外，还有根据不同特殊要求专门设计的专用集装箱，以及集装裳、集装网、集装盘等。

1. 专用集装箱

（1）通风式集装箱：适用于不怕风吹雨淋的商品和怕闷热的农副土特产品，如日用陶瓷、水果等。

（2）折叠式通风集装箱：适用于装运瓜果、蔬菜、陶瓷等商品。

（3）多层合成集装箱：主要用于装运鲜蛋，既通风又固定，每一层都有固定的格子。鲜蛋装满后，将每一层用固定装置组成集装箱。

（4）挂衣集装箱装箱。

2. 集装袋

集装贷主要装运服装、不用折叠。集装袋是一个大型口袋，上下都能开口，装货时用绳结拴住从上口装，卸货时将下口的绳结拉开，商品可自动出来。它主要用于装运化肥、碱粉等袋装商品。

3. 集装网

集装网主要用麻绳或钢丝绳制成的网络。麻绳网主要用于装运水泥等商品，钢丝绳主要用于装运生铁。

4. 集装盘

使用集装盘时，将许多件商品放在一类似托盘的木盘上，然后用塑料带或铁皮把商品捆扎在木盘上。集装盘与托盘的不同之处在于木盘随货而去，不能回收。

（二）托盘化

托盘有木材制成的，也有由钢材、塑料等材料制成的。托盘除了起搬运工具的作用外，还主要起集合商品的作用。托盘化装卸适合于机械装卸，可以提高装卸效率；可以有效地保护商品，减少破损；可以节省物流费用，推动包装的标准化。多年来，我国商业物流部门在使用托盘方面积累了不少经验，不少物流企业的仓库、专用线，都已使用了托盘作业。

（三）装卸的散装化

散装化即对大宗商品如煤炭、矿石、建材、水泥、原盐、粮食等的运输采用散装的方法。装卸的散装化作业与成件商品的集装化作业已成为装卸现代化的两大发展方向。装卸的散装化，具有节省包装用具、节省劳动力、减轻劳动强度、减少损耗、减少污染、缩短流通时间等优点，对提高装卸效率，加速车船周转、提高经济效益，具有重要意义。开展装卸的散化必须具备一定的条件和物质基础。散装化有连续性的特点，必须配备专用的设备，包括专用散装运输工具及设施、仓库、港口、车站的装卸设备，做到装、卸、运、储各个环节的工具设备成龙配套，发、转、收各部门之间要加强横向联系形成综合能力。如果有一个环节在设备的衔接上或工作的配合上脱节，将会影响散装化的开展。

七、其他改善装卸作业的方法

（一）在汽车运输方面，采用集装箱专用挂车和底盘车的方法

当集装箱由集装箱装卸桥从船舱吊起后，直接卸在专用挂车上，汽车就可以直接接走；散装粮食专用车在装卸时，采取汽车的载荷部位自动倾翻的办法，不用装卸即可完成卸货任务。

（二）在船舶运输方面，采用滚装船的办法

滚装船是在海上航行的专门用于装运汽车和集装箱的专用船。它是从火车、汽车渡轮的基础上发展而来的一种新型运输船舶。在船尾有一类似登陆艇的巨大跳板和两根收放跳板的起重柱。世界上第一艘滚装船是美国于 1958 年建成并投入使用的。我国实现滚装化也已有多年，在运载汽车作业上，效果十分显著。这种船的装卸速度比一般集装箱船快 30%，装卸费用比集装箱低 2/3 左右；也无需在港口安装大型超重装卸设备。在船舶运输方面，国外又开始使用载驳船。载驳船，又称子母船，是将已载货的驳船装在母船上，从事远洋运输的新船型。当到达目的港后，卸下的驳船在顶入或拖入内河，同时母船又装载等候的满载驳船返航。

第二节　典型的装卸搬运设备

一、叉　车

1. 叉车的概念

叉车是指对成件托盘货物进行装卸、堆垛和短距离运输作业的各种轮式搬运车辆。国际标准化组织 ISO/TC110 称之为工业车辆，属于物料搬运机械。叉车是仓库装卸搬运机械中应用最广泛的一种机械，主要用于仓库内货物的装卸搬运，也可堆垛和装卸卡车、铁路平板车。叉车能够减轻装卸工人繁重的体力劳动，提高效率，缩短车辆停留时间，降低装卸成本。常见的叉车如图 6-2 所示。

图 6-2　叉车

2. 叉车的特点和用途

机械化程度高；机动灵活性好；能提高仓库容积的利用率；有利于开展托盘成组运输和集装箱运输；成本低、投资少，能获得较好的经济效果，可以“一机多用”。

3. 叉车的装置

叉车搬运的对象大多是成件物品。将货叉换装各种器具（叉车属具）后，又可搬运多种货物。叉车主要由以下几种装置组成：

（1）动力装置，如内燃机和蓄电池—电动机等。

（2）传动装置，分为机械、液力和液压传动装置。

（3）转向装置，如转向器、转向轮、转向拉杆等。

（4）工作装置，又称门架，由内门架、外门架、货叉架、货叉、链轮、链条、起升油缸和倾斜油缸等组成。

（5）液压系统和制动装置。

4. 叉车的分类

叉车通常可以分为三大类：内燃叉车、电动叉车和仓储叉车。

（1）内燃叉车。

① 普通内燃叉车。

一般采用柴油、汽油、液化石油气或天然气发动机作为动力，载荷能力为 1.2 ~ 8.0 t，作业通道宽度一般为 3.5 ~ 5.0 m，考虑到尾气排放和噪音问题，通常用在室外、车间或其他对尾气排放和噪音没有特殊要求的场所。由于燃料补充方便，因此可实现长时间的连续作业，而且能胜任恶劣环境下（如雨天）的工作。

② 重型叉车。

采用柴油发动机作为动力，承载能力 10.0 ~ 52.0 t，一般用于货物较重的码头、钢铁等行业的户外作业。

③ 集装箱叉车。

采用柴油发动机作为动力，承载能力 8.0 ~ 45.0 t，一般分为空箱堆高机、重箱堆高机和集装箱正面吊，应用于集装箱搬运，如集装箱堆场或港口码头作业。

④ 侧面叉车。

采用柴油发动机作为动力，承载能力 3.0 ~ 6.0 t，在不转弯的情况下，具有直接从侧面叉取货物的能力，因此主要用来叉取长条形的货物，如木条、钢筋等。

（2）电动叉车。

以电动机为动力，蓄电池为能源。承载能力 1.0 ~ 4.8 t，作业通道宽度一般为 3.5 ~ 5.0 m。由于没有污染、噪音小，因此广泛应用于对环境要求较高的工况，如医药、食品等行业。由于电池一般在工作 8 h 后充电，因此对于多班制的工况需要配备备用电池。

（3）仓储叉车。

仓储叉车主要是为仓库内货物搬运而设计的叉车。除了少数仓储叉车（如手动托盘叉车）采用人力驱动，其他都是以电动机驱动的，因其车体紧凑、移动灵活、自重轻和环保性能好而在仓储业得到普遍应用。在多班作业时，电机驱动的仓储叉车需要有备用电池。

① 电动托盘搬运叉车。

承载能力 1.6 ~ 3.0 t，作业通道宽度一般为 2.3 ~ 2.8 m，货叉提升高度一般在 210 mm 左右，主要用于仓库内的水平搬运及货物装卸。一般有步行式和站驾式两种操作方式，可根据效率要求选择。

② 电动托盘堆垛叉车。

承载能力为 1.0 ~ 1.6 t，作业通道宽度一般为 2.3 ~ 2.8 m，在结构上比电动托盘搬运叉车多了门架，货叉提升高度一般在 4.8 m 内，主要用于仓库内的货物堆垛及装卸。

③ 前移式叉车。

承载能力 1.0 ~ 2.5 t，门架可以整体前移或缩回，缩回时作业通道宽度一般为 2.7 ~ 3.2 m，提升高度最高可达 11 m 左右，常用于仓库内中等高度的堆垛、取货作业。

④ 电动拣选叉车。

在某些工况下（如超市的配送中心），不需要整托盘出货，而是按照订单拣选多种品种的货物组成一个托盘，此环节称为拣选。按照拣选货物的高度，电动拣选叉车可分为低位拣选叉车（2.5 m 内）和中高位拣选叉车（最高可达 10 m）。

承载能力为 2.0 ~ 2.5 t（低位）、1.0 ~ 1.2 t（中高位，带驾驶室提升）。

⑤ 低位驾驶三向堆垛叉车。

通常配备一个三向堆垛头，叉车不需要转向，货叉旋转就可以实现两侧的货物堆垛和取货，通道宽度 1.5 ~ 2.0 m，提升高度可达 12 m。叉车的驾驶室始终不能在地面提升，考虑到操作视野的限制，主要用于提升高度低于 6 m 的工况。

⑥ 高位驾驶三向堆垛叉车。

与低位驾驶三向堆垛叉车类似，高位驾驶三向堆垛叉车也配有一个三向堆垛头，通道宽度 1.5 ~ 2.0 m，提升高度可达 14.5 m。其驾驶室可以提升，驾驶员可以清楚地观察到任何高度的货物，也可以进行拣选作业。高位驾驶三向堆垛叉车在效率和各种性能都优于低位驾驶三向堆垛叉车，因此该车型已经逐步替代低位驾驶三向堆垛叉车。

⑦ 电动牵引车。

牵引车采用电动机驱动，利用其牵引能力（3.0 ~ 25 t），后面拉动几个装载货物的小车。电动牵引车经常用于车间内或车间之间大批货物的运输，如汽车制造业仓库向装配线的运输、机场的行李运输。

5. 叉车的选用

（1）选择叉车的影响因素。

传统的仓库设计，通常是先有了建筑物，再考虑其中的布局规划及机械设备，常常造成投资上的浪费。通过生产计划的分析及预测，选择合适的物流形式及储存方式，再进行土建的设计规划，或者两者同步进行，才能达到最佳的投资收益。叉车的选择与存储形式的设计是密不可分的，设备选型的失误，往往会造成实际操作中的效率低下或者容易发生事故，严重的还需拆除重建。所以在仓储系统初期设计及设备选型时，除了要考虑车型所适用的高度与巷道空间外，还要结合自身条件，综合考虑其他因素。影响因素举例说明如下：

① 托盘。

大部分叉车都是以托盘为操作单位的，所以托盘的尺寸与形式往往影响叉车形式及规格的选择。

② 地坪。

地坪的光滑度及平整度等状况极大地影响叉车的使用，尤其是使用高提升的室内叉车时更加明显。地坪需考虑的因素还包括承重能力，叉车轮压等。

③ 电梯、集装箱高度等。

④ 日作业量。

其他还要考虑仓库作业高峰期、轮子材质、建筑限制等。

（2）根据工况选择车型和配置。

车型和配置的选择一般要从以下几个方面来考虑：

① 作业功能。

叉车的基本作业功能分为水平搬运、堆垛/取货、装货/卸货、拣选。根据企业所要达到的作业功能可以从上面介绍的车型中初步确定。另外，特殊的作业功能会影响叉车的具体配置，如搬运的是纸卷、铁水等，需要叉车安装属具来完成特殊功能。

② 作业要求。

叉车的作业要求包括托盘或货物规格、提升高度、作业通道宽度、爬坡度等一般要求，同时还需要考虑作业效率（不同的车型其效率不同）、作业习惯（如习惯坐驾还是站驾）等方面的要求。

③ 作业环境。

如果企业需要搬运的货物或仓库环境对噪音或尾气排放等环保方面有要求，在选择车型和配置时应有所考虑。如果是在冷库中或是在有防爆要求的环境中，叉车的配置应该是冷库型或防爆型的。仔细考察叉车作业时需要经过的地点，设想可能的问题，例如，出入库时门高对叉车是否有影响；进出电梯时，电梯高度和承载对叉车的影响；在楼上作业时，楼面承载是否达到相应要求，等等。

在选型和确定配置时，要向叉车供应商详细描述工况，并实地勘察，以确保选购的叉车完全符合企业的需要。即使完成以上步骤的分析，仍然可能有几种车型同时都能满足上述要求。此时需要注意以下几个问题：

第一，不同的车型，工作效率不同，那么需要的叉车数量、司机数量也不同，会导致一系列成本发生变化，详见性能评判部分关于成本的论述。

第二，如果叉车在仓库内作业，不同车型所需的通道宽度不同，提升能力也有差异，由此会带来仓库布局的变化，如货物存储量的变化。

第三，车型及其数量的变化，会对车队管理等诸多方面产生影响。

第四，不同车型的市场保有量不同，其售后保障能力也不同。例如，低位驾驶三向堆垛叉车和高位驾驶三向堆垛叉车同属窄通道叉车系列，都可以在很窄的通道内（1.5 ~ 2.0 m）完成堆垛、取货。但是前者的驾驶室不能提升，因而操作视野较差，工作效率较低。由于后者能完全覆盖前者的功能，而且性能更出众，因此在欧洲后者的市场销量比前者高出 4 ~ 5 倍，在中国则达到 6 倍以上。因此，大部分供应商都侧重发展高位驾驶三向堆垛叉车，而低位驾驶三向堆垛叉车只是用在小吨位、提升高度低（一般在 6 m 以内）的工况下。市场销量很少时，其售后服务的工程师数量、工程师经验、配件库存水平等服务能力就会相对较弱。对以上几个方面的影响进行综合评估后，选择最合理的方案。

6. 叉车的技术参数

叉车的技术参数是用来表明叉车的结构特征和工作性能的。叉车的主要技术参数有：额定起重量，载荷中心距，最大起升高度、门架倾角，最大行驶速度，最小转弯半径，最小离地间隙和轴距、轮距等。

（1）叉车的额定起重量是指货物重心至货叉前壁的距离不大于载荷中心距时，允许起升的货物的最大重量，以吨（t）表示。当货叉上的货物重心超出了规定的载荷中心距时，由于叉车纵向稳定性的限制，起重量应相应减小。

（2）载荷中心距是指在货叉上放置标准的货物时，其重心到货叉垂直段前壁的水平距离，以毫米（mm）表示。对于 1t 叉车规定载荷中心距为 500 mm。

（3）最大起升高度是指在平坦坚实的地面上，叉车满载，货物升至最高位置时，货叉水平段的上表面离地面的垂直距离。

（4）门架倾角是指无载的叉车在平坦坚实的地面上，门架相对其垂直位置向前或向后的最大倾角。前倾角的作用是为了便于叉取和卸放货物；后倾角的作用是当叉车带货运行时，预防货物从货叉上滑落。根据作业需要，一般叉车前倾角为 3° ~ 6°，后倾角为 10° ~ 12°。

（5）叉车最大起升速度通常是指叉车满载时，货物起升的最大速度，以米/分（m/min）

表示。提高最大起升速度，可以提高作业效率，但起升速度过快，容易发生货损和机损事故。目前，国内叉车的最大起升速度已提高到 20 m/min。

（6）提高行驶速度对提高叉车的作业效率有很大影响。对于起重量为 1 t 的内燃叉车，其满载时最高行驶速度不少于 17 m/min。

（7）当叉车在无载低速行驶、打满方向盘转弯时，车体最外侧和最内侧至转弯中心的最小距离，分别称为最小外侧转弯半径 $R_{min外}$和最小内侧转弯半径 $R_{min内}$。最小外侧转弯半径愈小，叉车转弯时需要的地面面积愈小，机动性愈好。

（8）最小离地间隙是指车轮以外，车体上固定的最低点至地面的距离，它表示叉车无碰撞地越过地面凸起障碍物的能力。最小离地间隙愈大，则叉车的通过性愈高。

（9）叉车轴距是指叉车前后桥中心线的水平距离。轮距是指同一轴上左右轮中心的距离。增大轴距有利于叉车的纵向稳定性，但使车身长度增加，最小转弯半径增大。增大轮距有利于叉车的横向稳定性，但会使车身总宽和最小转弯半径增加。

（10）直角通道最小宽度是指供叉车往返行驶的成直角相交的通道的最小宽度，以 mm 表示。一般直角通道最小，宽度愈小，性能愈好。

（11）堆垛通道最小宽度是叉车在正常作业时，通道的最小宽度。

7. 叉车适用的范围

工业搬运车辆广泛应用于港口、车站、机场、货场、工厂车间、仓库、流通中心和配送中心等，并可进入船舱、车厢和集装箱内进行托盘货物的装卸、搬运作业。叉车在企业的物流系统中扮演着非常重要的角色，是托盘运输、集装箱运输必不可少的设备，是物料搬运设备中的主力军。

二、吊　车

（一）吊车的概念

吊车是指广泛用于港口、车间、工地等地的起吊搬运机械，其用处在于吊装设备、抢险、起重、机械、救援等。

（二）吊车的种类和用途

1. 可移动式

汽车吊、履带吊、行吊等。

2. 固定式

码头吊、塔吊、龙门吊等。吊车这个名称是一个统一的称号，频繁叫吊车的主要还是汽车吊、履带吊和轮胎吊。

3. 吊车工作时的安全指南

超载或被吊物重量不清不吊；指挥信号不明确不吊；捆绑、吊挂不牢或不平衡，可能引起滑动不吊；被吊物上有人或浮置物时不吊；结构或零部件有影响安全工作的缺陷或损伤时不吊；遇有拉力不清的埋置物件时不吊；工作场地昏暗，无法看清场地、被吊物和指挥信号时不吊；被吊物棱角处与捆绑钢丝间未加衬垫时不吊；歪拉斜吊重物时不吊；吊车保险装置不齐全，不可靠不吊等。

4．汽车吊

（1）汽车吊的概念。

汽车吊（见图 6-3）是把汽车和吊机相结合，不用组装直接就可以工作的起吊搬运机械。

特点是方便灵活、工作效率高、转场快、工作效率高。缺点是受地形限制、大型设备（1000～2000 t）不能完成。汽车吊最大吨位 1000 t，主要用于工程建设，如公路、桥梁、建筑、抢险等。一般工程队、建筑业、电力安装部门都需要汽车吊。

图 6-3　汽车吊

（2）汽车吊的工作原理。

在起重臂里面的下部有一个转动卷筒，上面绕钢丝绳，钢丝绳通过在下一节臂顶端上的滑轮，将上一节起重臂拉出去，依此类推。缩回时，卷筒倒转回收钢丝绳，起重臂在自重作用下回缩。这个转动卷筒采用液压马达驱动，因此能看到两根油管，但千万别将它当成油缸。

另外，有一些汽车吊的伸缩臂里面安装有套装式的柱塞式油缸，但此种应用极少。因为多级柱塞式油缸成本昂贵，而且起重臂受载时会发生弹性弯曲，对油缸寿命影响很大。

（3）汽车吊的安全操作规则。

① 汽车吊司机必须经专业技术培训，考试合格取证后方可上车独立操作。

② 司机应熟知汽车吊的机械原理，保养规则，安全操作规程，并要按规定严格执行。严禁酒后或身体有不适应症时进行操作。

③ 使用前应详细检查作业场地是否平整坚实，支腿是否牢固，操作手柄、制动器及其他操作装置是否灵敏可靠，在确认没有异常后方可开始工作。

④ 在吊钩升降时，必须做到工件在车尾方向起吊。起吊时必须先进行试吊，要避免起吊过高，尽量减少物体在空中的停留时间，被吊物起落时速度要缓慢均匀。

⑤ 作业时，要勤于观察钢丝绳的磨损情况，当起重臂仰角很大时，应先将吊物下放到停

放位置，在保持吊索张紧状态下，将起重臂放低、松绳、摘钩。

⑥ 起重臂抬落回转时必须做到：起吊重物时，不得落臂。落臂时油门要小，抬臂时油门要大，回转动作要平稳，不得突然反转，负重在接近额定重量时，不得在离地面 0.5 m 以上空中回转。

⑦ 严禁吊重行驶，在行驶时必须将起重臂放在托架上，吊钩在保险杠的挂钩上，并将钢丝绳拉紧。

⑧ 工作完毕后，起腿、回转臂杆不得同时进行。在公路上行驶，要严格遵守交通规则，转弯要慢。下坡时要严格控制车速，不得空挡滑行。

三、输送机

（一）输送机的概念

输送机（见图 6-4）是使在一定的线路上连续输送物料的物料搬运机械，又称连续输送机。输送机可进行水平、倾斜和垂直输送，也可组成空间输送线路，输送线路一般是固定的。输送机输送能力大，运距长，还可在输送过程中同时完成若干工艺操作，所以应用十分广泛。可以单台输送，也可多台组成或与其他输送设备组成水平或倾斜的输送系统，以满足不同布置形式的作业线需要。

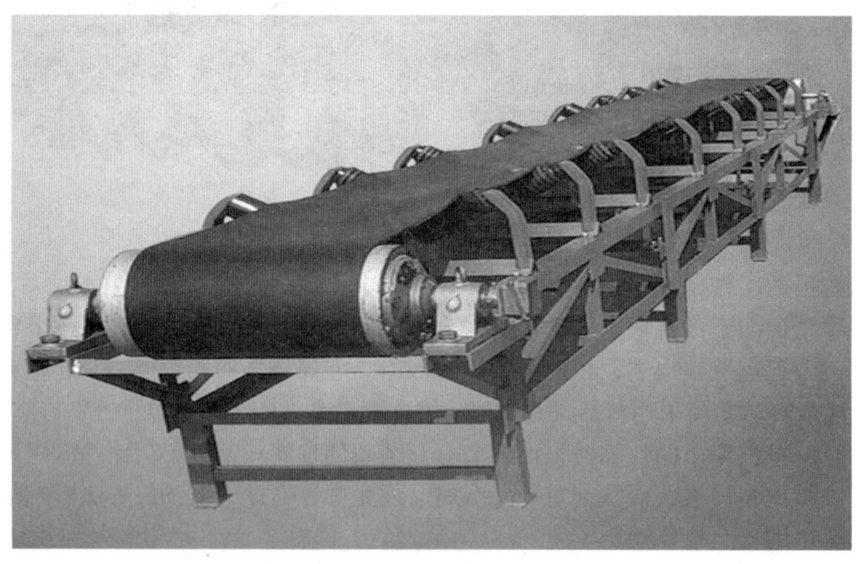

图 6-4　输送机

（二）输送机的特点

（1）方向易变，可灵活改变输送方向，最大时可达到 180°。

（2）输送机，每单元由 8 只辊筒组成，每一个单元都可独立使用，也可多个单元连接使用，安装方便。

（3）输送机伸缩自如，一个单元最长与最短状态之比可达到 3 倍。

（4）输送机可灵活改变输送方向，最大时可以大于 180°。

（三）输送机的分类

1. 输送机一般按有无牵引件来进行分类

（1）具有牵引件的输送机。

具有牵引件的输送机一般包括牵引件、承载构件、驱动装置、张紧装置、改向装置和支承件等。牵引件用以传递牵引力，可采用输送带、牵引链或钢丝绳；承载构件用以承放物料，有料斗、托架或吊具等；驱动装置给输送机以动力，一般由电动机、减速器和制动器（停止器）等组成；张紧装置一般有螺杆式和重锤式两种，可使牵引件保持一定的张力和垂度，以保证输送机正常运转；改向装置用以改变传送方向，可以水平传送垂直转动；支承件用以承托牵引件或承载构件，可采用托辊、滚轮等。具有牵引件的输送机的结构特点是：被运送物料装在与牵引件连结在一起的承载构件内，或直接装在牵引件（如输送带）上，牵引件绕过各滚筒或链轮首尾相连，形成包括运送物料的有载分支和不运送物料的无载分支的闭合环路，利用牵引件的连续运动输送物料。

这类的输送机种类繁多，主要有带式输送机、板式输送机、小车式输送机、自动扶梯、自动人行道、刮板输送机、刮板输送机、斗式输送机、斗式提升机、悬挂输送机和架空索道等。

（2）没有牵引件的输送机。

没有牵引件的输送机的结构组成各不相同，用来输送物料的工作构件亦不相同。

它们的结构特点：利用工作构件的旋转运动或往复运动，或利用介质在管道中的流动使物料向前输送。例如，辊子输送机的工作构件为一系列辊子，辊子做旋转运动以输送物料；螺旋输送机的工作构件为螺旋，螺旋在料槽中做旋转运动以沿料槽推送物料；振动输送机的工作构件为料槽，料槽做往复运动以输送置于其中的物料等。

未来输送机的发展趋向：① 继续向大型化发展。大型化包括大输送能力、大单机长度和大输送倾角等几个方面。水力输送装置的长度已达 440 km 以上。带式输送机的单机长度已接近 15 km，并已出现由若干台组成联系甲乙两地的“带式输送道”。不少国家正在探索长距离、大运量连续输送物料的更完善的输送机结构。② 扩大输送机的使用范围。发展能在高温、低温条件下，有腐蚀性、放射性、易燃性物质的环境中工作的，以及能输送炽热、易爆、易结团、黏性的物料的输送机。③ 使输送机的构造满足物料搬运系统自动化控制对单机提出的要求。如邮局所用的自动分拣包裹的小车式输送机应能满足分拣动作的要求等。④ 降低能量消耗以节约能源，已成为输送技术领域内科研工作的一个重要方面。已将 1 t 物料输送 1 km 所消耗的能量作为输送机选型的重要指标之一。⑤ 减少各种输送机在作业时所产生的粉尘、噪声和排放的废气。

2. 按输送机使用用途划分

（1）散料输送机械有带式输送机、螺旋输送机、斗式提升机、大倾角输送机等。

① 带式输送机：由驱动装置拉紧装置输送带中部构架和托辊组成输送带，作为牵引和承载构件，借以连续输送散碎物料或成件品的机械。

带式输送机是一种摩擦驱动以连续方式运输物料的机械。应用它，可以将物料在一定的输送线上，从最初的供料点到最终的卸料点间形成一种物料的输送流程。它既可以进行碎散物料的输送，也可以进行成件物品的输送。除进行纯粹的物料输送外，还可与各工业企业生产流程中的工艺过程的要求相配合，形成有节奏的流水作业运输线。所以，带式输送机广泛应用于现代化的各种工业企业中。在矿山的井下巷道、矿井地面运输系统、露天采矿场及选矿厂中，广泛应用带式输送机，主要用于水平运输或倾斜运输。

通用带式输送机由输送带、托辊、滚筒及驱动、制动、张紧、改向、装载、卸载、清扫等装置组成。

带式输送机的技术优势：首先，运行可靠。在许多需要连续运行的重要的生产单位，如发电厂煤的输送，钢铁厂和水泥厂散状物料的输送，以及港口内船舶装卸等均采用带式输送机。如果在这些场合停机，其损失是巨大的。必要时，带式输送机可以一班接一班地连续工作。其次，带式输送机动力消耗低。由于物料与输送带几乎无相对移动，不仅运行阻力小（约为刮板输送机的 1/3 ~ 1/5），而且对货载的磨损和破碎均小，生产率高。这些均有利于降低生产成本。最后，带式输送机的输送线路适应性强且灵活。线路长度根据需要而定，短则几米，长可达 10 km 以上。可以安装在小型隧道内，也可以架设在地面交通混乱和危险地区的上空。根据工艺流程的要求，带式输送机能非常灵活地从一点或多点受料，也可以向多点或几个区段卸料。当同时在几个点向输送带上加料（如选煤厂煤仓下的输送机）或沿带式输送机长度方向上的任一点通过均匀给料设备向输送带给料时，带式输送机就成为一条主要输送干线。

带式输送机可以在贮煤场料堆下面的巷道里取料，需要时，还能把各堆不同的物料进行混合。物料可简单地从输送机头部卸出，也可通过犁式卸料器或移动卸料车在输送带长度方向的任一点卸料。

② 螺旋输送机：俗称绞龙，适用于颗粒或粉状物料的水平输送、倾斜输送和垂直输送等形式。输送距离根据畸形不同而不同，一般从 2 m 到 70 m。

输送原理：旋转的螺旋叶片将物料推移而进行螺旋输送机输送。使物料不与螺旋输送机叶片一起旋转的力是物料自身重量和螺旋输送机机壳对物料的摩擦阻力。

结构特点：螺旋输送机旋转轴上焊有螺旋叶片，叶片的面型根据输送物料的不同有实体面型、带式面型、叶片面型等。螺旋输送机的螺旋轴在物料运动方向的终端有止推轴承以随物料给螺旋的轴向反力，在机长较长时，应加中间吊挂轴承。

双螺旋输送机就是有两根分别焊有旋转叶片的旋转轴的螺旋输送机。说白了，就是把两个螺旋输送机有机地结合在一起，组成一台螺旋输送机。

螺旋输送机旋转轴的旋向，决定了物料的输送方向，但一般螺旋输送机在设计时都是按照单项输送来设计旋转叶片的。当反向输送时，会大大降低输送机的使用寿命。

③ 斗式提升机：利用均匀固接于无端牵引构件上的一系列料斗，竖向提升物料的连续输送机械。

斗式提升机具有输送量大、提升高度高、运行平稳可靠、寿命长等显著优点，其主要性能及参数符合 JB3926—85《垂直斗式提升机》（该标准等效参照了国际标准和国外先进标准），牵引圆环链符合 MT36—80《矿用高强度圆环链》。本提升机适于输送粉状，粒状及小块状的无磨琢性及磨琢性小的物料，如煤、水泥、石块、砂、黏土、矿石等。由于提升机的牵引机构是环行链条，因此允许输送温度较高的材料（物料温度不超过 250 °C）。一般输送高度最高可达 40 m。

（四）输送机安全操作规则

（1）固定式输送机应按规定的安装方法安装在固定的基础上。移动式输送机正式运行前应将轮子用三角木楔住或用制动器刹住，以免工作中发生走动。有多台输送机平行作业时，机与机之间，机与墙之间应有 1 m 的通道。

（2）输送机使用前须检查各运转部分、胶带搭扣和承载装置是否正常，防护设备是否齐全。胶带的涨紧度须在启动前调整到合适的程度。

（3）皮带输送机应空载启动。等运转正常后方可入料，禁止先入料后开车。

（4）有数台输送机串联运行时，应从卸料端开始，顺序启动。全部正常运转后，方可入料。

（5）运行中出现胶带跑偏现象时，应停车调整，不得勉强使用，以免磨损边缘和增加负荷。

（6）工作环境及被送物料温度不得高于 50 °C 和低于 – 10 °C。不得输送具有酸碱性油类和有机溶剂成分的物料。

（7）输送带上禁止行人或乘人。

（8）停车前必须先停止入料，等皮带上存料卸尽方可停车。

（9）输送机电动机必须绝缘良好。移动式输送机电缆不要乱拉和拖动。电动机要可靠接地。

（10）皮带打滑时严禁用手去拉动皮带，以免发生事故。

四、AGV

（一）AGV 的概念

AGV 是无人搬运车（automated guided vehicle）的英文缩写，是指装备有电磁或光学等自动导引装置，能够沿规定的导引路径行驶，具有安全保护以及各种移载功能的运输车。AGV 属于轮式移动机器人（wheeled mobile robot，WMR）的范畴。

（二）AGV 的特点

（1）自动化程度高。AGV 由计算机、电控设备、激光反射板等控制。当车间某一环节需要辅料时，由工作人员向计算机终端输入相关信息，计算机终端再将信息发送到中央控制室，由专业的技术人员向计算机发出指令。在电控设备的合作下，这一指令最终被 AGV 接受并执行，将辅料送至相应地点。

（2）充电自动化。当 AGV 小车的电量即将耗尽时，它会向系统发出请求指令，请求充电（一般技术人员会事先设置好一个值），在系统允许后自动到充电的地方“排队”充电。另外，AGV 小车的电池寿命很长（10 年以上），并且每充电 15 分钟可工作 4 h 左右。

（3）美观，提高观赏度，从而提高企业的形象。

（4）方便，减少占地面积。生产车间的 AGV 小车可以在各个车间穿梭往复。

（5）运行路径和目的地可以由管理程序控制，机动能力强。而且某些导向方式的线路十分方便灵活，设置成本低。

（6）工位识别能力和定位精度高，具有与各种加工设备协调工作的能力。在通信系统的支持和管理系统的调度下，可实现物流的柔性控制。

（7）载物平台可以采用不同的安装结构和装卸方式，能满足不同产品运送和加工的需要。

因此，物流系统的适应能力强。

（8）可装备多种声光报警系统，能通过车载障碍探测系统在碰撞到障碍物之前自动停车。当其列队行驶或在某一区域交叉运行时，具有避免相互碰撞的自控能力，不存在人为差错。因此，AGVS 比其他物料搬运系统更安全。

（9）AGV 组成的物流系统不是永久性的，而是在给定的区域内设置。与传统物料输送系统在车间内固定设置且不易变更相比，该物流系统的设置柔性强，并可以充分利用人行通道和叉车通道，从而提高车间地面利用率。

（10）与其他物料输送方式相比，初期投资大，但可以大幅度降低运行费用，特别是在产品类型和工位较多时。

第三节　装卸搬运合理化

一、装卸搬运合理化概述

（一）装卸合理化的概念

装卸搬运合理化是指以尽可能少的人力和物力消耗，高质量、高效率地完成仓库的装卸搬运任务，从而保证供应任务的完成。装卸搬运合理化是针对装卸不合理而言的。合理与不合理是相对的，由于各方面客观条件的限制，不可能达到绝对合理。

（二）装卸搬运合理化的标志

（1）装卸搬运次数最少。
（2）装卸搬运距离最短。
（3）各作业环节衔接要好。
（4）库存物品的装卸搬运活性指数较高、可移动性强。

（三）装卸作业的基本要求

（1）减少不必要的装卸环节。
（2）提高装卸作业的连续性。
（3）相对集中的装卸地点。
（4）力求装卸设备、设施、工艺等标准化。
（5）提高货物集装化或散装化作业水平等。
（6）做好装卸现场的组织工作。

二、装卸搬运合理化的基本途径

（1）坚持省力化原则。所谓省力，就是节省动力和人力。省力化装卸搬运的原则：能往下则不往上；能直行则不拐弯；能用机械则不用人力；能水平则不要上坡；能连续则不间断；能集装则不分散。

（2）提高装卸搬运灵活性。

（3）合理选择装卸搬运机械。

（4）保持物流的顺畅均衡。

（5）推行装卸搬运的单元化。

（6）实现装卸搬运的文明化。

（7）创建物流“复合终端”。所谓“复合终端”，即对不同运输方式的终端装卸场所，集中建设不同的装卸设施。

（8）重视改善物流系统的总效果。

三、绿色装卸搬运

（一）绿色装卸搬运概述

绿色装卸搬运是指为尽可能减少装卸搬运环节产生的粉尘、烟雾等污染物而采取的现代化装卸搬运手段及措施。

（二）绿色装卸搬运的措施

首先，要消除无效搬运。提高搬运纯度，搬运必要的物资，如有些物资要去除杂质之后再搬运才比较合理；避免过度包装，减少无效负荷；提高装载效率，充分发挥搬运机器的能力和装载空间；中空的物件可以填装其他小物品再进行搬运；减少倒搬次数。

其次，要提高搬运活性。放在仓库的物品都是待运物品，应使之处在易于移动的状态（即“搬运活性”，指在装卸搬运作业的物资进行搬运装卸作业的方便性）。物品放置时要有利于下次搬运，还要创造易于搬运的环境和使用易于搬运的包装。

最后，注意货物集散场地的污染防护工作。在货物集散地，尽量减少泄露和损坏，杜绝粉尘；清洗货车的废水要在处理后排出，以防为主、防治结合。在货物集散地要采用防尘装置，制定最高容许度标准；废水应集中收集、处理和排放，加强现场的管理和监督。

四、物料搬运系统

（一）物料搬运的概念

物料搬运是指在同一场所范畴内进行的、以改变物料存放状态和空间位置为主要目标的活动。物料搬运对仓库作业效率的提高至关重要，物料搬运也直接影响生产效率。在生产型企业中，物流经理通常要对货物搬运入库、货物在仓库中的存放、货物从存放地点到订单分拣区域的移动以及最终到达出货区准备运出仓库等环节负责。

具体的物料搬运作业：水平或斜面运动—搬运作业；垂直运动—装卸作业；码垛或取货—提升或下降作业；转向—绕垂直线转动作业和翻转—绕水平轴线转动作业。

物料搬运的基本内容：物料、移动和方法。

（二）物料搬运原则

（1）规划原则：规划全部的物料搬运和储存活动，以实现最大的整体操作效率。

（2）系统原则：将各种搬运活动整合到涵盖供货商、进货、储存、生产、检验、包装、仓储管理、出货、运输和顾客的整体操作系统。

（3）物料流程原则：提供一种最佳化物料流程的作业顺序与设备布置。

（4）简化原则（精简原则）：利用减少、消除或合并不必要的搬移和设备来简化搬运。

（5）重力原则：尽量利用重力来搬移物料。

（6）空间利用原则：尽量使建筑物容积的利用最大化。

（7）单元尺次原则：增加单元载重的数量、大小或重量。

（8）机械化原则：将搬运作业机械化。

（9）自动化原则：提供生产、搬运和储存等功能的自动化。

（10）设备选择原则：在选择搬运设备时应考虑所要搬运物料的各种要素，包括所使用的搬移与方法。

（11）标准化原则：将搬运方法及搬运设备种类和尺次标准化。

（12）适应性原则（灵活性原则）：采用可以适应各种工作和应用的方法与设备，除非是必须使用某种特殊目的的设备。

（13）减轻自重原则：减少移动式搬运设备空重与载重之比率。

（14）使用率原则：规划搬运设备与人力之使用率为最佳化。

（15）维修保养原则：规划所有搬运设备之定期保养和维修。

（16）过时作废原则：当发现有更有效率的搬运方法和设备时，应取代过时的方法和设备。

（17）管制（控制）原则：使用物料搬运活动来改善生产、存货和订单处理的管制（控制）。

（18）生产能力原则：使用搬运设备来改善生产能力。

（19）搬运作业效能原则：采用单位搬运的费用来决定搬运的绩效。

（20）安全原则：提供合适的方法和设备来加强搬运安全。

（三）物料搬运的单元化和标准化

1. 单元化概述

单元化是将规模思想应用到不同物料的搬运中。其优越性主要体现在：可以简化环节，节省费用，实现总体优化；便于实现装卸搬运作业机械化，减轻工人劳动强度，提高工作效率；减少货物变换环节减少因变换而造成的货损差，提高物流质量，节约人力物力和费用；减少了受气候影响的程度，保证正常工作，加速货物流转，提高效率。

2. 标准化概述

标准化引入了物流基础模数和物流模数的概念。

（1）物流基础模数是物流系统各标准尺寸的最小公约尺寸。在基础模数尺寸确定之后，各个具体的尺寸标准，都要以基础模数尺寸为依据，选取其整数倍为规定的尺寸标准。同时，只需在倍数中进行标准尺寸选择，便可作为其他尺寸的标准。

（2）物流模数是物流设施与设备的尺寸基准。物流模数是为了物流的合理化和标准化，以数值关系表示的物流系统各种因素尺寸的标准尺度。它是由物流系统中的各种因素构成的。这些因素包括：货物的成组、成组货物的装卸机械、搬运机械和设备货车、卡车、集装箱以及运输设施、用于货物保管的机械和设备等。

（四）物料搬运系统

1. 物料控制系统

物料搬运系统是指一系列的相关设备和装置，用于一个过程或逻辑动作系统中，协调、合理地对物料进行移动、储存或控制，能进行物料搬运系统和设备、容器的设计、布置。

2. 物料搬运方程式

（1）Why：为什么。为什么需要搬运？为什么需要如此操作？为什么要按此种顺序来做？为什么物料要这样运输？

（2）What：什么。要移动的对象是什么？其特征、数量、种类是什么？

（3）Where：哪里。物料应放在什么地方？什么地方需要物料搬运？什么地方有物料搬运问题存在？什么地方的操作可以消除？

（4）When：什么时候。什么时候需要移动物料？什么时候需要自动化？什么时候需要整理物料？

（5）How：如何。物料如何移动？如何分析物料搬运问题？如何取得重要人员的赞同？如何应对意外情况？

（6）Who：谁。谁来搬运物料？谁来参与系统设计？谁来评价此系统？谁来安装此系统？谁来审核此系统？

3. 物料搬运的活性分析

（1）活性系数。搬运处于静止状态的物料时，需要考虑搬运作业所必需的人工作业。人们把物料的存放状态对搬运作业的方便（难易）程度，称为搬运活，一般用活性系数来衡量。所需的人工越多，则活性就越低；所需的人工越少，则活性越高，投资费用也越高。

（2）活性分析图表。低于 0.5，有效利用集装器具、手推车；0.5 ~ 1.3，有效利用动力搬运车、叉车、卡车；1.3 ~ 2.3，有效利用输送机、自动导引车；2.3 以上，从设备、方法方面进一步减少搬运工序数。

总之，活性系数越高，所需人工越少，但设备投入越多。在进行搬运系统设计时，不应机械地认为活性系数越高越好，而应综合考虑。

4. 物料搬运系统设计原则

（1）确定方针原则。

了解现有方法和问题实体上和经济上的限制，彻底了解问题所在，以设定未来的需求和目标。

应用场合：系统需求定位不明，如物料搬运设备的功能和顾客需求内容不合。

（2）规划原则。

建立一个计划，包括基本需求、所有物料搬运和储存活动的应变计划。

应用场合：缺乏物料搬运的中长期计划，未排定物料搬运设备的短期使用日程。

（3）系统原则。

整合搬运和储存活动，使系统和活动经济有效，包括进货、检验、储存、生产、组合、包装、仓储、出货、运送等。

应用场合：物料搬运中发生延迟，物料流程中有障碍，因物料短缺导致停机，作业顺序不平衡，设备及车辆停滞未使用，物料运错地点，到货期不准时，多项订单同时出货，在制品控制不良。

（4）单元负载原则。

在实务上，合并货品使成单元负载。

应用场合：缺乏使负载单元化及稳定化的设备，未使用托盘搬运的单元负载，内部使用物料未实施单元化。

（5）空间利用原则。

充分有效地利用空间。

应用场合：存储空间过度浪费，物料直接堆积在地板上，通道太多，存放空间不足，接受及运送时物料堆放在地板上，不善于使用立体空间。

（6）标准化原则。

尽可能地把搬运方法和设备标准化。

应用场合：厂内容器缺乏标准化，缺乏单元负载的标准，作业途程未标准化，物料搬运设备缺乏标准化，物料搬运系统未模块化，工作站未模块化，托板架的规格不一致，未按 ABC 分类存放，未依零件编号顺序储放，零件编号缺乏标准化。

（7）工效原则。

了解人类的能力和限制以设计物料搬运设备和程序，令使用系统的人和系统能有效互动。

应用场合：人工装载技术欠佳，操作者为取物料而移动，避免用手举升的危险性。

（8）能源原则。

考虑物料搬运系统和物料搬运程序的能源消耗。

应用场合：物料搬运设备空转，自动物料搬运设备使用率低，工业机器人使用率低，缺乏能源使用安排以及避免尖峰负荷，电池充电次数太多，照明能源的效率差。

（9）生态原则。

使用对环境不良作用最少的物料搬运系统和物料搬运程序。

应用场合：充电区通风不良，环境控制区域隔绝设计不良。

（10）机械化原则。

物料搬运过程机械化，以增进效率。

应用场合：利用直接劳动力搬运，搬运设备不足，物料供应的移动技术不合格，用人工装卸托板，缺乏吊车及牵引车。

（11）弹性原则。

所使用的方法和设备可以在不同的状况下做不同的工作。

应用场合：固定路径的搬运工作使用可变路径的搬运设备，现有系统无法扩充或转换。

（12）简单原则。

通过消除减少和合并不需要的移动和设备，以简化搬运。

应用场合：重复搬运，物料流程倒退，存储规划太烦琐。

（13）重力原则。

在考虑安全损坏遗失等因素下，尽可能地使用重力移动物料。

应用场合：物料由低层往高层移动。

（14）安全原则。

遵循安全原则，使用安全的物料搬运系统和方法。

应用场合：简陋、危险的自制搬运设施，工作人员未预先训练，物料搬运设备操作者未受正式训练，没有警卫保护物料，用托板悬吊负载，负载超过地板、货架及结构负荷，设备运作超速，货架未标明正反面，缺乏自动洒水装置及火警警报器，危险性及易燃性的物料未给予明确标示和隔离，消防设备不完整，出入口不安全，没有火灾的应变计划。

（15）电脑化原则。

在物料搬运和储存系统使用电脑，以增进物料搬运系统和物料搬运程序对物料和信息的控制。

应用场合：引导式通道轨道缺乏指示记录，出货单未按出货顺序打印，累计的订单以人工分类。

（16）系统流原则。

处理物料搬运和储存时，整合数据流动和物流流动。

应用场合：未及时分派设备，物料因书面作业而等待，未使用自动辨识系统，制造前未预先准备零件，接受工作没有事先告知。

（17）布局原则。

对所有可行的方案，准备操作顺序和设备设计，接着选择最有效的效果的方案。

应用场合：搬运距离很长，途径交叉，工作场所布置不良，服务区配置不当，检验点位置不当，通道及存储位置未标示，通道长度未规划，缺乏窄道及特窄道存储存储设备，物料搬运设备与出口未配合，停车站没有升降平台，停车站没有围篱，停车站门的数目不恰当，未适度分散接受及运送作业，灯光、加热器及风扇摆设不当，物料存放的通风、空调及温度不适当，物料、人员或设备移动距离过长，墙及天花板隔离不合理。

（18）成本原则。

比较不同解决方案的每单位物料搬运成本。

应用场合：掌握过多的物料，搬运设备闲置，过多的承运费用，间接费用很高。

（19）维修原则。

对所有物料搬运设备，准备预防维修和定期维修的计划。

应用场合：物料搬运设备维修成本过高，未清除过多的废品，负荷梁下垂或货架扭曲，没有预防保养计划。

（20）淘汰原则。

考虑产品的生命周期，对过期的设备更新有长期且经济的合理政策。

应用场合：搬运设备不适合，没有设备更新计划，搬运设备老旧。其他物料搬运人员未设奖励制度。

5. 物料搬运系统的意义

企业物料搬运系统的最终目的是在保证企业正常生产的前提下降低搬运成本，保证企业产品在市场上有足够的竞争力。在现代企业中，物料搬运费用一般占产品总成本的20%～30%，机械工业中，物料搬运费用高达35%～40%，因此，降低物料搬运系统的运行成本是提高企业利润的一条途径。

【课后习题】

1. 装卸搬运技术很多，目前的装卸搬运技术主要表现在________技术上。
2. 以下四个选项中，(　　)是属于搬运的原则，又属于搬运的目标。
   A. 利用重力的影响和作用
   B. 提高搬运灵活性
   C. 消除无效搬运
   D. 人身和财产安全
3. 下列装卸搬运说法正确的是(　　)。
   A. 全自动化的分拣将大大降低物流装卸搬运的成本与提升效率
   B. 对于一些危险、化学、医疗用品，应采用其他特殊仓储体系和设备进行保管，如果仓储保存全面，安全稳定，在搬运过程中不会产生过多损害的风险
   C. 简单的搬运设备适合距离短、运输量较小的需求，而复杂的物流搬运设备同样也适用距离短、运输量较小的需求
   D. 设备的可靠性，耗能的多少，设备的技术指标，性能是决定搬运时间的重要依据
4. 在指定地点以人力或机械装入运输设备或从运输设备卸下的活动是(　　)。
   A. 搬运　　B. 储存　　C. 运输　　D. 装卸
5. 既属于搬运的原则，又属于搬运的目标的是(　　)。
   A. 利用重力的影响　　B. 提高搬运活性
   C. 消除无效搬运　　D. 人身和财产安全

第七章　流通加工管理

【学习目标】

1. 掌握流通加工的概念、产生原因和功能。
2. 理解流通加工与生产加工的不同。
3. 熟悉几种典型的流通加工方式。
4. 掌握流通加工合理化的途径及重要性。

流通加工是为了提高物流速度和物品的利用率，在物品进入流通领域后，按客户的要求进行的加工活动，即在物品从生产者向消费者流动的过程中，为了促进销售、维护商品质量和提高物流效率，对物品进行一定程度的加工。流通加工通过改变或完善流通对象的形态来实现“桥梁和纽带”的作用，因此流通加工是流通中的一种特殊形式。随着经济增长，国民收入增多，消费者的需求出现多样化，促使在流通领域开展流通加工。目前，在世界许多国家和地区的物流中心或仓库经营中都大量存在流通加工业务，在日本、美国等物流发达国家则更为普遍。

【引导案例】

埃克森美孚

埃克森美孚（Exxon Mobil）是世界上最大的经营石油勘探、生产、运输、炼制加工和销售的综合性公司，也是化工原料、溶剂、添加剂、中间体和聚合物及其他石化产品的最大供应商，也是目前国际能源界极其关注的页岩气技术开发及商业应用的领军企业。为充分发掘华南塑料市场的巨大潜力，埃克森美孚顺应国际物流最新趋势，决定采取散装物料运输、分包、销售的方式，进一步开拓华南市场。2013 年 7 月中旬，海湾物资与埃克森美孚化工就“埃克森美孚合成树脂产品流通加工业务”展开首轮磋商，埃克森美孚化工从公司实力、分销能力、销售渠道辐射能力、物流设施投入和物流管理水平、物流项目营运能力等方面对海湾物资进行全面考察。2014 年 1 月 6 日，埃克森美孚化工新加坡总部与海湾物资双方就该业务签订合作声明，埃克森美孚化工自 2014 年下半年起，将散装物料向粤东地区输送，届时将全部由海湾物资提供物料封装和分销服务。双方达成战略合作后，海湾物资全资控股公司海德森 HYDSON，引进了华南地区唯一的第六代 FFS 全自动重膜包装生产线，将打造华南塑料全自动包装中心，全程采购、分包、经销原产新加坡的 LLDPE 等高端塑料，携手打造“生产流通一体化”塑料原料供应链体系。

问题思考：

1. 流通加工在企业物流系统中有什么作用？
2. 企业是如何实现生产—流通加工一体化运作的？

第一节 流通加工

一、流通加工概述

（一）流通加工的概念

《中华人民共和国国家标准 物流术语》（GB/T 18354-2001）对流通加工的定义：根据顾客的需要，在流通过程中对产品实施的简单加工作业活动（如包装、分割、计量、分拣、刷标志、拴标签、组装等）的总称。

（二）流通加工的特点

（1）流通加工的目的，主要是为了更好地满足用户的多样化需要，降低物流成本，提高物流质量和效率。

（2）流通加工的对象，主要是进入流通领域的商品，包括各种原材料和成品。

（3）流通加工一般是简单的加工和作业，是为了更好地满足需求而对生产加工的一种补充。

（4）流通加工是由从事物流活动并能密切结合流通需要的物流经营者组织的加工活动。

（三）流通加工与生产加工的区别

流通加工和一般的生产型加工在加工方法、加工组织、生产管理方面并无显著区别，但在加工对象、加工程度方面的差别较大。其差别主要如下：

（1）流通加工的对象是进入流通过程的商品，具有商品的属性，以此来区别多环节生产加工中的一环。生产加工对象不是最终产品，而是零配件、半成品，使物品发生物理、化学或形状的变化。

（2）流通加工过程大多是简单加工，而不是复杂加工。一般来讲，如果必须进行复杂加工才能形成人们所需的产品，那么就需要设生产加工来完成，生产过程理应完成大部分加工活动，流通加工对生产加工是一种辅助及补充。流通加工绝不是对生产加工的取消或代替。

（3）从价值观点看，生产加工的目的在于创造价值及使用价值，而流通加工则在于完善其使用价值，并在不做大改变的情况下提高价值。

（4）流通加工的组织者是从事流通工作的人员，能密切结合流通的需要进行加工活动，从加工单位来看，流通加工由商业或物资流通企业完成，而生产加工则由生产企业完成。

（四）流通加工在物流中的地位

1. 流通加工有效地完善了流通

流通加工在实现时间和场所两个重要效用方面，确实不能与运输和储存相比，因而不能认为流通加工是物流的主要功能要素。流通加工的普遍性也不能与运输、储存相比，流通加工不是所有物流中必然出现的。但这绝不是说流通加工不甚重要，实际上它也是不可轻视的，是起着补充、完善、提高增强作用的功能要素，它能起到运输、储存等其他功能要素无法起到的作用。所以，流通加工的地位可以描述为，是提高物流水平，促进流通向现代化发展的不可少的形态。

2. 流通加工是物流中的重要利润源

流通加工是一种低投入高产出的加工方式，往往以简单加工解决大问题。实践证明，有的流通加工通过改变装潢使商品档次跃升而充分实现其价值，有的流通加工将产品利用率一下子提高了 20% ~ 50%，这是采取一般方法提高生产率所难以企及的。根据我国近些年的实践，流通加工单仅就向流通企业提供利润一点，其成效并不亚于从运输和储存中挖掘的利润，是物流中的重要利润源。

3. 流通加工在国民经济中也是重要的加工形式

在整个国民经济的组织和运行方面，流通加工是其中一种重要的加工形态，对推动国民经济的发展和完善国民经济的产业结构、生产分工有一定的意义。

（五）流通加工的作用

1. 提高原材料的利用率

利用流通加工环节进行集中下料，是将生产厂家直运来的简单规格产品，按使用部门的要求进行下料。例如，将钢板进行剪板、切裁；钢筋或圆钢裁制成毛坯；木材加工成各种长度及大小的板、方等。集中下料可以优材优用、小材大用、合理套裁，有很好的技术经济效果。

北京、济南、丹东等城市对平板玻璃进行流通加工（集中裁制、开片供应），玻璃利用率从 60% 左右提高到 85% ~ 95%。

2. 进行初级加工，方便用户

用量小或临时需要的使用单位，缺乏进行高效率初级加工的能力，依靠流通加工可使使用单位省去进行初级加工的投资、设备及人力，从而搞活供应，方便用户。

目前发展较快的初级加工有：将水泥加工成生混凝土、将原木或板方材加工成门窗、冷拉钢筋及冲制异型零件、钢板预处理、整理、打孔等加工。

3. 提高加工效率及设备利用率

由于建立了集中加工点，所以可以采用效率高、技术先进、加工量大的专门机具和设备。

二、流通加工产生的原因

（1）流通加工的出现与现代生产方式有关。现代生产发展趋势之一就是生产规模大型化、专业化，依靠单品种、大批量的生产方法降低生产成本，获取规模经济效益。这种生产方式生产出的产品的功能（规格、品种、性能）往往不能和消费需要密切衔接。弥补这一分离的方法，就是流通加工，所以流通加工的诞生实际上是现代生产发展的一种必然结果。

（2）流通加工不仅是大工业的产物，也是网络经济时代服务社会的产物。流通加工的出现与现代社会消费的个性化有关。消费的个性化和产品的标准化之间存在着一定的矛盾，使本来就存在的产需第四种形式的分离变得更加严重。本来弥补第四种分离可以采取增加一道生产工序或消费单位加工改制的方法，但在个性化问题十分突出之后，采取上述弥补措施将会使生产及生产管理的复杂性及难度增加，按个性化生产的产品难以组织高效率、大批量的流通。所以，在出现了消费个性化的新形势及新观念之后，就为流通加工开辟了道路。

（3）流通加工的出现使流通过程明显地具有了某种“生产性”，改变了长期以来形成的“价值及使用价值转移”的旧观念。这就从理论上明确了：流通过程从价值观念来看是可以主动创造价值及使用价值的，而不单是被动地“保持”和“转移”的过程。因此，人们必须研究流通过程中孕育着多少创造价值的潜在能力，这就有可能通过努力在流通过程中进一步提高商品的价值和使用价值，同时，却以很少的代价实现这一目标。这样就引起了流通过程从观念到方法的巨大变化，流通加工则适应这种变化而诞生。

（4）效益观念的树立也是促使流通加工形式得以发展的重要原因。20 世纪 60 年代后，效益问题逐渐引起人们的重视，过去人们盲目追求高技术，引起了燃料、材料投入的大幅度上升，虽然采用了新技术、新设备，但往往得不偿失。70 年代初，第一次石油危机的发生证实了效益的重要性，使人们牢牢树立了效益观念，流通加工可以以少量的投入获得很大的效果，是一种高效益的加工方式，自然得以获得了很大的发展。所以，流通加工从技术上来讲，可能不需要采用什么先进技术，但这种方式是现代观念的反映，在现代社会再生产过程中起着重要作用。

三、流通加工功能

1. 克服生产和消费之间的分离，更有效地满足消费需求

这是流通加工功能最基本的内容。现代经济中，生产和消费在质量上的分离日益扩大和复杂。流通企业利用靠近消费者、信息灵活的优势，从事加工活动，能够更好地满足消费需求，使少规格、大批量生产与小批量、多样性需求结合起来。

2. 提高加工效率和原材料的利用率

集中进行流通加工，可以采用技术先进、加工量大、效率高的设备，不但提高了加工质量，而且提高了使用率和加工效率。集中进行加工还可以将生产企业生产的简单规格产品，按照客户的不同要求，进行集中下料，做到量材使用，合理套裁，减少剩余料。同时，可以对剩余料进行综合利用，提高原材料的利用率，使资源得到充分合理的利用。

3. 提高物流效率

有的产品的形态、尺寸、重量等比较特殊，如过大、过重产品不进行适当分解就无法装卸运输，生鲜食品不经过冷冻、保鲜处理，在物流过程中就容易变质腐烂等。对这些产品进

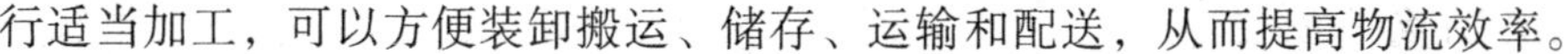

行适当加工，可以方便装卸搬运、储存、运输和配送，从而提高物流效率。

4. 促进销售

流通加工对于促进销售也有积极的作用，特别是在市场竞争日益激烈的条件下，流通加工成为重要的促销手段。例如，将运输包装改换成销售包装，进行包装装潢加工，改变商品形象以吸引消费者；将蔬菜、肉类洗净切块分包以满足消费者的要求；对初级产品和原材料进行加工以满足客户的需要，赢得客户信赖，增强营销竞争力等。

第二节　典型的流通加工类型

一、流通加工的类型

根据不同的目的，流通加工有不同的类型。

1. 为适应多样化需要的流通加工

生产部门为了实现高效率、大批量的生产，其产品往往不能完全满足用户的要求。这样为了满足用户对产品多样化的需要，同时又要保证高效率的大生产，可将生产出来的单一化、标准化的产品进行多样化的改制加工。例如，对钢材卷板的舒展、剪切加工；平板玻璃按需要的规格开片加工；木材改制成枕木、板材、方材等的加工。

2. 为方便消费、省力的流通加工

根据下游生产的需要将商品加工成生产直接可用的状态。例如，根据需要将钢材定尺、定型，按要求下料；将木材制成可直接投入使用的各种型材；将水泥制成混凝土拌合料，使用时只需稍加搅拌即可使用等。

3. 为保护产品所进行的流通加工

在物流过程中，为了保护商品的使用价值，延长商品在生产和使用期间的寿命，防止商品在运输、储存、装卸搬运、包装等过程中遭受损失，可以采取稳固、改装、保鲜、冷冻、涂油等方式。例如，水产品、肉类、蛋类的保鲜，保质的冷冻加工、防腐加工等；丝、麻、棉织品的防虫、防霉加工等。还有，如为防止金属材料的锈蚀而进行的喷漆、涂防锈油等措施，运用手工、机械或化学方法除锈；木材的防腐朽、防干裂加工；煤炭的防高温自燃加工；水泥的防潮、防湿加工等。

4. 为弥补生产领域加工不足的流通加工

由于受到各种因素的限制，许多产品在生产领域的加工只能到一定程度，而不能完全实现终极的加工。例如，木材如果在产地完成成材加工或制成木制品的话，就会给运输带来极大困难，所以，在生产领域只能加工到圆木、板、方材这个程度，进一步的下料、切裁、处理等加工则由流通加工完成。

5. 为促进销售的流通加工

流通加工也可以起到促进销售的作用。例如，将过大包装或散装物分装成适合依次销售的小包装的分装加工；将以保护商品为主的运输包装改换成以促进销售为主的销售包装，以起到吸引消费者、促进销售的作用；将蔬菜、肉类洗净切块以满足消费者要求，等等。

6. 为提高加工效率的流通加工

许多生产企业的初级加工由于数量有限，加工效率不高，而流通加工以集中加工的形式，解决了单个企业加工效率不高的弊病。它以一家流通加工企业的集中加工代替了若干家生产企业的初级加工，促使生产水平有一定程度的提高。

7. 为提高物流效率、降低物流损失的流通加工

有些商品本身的形态使之难以进行物流操作，而且商品在运输、装卸搬运过程中极易受损，因此需要进行适当的流通加工来弥补，从而使物流各环节易于操作，提高物流效率，降低物流损失。例如，造纸用的木材磨成木屑的流通加工，可以极大地提高运输工具的装载效率；自行车在消费地区的装配加工可以提高运输效率，降低损失；石油气的液化加工，使很难输送的气态物转变为容易输送的液态物，也可以提高物流效率。

8. 为衔接不同运输方式，使物流更加合理的流通加工

在干线运输和支线运输的结点设置流通加工环节，可以有效解决大批量、低成本、长距离的干线运输与多品种、少批量、多批次的末端运输和集货运输之间的衔接问题。在流通加工点与大生产企业间形成大批量、定点运输的渠道，以流通加工中心为核心，组织对多个用户的配送，也可以在流通加工点将运输包装转换为销售包装，从而有效衔接不同目的的运输方式。例如，散装水泥中转仓库把散装水泥装袋，将大规模散装水泥转化为小规模散装水泥的流通加工，就衔接了水泥厂大批量运输和工地小批量装运的需要。

9. 生产—流通一体化的流通加工

依靠生产企业和流通企业的联合，或者生产企业涉足流通，或者流通企业涉足生产，形成的对生产与流通加工进行合理分工、合理规划、合理组织，统筹进行生产与流通加工的安排，这就是生产—流通一体化的流通加工形式。这种形式可以促成产品结构及产业结构的调整，充分发挥企业集团的经济技术优势，是目前流通加工领域的新形式。

10. 为实施配送进行的流通加工

这种流通加工形式是配送中心为了实现配送活动，满足客户的需要而对物资进行的加工。例如，混凝土搅拌车可以根据客户的要求，把沙子、水泥、石子、水等各种不同材料按比例要求装入可旋转的罐中。在配送路途中，汽车边行驶边搅拌，到达施工现场后，混凝土已经均匀搅拌好，可以直接投入使用。

二、几种典型的流通加工形式

（一）钢材的流通加工

各种钢材（钢板、型钢、线材等）的长度、规格有时不完全适用于客户，如热轧厚钢板

等板材最大交货长度可达 7 ~ 12 m，有的是成卷交货。对于使用钢板的用户来说，如果采用单独剪板、下料方式，设备闲置时间长、人员浪费大、不容易采用先进方法，那么采用集中剪板、集中下料方式，可以避免单独剪板、下料的一些弊病，提高材料的利用率。

剪板加工是在固定地点设置剪板机进行下料加工或设置种种切割设备将大规格钢板裁小，或切裁成毛坯，降低销售起点，便利用户。

钢板剪板及下料的流通加工，可以选择加工方式，加工后钢材的晶体组织很少发生变化，可保证原来的交货状态，有利于进行高质量加工；加工精度高，可以减少废料、边角料，减少再进行机加工的切削量，既提高了再加工效率，又有利于减少消耗；由于集中加工可保证批量及生产的连续性，可以专门研究此项技术并采用先进设备，从而大幅度提高效率和降低成本；使用户能简化生产环节，提高生产水平。

与钢板的流通加工类似，还有薄板的切断，型钢的熔断，厚钢板的切割，线材切断等集中下料，线材冷拉加工等。为此，国外有专门进行钢材流通加工的钢材流通中心，不仅从事钢材的保管，而且进行大规模的设备投资，使其具备流通加工的能力。中国物资储运企业 20 世纪 80 年代便开始了这项流通加工业务。中国储运股份有限公司近年与日本合作建立了钢材流通加工中心,利用现代剪裁设备从事钢板剪板和其他钢材的下料加工即钢板剪切流通加工。

如汽车、冰箱、冰柜、洗衣机等的生产制造企业每天需要大量的钢板，除了大型汽车制造企业外，一般规模的生产企业如若自己单独剪切，难以解决因用料高峰和低谷的差异引起的设备忙闲不均和人员浪费问题，如果委托专业钢板剪切加工企业，则可以解决这个矛盾。专业钢板剪切加工企业能够利用专业剪切设备，按照用户设计的规格尺寸和形状进行套裁加工，精度高、速度快、废料少、成本低；专业钢板剪切加工企业在国外数量很多，大部分由流通企业经营。这种流通加工企业不仅提供剪切加工服务和配送服务，还出售加工原材料和加工后的成品。

（二）木材的流通加工

木材的流通加工可依据木材种类、地点等，决定加工方式。在木材产区可对原木进行流通加工，使之成为容易装载、易于运输的形状。

1. 磨制木屑、压缩输送

这是一种为了实现流通的加工。木材是容重轻的物资，在运输时占有相当大的容积，往往使车船满装但不能满载，同时，装车、捆扎也比较困难。从林区外送的原木中有相当一部分是造纸材，木屑可以制成便于运输的形状，以供进一步加工，这样可以提高原木利用率、出材率，也可以提高运输效率，具有相当客观的经济效益。例如，美国采取在林木生产地就地将原木磨成木屑，然后压缩使之成为容重较大、容易装运的形状，而后运至靠近消费地的造纸厂，取得了较好的效果。根据美国的经验，采取这种办法比直接运送原木能节约一半的运费。

2. 集中开木下料

在流通加工点将原木锯截成各种规格锯材，同时将碎木、碎屑集中加工成各种规格板，甚至还可进行打眼、凿孔等初级加工。过去用户直接使用原木，不但加工复杂、加工场地大、加工设备多，更严重的是资源浪费严重，木材平均利用率不到 50%，平均出材率不到 40%。实行集中下料、按用户要求供应规格料，可以使原木利用率提高到 95%，出材率提高到 72% 左右。

（三）煤炭的流通加工

煤炭流通加工有多种形式：除矸加工、煤浆加工、配煤加工等。

1. 除矸加工

除矸加工是以提高煤炭纯度为目的的加工形式。一般煤炭中混入的矸石有一定发热量，混入一些矸石是允许的，也是较经济的。但是，有时则不允许煤炭中混入矸石，在运力十分紧张的地区要求充分利用运力、降低成本，多运“纯物质”，少运矸石。在这种情况下，可以采用除矸的流通加工方法排除矸石。除矸加工可提高煤炭运输效益和经济效益，减少运输能力浪费。

2. 煤浆加工

用运输工具载运煤炭，运输中损失浪费比较大，又容易发生火灾。采用管道运输是近代兴起的一种先进技术。采用管道运输方式运输煤浆，能减少煤炭消耗、提高煤炭利用率。目前，某些发达国家已经开始投入运行，有些企业内部也采用这一方法进行燃料输送。

在流通的起始环节将煤炭磨成细粉，本身便有了一定的流动性，再用水调和成浆状，则具备了流动性，可以像其他液体一样进行管道输送。将煤炭制成煤浆采用管道输送是一种新兴的加工技术。这种方式不和现有运输系统争夺运力，输送连续、稳定、快速，是一种经济的运输方法。

3. 配煤加工

在使用地区设置集中加工点，将各种煤及一些其他发热物质，按不同配方进行掺配加工，生产出各种不同发热量的燃料，称为配煤加工。配煤加工可以按需要发热量生产和供应燃料，防止热能浪费和“大材小用”，也防止发热量过小，不能满足使用要求。工业用煤经过配煤加工还可以起到便于计量控制、稳定生产过程的作用，具有很好的技术和经济价值。

煤炭消耗量非常大，进行煤炭流通加工潜力也很大，可以大大节约运输能源，降低运输费用。

（四）水泥的流通加工

1. 水泥熟料的流通加工

在需要长途运入水泥的地区，将运入成品水泥变为运入熟料这种半成品，即在该地区的流通加工（磨细工厂）磨细，并根据当地资源和需要的情况掺入混合材料及外加剂，制成不同品种及标号的水泥供应给当地用户。这是水泥流通加工的一种重要形式，在国外采用这种物流形式已有一定的比重。

在需要经过长距离输送供应的情况下，以熟料形态代替传统的粉状水泥有很多优点。

（1）可以大大降低运费、节省运力。

运输普通水泥和矿渣水泥平均约有 30% 上的运力消耗在矿渣及其他各种加入物上。在我国水泥需求量较大的地区，工业基础大多较好，当地又有大量的工业废渣。如果在使用地区对熟料进行粉碎，可以根据当地的资源条件选择混合材料的种类，这样就节约了消耗在混合材料上的运力，节省了运费。同时，水泥输送的吨位也大大减少，有利于缓和铁路运输的紧张状态。

（2）可按照当地的实际需要大量掺加混合材料。

生产廉价的低标号水泥，发展低标号水泥的品种，就能在现有生产能力的基础上更大限度地满足需要。我国大、中型水泥厂生产的水泥，平均标号逐年提高，但是目前我国使用水泥的部门大量需要较低标号的水泥，然而大部分施工部门没有在现场加入混合材料来降低水泥标号的技术设备和能力，因此不得已使用标号较高的水泥，这是很大的浪费。如果以熟料为长距离输送的形态，在使用地区加工粉碎，就可以按实际需要生产各种标号的水泥，尤其可以大量生产低标号水泥，以减少水泥长距离输送的数量。

（3）容易以较低的成本实现大批量、高效率的输送。

从国家的整体利益来看，运力利用率比较低的输送方式显然不是发展方向。如果采用输送熟料的流通加工形式，可以充分利用站、场、仓库等地现有的装卸设备，又可以利用普通车皮装运，比散装水泥方式具有更好的技术经济效果，更适合于我国的国情。

（4）可以大大降低水泥的输送损失。

水泥的水硬性是在充分磨细之后才表现出来的，而未磨细的熟料抗潮湿的稳定性很强。所以，输送熟料也基本可以防止由于受潮而造成的损失。此外，颗粒状的熟料也不像粉状水泥那样易于散失。

（5）能更好地衔接产需，方便用户。

采用长途输送熟料的方式，水泥厂就可以在有限的熟料粉碎工厂之间形成固定的直达渠道，使水泥的物流更加合理，从而实现经济效果较优的物流。水泥的用户也可以不出本地区而直接向当地的熟料粉碎工厂订货，因而更容易沟通产需关系，大大方便了用户。

2. 集中搅拌混凝土

改变以粉状水泥供给用户，由用户在建筑工地现场拌制混凝土的习惯方法，而将粉状水泥输送到使用地区的流通加工点，搅拌成混凝土后再供给用户使用，这是水泥流通加工的另一种重要加工方法。这种流通加工方式，优于直接供应或购买水泥在工地现场搅拌制作混凝土的技术经济效果。因此，这种流通加工方式已经受到许多国家的重视。

这种水泥流通加工方法有如下优点：

（1）将水泥的使用从小规模的分散形态改变为大规模的集中加工形态，因此可以利用现代化的科技手段，组织现代化大生产；

（2）集中搅拌可以采取准确的计量手段，选择最佳的工艺，提高混凝土的质量和生产效率，节约水泥；

（3）可以广泛采用现代科学技术和设备，提高混凝土的质量和生产效率；

（4）可以集中搅拌设备，有利于提高搅拌设备的利用率，减少环境污染；

（5）在相同的生产条件下，能大幅度降低设备、设施、电力、人力等费用；

（6）可以减少加工据点，形成固定的供应渠道，实现大批量运输，使水泥的物流更加合理；

（7）有利于新技术的采用，简化工地的材料管理，节约施工用地等。

（五）食品的流通加工

食品流通加工的类型种类很多。只要我们留意超市里的货柜就可以看出，那里摆放的各类洗净的蔬菜、水果、肉末、鸡翅、香肠、咸菜等都是流通加工的结果。这些商品的分类、清洗、贴商标和条形码、包装、装袋等是在摆进货柜之前就已进行了加工作业，这些流通加工都不是在产地进行，它已经脱离了生产领域，进入了流通领域。食品流通加工的具体项目主要有如下几种：

1. 冷冻加工

为了保鲜而进行的流通加工，为解决鲜肉、鲜鱼在流通中保鲜及装卸搬运的问题，采取低温冻结方式的加工。这种方式也用于某些液体商品、药品等。

2. 分选加工

为了提高物流效率而进行的对蔬菜和水果的加工，如去除多余的根叶等。农副产品规格、质量离散情况较大，为获得一定规格的产品，采取人工或机械分选的方式加工称为分选加工。这种方式广泛用于果类、瓜类、谷物、棉毛原料等。

3. 精制加工

农、牧、副、渔等产品的精制加工是在产地或销售地设置加工点，去除无用部分，甚至可以进行切分、洗净、分装等加工，可以分类销售。这种加工不但大大方便了购买者，而且还可以对加工过程中的淘汰物进行综合利用。例如，鱼类的精制加工所剔除的内脏可以制成某些药物或用作饲料，鱼鳞可以制成高级黏合剂，头尾可以制鱼粉等；蔬菜的加工剩余物可以制作饲料、肥料等。

4. 分装加工

许多生鲜食品零售起点较低，而为了保证高效输送出厂，包装一般比较大，也有一些是采用集装运输方式运达销售地区。这样为了便于销售，在销售地区按所要求的零售起点进行新的包装，即大包装改小包装，散装改小包装，运输包装改销售包装，以满足消费者对不同包装规格的需求，从而达到促销的目的。

此外，半成品加工、快餐食品加工也成为流通加工的组成部分。这种加工形式，节约了运输等物流成本，保护了商品质量，增加了商品的附加价值。如葡萄酒是液体，从产地批量地将原液运至消费地配制、装瓶、贴商标，包装后出售，既可以节约运费，又安全保险，以较低的成本，卖出较高的价格，附加值大幅度增加。

（六）机电产品的流通加工

多年来，机电产品的储运困难较大，主要原因是不易进行包装，如进行防护包装，包装成本过大，并且运输装载困难，装载效率低，流通损失严重。但是这些货物有一个共同的特点，即装配比较简单，装配技术要求不高，主要功能已在生产中形成，装配后不需要进行复杂的检测及调试。所以，为了解决储运问题，降低储运费用，可以采用半成品大容量包装出厂，在消费地拆箱组装的方式。组装一般由流通部门在所设置的流通加工点进行，组装之后随即进行销售，这种流通加工方式近年来已在我国广泛采用。

第三节 流通加工的作业排序与任务分配

一、加工作业排序法

1. 加工作业排序的概念

加工作业排序是指在一定时期内分配给各个加工单位的生产任务，根据加工工艺和负荷的可能性，确定各加工单位流通加工作业开始的时间、作业结束时间，并进行作业顺序编号。

2. 评价加工顺序安排的主要指标

（1）最大流程：在某工作地完成加工的各项任务所需流程之和。

$$F\max \longrightarrow F\min$$

（2）平均流程：在某工作地完成加工的各项任务平均所需经过的时间。

$$\overline{F}=\frac{1}{n}\sum_{i=1}^{n}F_i \longrightarrow M\text{in}$$

（3）最大延期量：如果任务的完成时刻 C_i 已超过交货时刻 d_i，则形成交货延期 $D_i = C_i - d_i$。

最大延期量：

$$D\max = \max\{D_{\text{i}}\}$$

$$D\max \longrightarrow D\min$$

（4）平均延期量：

$$\overline{D}=\frac{1}{n}\sum_{i=1}^{n}D_i$$

3. 流通加工作业排序方法

（1）最短加工时间规则：按加工任务所需加工时间长短，从短到长按顺序排列，数值最小者排在最前面加工，最大者排在最后面加工。

【例 7-1】 设某班组利用某一大型设备进行六项流通加工任务，所需时间及预定交货期如下表所示。

表 7-1 各项任务的加工时间及预定交货期 单位：天

任务编号	J1	J2	J3	J4	J5	J6
所需加工时间 t_i	5	8	2	7	9	3
预定交货期 d_i	d_i	26	22	23	8	34

表 7-2　按最短加工时间规则排序结果

任务编号	J3	J6	J1	J4	J2	J5	合计	备注
所需加工时间 t_i	2	3	5	7	8	9	—	—
计划完成时间 F_i	2	5	10	17	25	34	93	平均=15.5
预定交货期 d_i	23	24	26	8	22	34	—	平均=2
交货延期量 D_i	0	0	0	9	3	0	12	

按最短加工时间规则排序的方案是：J3—J6—J1—J4—J2—J5。

最大加工流程时间 Fmax = 93（天）

平均加工流程时间 = 15.5（天）

最大交货延期量 Dmax = 9（天）

平均交货延期量=2（天）

优点：节约流动资金占用，减少厂房、仓库及加工作业面积和节约保管费用。

缺点：可能存在交货延期问题。

（2）最早预定交货期规则：即按预定交货期的先后顺序进行排列。预定交货期最早的排在最前，最晚的排在最后，如表 7-3 所示。

表 7-3　按最早预定交货期规则的排序结果

任务编号	J4	J2	J3	J6	J1	J5	合计	备注
所需加工时间 t_i	7	8	2	3	5	9	—	—
计划完成时间 F_i	7	15	17	20	25	34	118	平均=19.7
预定交货期 d_i	8	22	23	24	26	34	—	$\bar{D}=0$
交货延期量 D_i	0	0	0	0	0	0	0	

早预定交货期规则排序的方案是：J4—J2—J3—J6—J1—J5。

最大加工流程时间 Fmax = 118（天）

平均加工流程时间 = 19.7（天）

最大交货延期量 Dmax = $\bar{D}$ = 0（天）

采用此方法可以保证按期交货或交货延期量最小，减少违约罚款和企业信誉损失。但平均流程时间增加，不利于减少在制品占用量和节约流动资金。

4. 两个工作地的流水型排序问题

N 项任务在两个工作地加工，且加工工艺顺序相同，即为流水型排序问题。对于此类问题可以用约翰逊-贝尔曼规则求解。

【例 7-2】　具体资料见表 7-4。

表 7-4　各项加工任务的加工工时

任务编号	J1	J2	J3	J4	J5
A 工作地 t_{iA}	5	8	12	4	6
B 工作地 t_{iB}	10	8	7	3	4

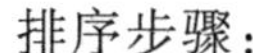

排序步骤：

（1）检查 t_{iA}、t_{iB} 各数值，找出其中最小值（若有几个最小值，可以任选一个），本例中为 $t_{iB}=3$ h。

（2）找出最小值属于 t_{iA} 行的一项任务，则该任务应排为先加工；否则，排为后加工，本例中 J4 在 t_{iB} 行中应放在最后加工。

（3）将已排定的任务暂取掉，再重复（1）（2）步骤，直至全部加工任务排定为止。

本例任务最终排序结果：J1—J2—J3—J5—J4。

二、加工任务分配方法——匈牙利方法

（一）匈牙利方法概述

匈牙利解法是求解指派问题的一种新颖而又简便的解法，它是美国数学家库恩（Kuhn）于 1955 年提出的。库恩引用了匈牙利数学家康尼格（Konig）一个关于矩阵中 0 元素的定理：系数矩阵中独立 0 元素的最多个数等于能覆盖所有 0 元素的最小直线数，这种解法称为匈牙利法。

（二）方法应用

指派问题的最优解有这样一个性质，若从系数矩阵的一行（列）各元素中分别减去该行（列）的最小元素，得到新矩阵，那么以新矩阵为系数矩阵求得的最优解和用原矩阵求得的最优解相同。利用这个性质，可使原系数矩阵变换为含有很多 0 元素的新矩阵，而最优解保持不变。

【例 7-3】 有 4 项流通加工任务分给 4 个小组去完成，各小组完成不同任务需用不同的加工时间。各小组完成不同加工任务的工时表如表 7-5 所示。

表 7-5 工时表

	任务（1）	任务（2）	任务（3）	任务（4）
A	3	10	6	7
B	14	4	13	8
C	13	14	12	10
D	4	15	13	9

步骤如下：

（1）列出矩阵。

$$\begin{pmatrix} 3 & 10 & 6 & 7 \\ 14 & 4 & 13 & 8 \\ 13 & 14 & 12 & 10 \\ 4 & 15 & 13 & 9 \end{pmatrix}$$

（2）逐行缩减矩阵。在每一行中选择一个最小元素，然后将每一行中的各元素均减去这个最小元素。本例中各行最小元素分别是：3、4、10、4。

$$\begin{pmatrix} 0 & 7 & 3 & 4 \\ 10 & 0 & 9 & 4 \\ 3 & 4 & 2 & 0 \\ 0 & 11 & 9 & 5 \end{pmatrix}$$

（3）再逐列缩减矩阵。现在的矩阵每一行都有 0，但每一列不全有 0。第三列中各元素均减去最小元素 2 得到如下矩阵：

$$\begin{pmatrix} 0 & 7 & 1 & 4 \\ 10 & 0 & 7 & 4 \\ 3 & 4 & 0 & 0 \\ 0 & 11 & 7 & 5 \end{pmatrix}$$

（4）检查是否可以分配。采用 0 元素最小覆盖线的检验法，当覆盖线的维数等于矩阵的阶数时，则最优方案已经找到。此时只有三条覆盖线，尚未找到最优方案。

（5）为增加 0 元素进行变换。找出没有覆盖线的行与列中的最小元素。本例是 1，将不在覆盖线上的元素都减去 1，而在有两条覆盖线的交点上的每一个元素上都加上 1，其余元素不变。

$$\begin{pmatrix} 0 & 7 & 0 & 3 \\ 10 & 0 & 6 & 3 \\ 4 & 5 & 0 & 0 \\ 0 & 11 & 6 & 4 \end{pmatrix}$$

（6）重新检查覆盖线。重复步骤 4，经检查已可以分配。

（7）确定最优方案。按 0 元素所占位置进行分配，可得最优流通加工任务分配方案，即完成任务用的总工时最小的分配方案。

A	0	7	0△	3
B	10	0△	6	3
C	4	5	0	0△
D	0△	11	6	4

最优分配方案是：A（3），B（2），C（4），D（1）。

此方案所需总工时：6 + 4 + 10 + 4 = 24（h）。

第四节　流通加工合理化

一、流通加工合理化概述

流通加工合理化就是实现流通加工的最优配置，不仅要规避各种不合理现象发生，使流通加工有存在的价值，而且要做到是最优的选择。

二、不合理流通加工的形式

1. 流通加工地点设置的不合理

流通加工地点设置即布局状况是决定整个流通加工是否有效的重要因素。一般来说，为衔接单品种大批量生产与多样化需求的流通加工，加工地点设置在需求地区，才能实现大批量的干线运输与多品种末端配送的物流优势。

另外，一般来说，为方便物流的流通，加工环节应该设置在产出地，设置在进入社会物流之前。如果将其设置在物流之后，即设置在消费地，则不但不能解决物流问题，又在流通中增加了中转环节，因而也是不合理的。

即使是产地或需求地设置流通加工的选择是正确的，还有流通加工在小地域范围内的正确选址问题。如果处理不善，仍然会出现不合理。比如，交通不便，流通加工与生产企业或用户之间距离较远，加工点周围的社会环境条件不好等。

2. 流通加工方式选择不当

流通加工方式包括流通加工对象、流通加工工艺、流通加工技术、流通加工程度等。流通加工方式的确定实际上是生产加工的合理分工。分工不合理，把本来应由生产加工完成的作业错误地交给流通加工来完成，或者把本来应由流通加工完成的作业错误地交给生产过程去完成，都会造成不合理。

流通加工不是对生产加工的代替，而是一种补充和完善。所以，一般来说，如果工艺复杂，技术装备要求较高，或加工可以由生产过程延续或轻易解决的，都不宜再设置流通加工。如果流通加工方式选择不当，可能就会出现生产争利的恶果。

3. 流通加工作用不大，形成多余环节

有的流通加工过于简单，或者对生产和消费的作用都不大，甚至有时由于流通加工的盲目性，同样未能解决品种、规格、包装等问题，相反却增加了作业环节，这也是流通加工不合理的重要表现形式。

4. 流通加工成本过高，效益不好

流通加工的一个重要优势就是它有较大的投入产出比，因而能有效地起到补充、完善的作用。如果流通加工成本过高，则不能实现以较低投入实现更高使用价值的目的，势必会影响它的经济效益。

三、实现流通加工合理化的途径

要实现流通加工的合理化，主要应从以下几个方面加以考虑：

1. 加工和配送结合

加工和配送结合就是将流通加工设置在配送点中。一方面按配送的需要进行加工；另一方面加工又是配送作业流程中分货、拣货、配货的重要一环，加工后的产品直接投入到配货作业，这就无需单独设置一个加工的中间环节，而使流通加工与中转流通巧妙地结合在一起。同时，由于配送之前有必要的加工，可以使配送服务水平大大提高。

2. 加工和配套结合

配套是指对使用上有联系的用品集合成套地供应给用户使用。例如，方便食品的配套。当然，配套的主体来自各个生产企业，如方便食品中的方便面，就是由其生产企业配套生产的。但是，有的配套不能由某个生产企业全部完成，如方便食品中的盘菜、汤料等。这样，在物流企业进行适当的流通加工，可以有效地促成配套，大大提高流通作为供需桥梁与纽带的能力。

3. 加工和合理运输结合

我们知道，流通加工能有效衔接干线运输和支线运输，促进两种运输形式的合理化。利用流通加工，在支线运输转干线运输或干线运输转支线运输等这些必须停顿的环节，不进行一般的支转干或干转支，而是按干线或支线运输合理的要求进行适当加工，从而大大提高运输及运输转载水平。

4. 加工和合理商流结合

流通加工也能起到促进销售的作用，从而使商流合理化，这也是流通加工合理化的方向之一。加工和配送相结合，通过流通加工，提高了配送水平，促进了销售，使加工与商流合理结合。此外，通过简单地改变包装加工形成方便的购买量，通过组装加工解除用户使用前进行组装、调试的难处，都是有效促进商流的很好例证。

5. 加工和节约结合

节约能源、节约设备、节约人力、减少耗费是流通加工合理化重要的考虑因素，也是目前我国设置流通加工并考虑其合理化的较普遍形式。

对于流通加工合理化的最终判断，是看其是否能实现社会和企业本身的两个效益，而且是否取得了最优效益。流通企业更应该树立社会效益第一的观念，以实现产品生产的最终利益为原则。只有在生产流通过程中不断补充、完善为己任的前提下才有生存的价值。如果只是追求企业的局部效益，不适当地进行加工，甚至与生产企业争利，这就有违流通加工的初衷，或者其本身已不属于流通加工的范畴。

【课后习题】

1. 流通加工既属于________范畴，也属于________范畴。
2. 流通加工主要是为促进与便利（　　）而进行的加工。
   A. 流通　B. 增值　C. 流通与销售　D. 提高物流效率
3. 流通加工满足用户的需求，提高服务功能，成为（　　）的活动。
   A. 高附加值　B. 附加加工　C. 必要附加加工　D. 一般加工
4. 关于流通加工的叙述，正确的是（　　）。
   A. 流通加工的对象是不进入流通过程的商品，不具有商品的属性，因此流通加工的对象不是最终产品，而是原材料、零配件、半成品
   B. 一般来讲，如果必须进行复杂加工才能形成人们所需的商品，那么，这种复杂加工应专设生产加工过程，而流通加工大多是简单加工，而不是复杂加工，因此流

通加工可以是对生产加工的取消或代替

C. 从价值观点看，生产加工的目的在于创造价值及使用价值，而流通加工则在于完善其使用价值并在不做大改变的情况下提高价值

D. 流通加工的组织者是从事流通工作的人，能密切结合流通的需要进行这种加工活动，从加工单位来看，流通加工与生产加工则都由生产企业完成

5. 根据流通加工定义，下列属于流通加工的是（　　）。

A. 某工厂采购布匹、钮扣等材料，加工成时装并在市场上销售

B. 某运输公司在冷藏车皮中保存水果，使之在运到目的地时更新鲜

C. 杂货店将购时的西红柿按质量分成每千克 0.5 元和每千克 1 元两个档次销售

D. 将马铃薯通过洗涤、破碎、筛理等工艺加工成淀粉

6.（判断）流通加工过程包括形成产品零配件、半成品的过程和产品的辅助性补充加工。（　　）

第八章　物流信息化

【学习目标】

1. 理解物流信息化的概念及其内容。
2. 掌握物流信息化的特点及其发展趋势。
3. 熟悉常见的物流信息化技术及其应用。
4. 掌握常见的几种物流信息化软件及其应用。

【引导案例】

联想公司

在中国 IT 业，联想是当之无愧的龙头企业。自 1996 年以来，联想电脑一直位居国内市场销量第一。2000 年，联想电脑整体销量达到 260 万台，销售额 284 亿元。IT 行业特点及联想的快速发展，促使联想加强与完善信息系统建设，以信息流带动物流。高效的物流系统不仅为联想带来实际效益，更成为同类企业学习效仿的典范。

经过多年的努力，联想企业信息化建设不断趋于完善，目前已用信息技术手段实现了全面企业管理。联想率先实现了办公自动化，之后又成功实施了 ERP 系统，使整个公司所有不同地点的产、供、销的财务信息在同一个数据平台上统一和集成。目前，联想也开始实施 SCM 系统，并与 ERP 系统进行集成。从企业信息化系统结构图中可以看出，基础网络设施将联想所有的办事处，包括海外的发货仓库、配送中心等，都连接在一起，物流系统就构建在这一网络之上。与物流相关的是 ERP 与 SCM 这两部分，而 ERP 与 SCM 系统又与后端的研发系统（PLM）和前端的客户关系管理系统（CRM）连通。例如，研发的每种产品都会生成物料需求清单，物料需求清单是 SCM 与 CRM 系统运行的前提之一。客户订单来了，ERP 系统根据物料需求清单进行拆分备货；SCM 系统同时将信息传递给 CRM 系统，告诉它哪个订户何时订了什么货、数量多少、按什么折扣交货、交货是早了还是晚了，等等。系统集成运作的核心是用科学的手段把企业内部各方面资源和流程集中起来，让其发挥出最高效率。这是联想信息化建设的成功之处。

问题思考：

1. 信息化能够为企业带来哪些好处？
2. 不同类型的企业使用的物流信息化技术是一样的吗？如果不一样，请举例说明。

第一节　物流信息概述

一、物流信息概念

从狭义的范围来看，物流信息是指与物流活动有关的信息。从广义的范围看，物流信息不仅指与物流活动有关的信息，而且包括与其他物流活动有关的信息，如商品交易信息和市场信息等。

物流信息在国家标准《物流术语》（GB/T18354—2001）中的定义为：反映物流各种活动内容的知识、资料、图像、数据、文件的总称。

二、物流信息的主要内容

物流信息包括伴随物流活动而发生的信息和在物流活动以外发生的但对物流有影响的信息，不仅量大，而且来源分散。更多更广地掌握物流信息，是开展物流活动的必要条件。

（一）货源信息

货源的多少是决定物流活动规模大小的基本因素，它既是商流信息的主要内容，也是物流信息的主要内容。货源信息一般包括以下几方面的内容：

（1）商业购销部门的商品流转计划和供销合同，以及提出的委托运输和储存的计划和合同。

（2）工农业生产部门自己销售量的统计和分析，以及提出的委托运输、储存计划和合同。

（3）社会性物资的运输量和储存量分析，以及提出的委托运输、储存计划和合同。

根据以上三方面货源信息的分析，如果掌握的货源大于物流设施的能力，一方面，要从充分发挥物流设施的使用效能，挖掘潜力，尽最大可能满足货主需要；另一方面，在制订物流计划和签订储运合同时，也可在充足的货源中做出有利的选择。

反之，如果掌握的货源信息小于物流设施的运能时，则要采取有力的措施，积极组织货源，以让物流企业取得最大的经济效益。

（二）市场信息

市场信息是指在一定的时间和条件下，同商品交换以及与之相联系的生产与服务有关的各种消息、情报、数据、资料的总称，是商品流通运行中物流、商流运动变化状态及其相互联系的表征。狭义的市场信息，是指有关市场商品销售的信息，如商品销售情况、消费者情况、销售渠道与销售技术、产品的评价等。广义的市场信息包括多方面反映市场活动的相关信息，如社会环境情况、社会需求情况、流通渠道情况、产品情况、竞争者情况、原材料、能源供应情况、科技研究、应用情况及动向等。

1. 产品信息

这里指的产品是广义的，凡是可以价格衡量的均可称之为产品。产品信息是市场信息的基础，不仅包括行业内的，也包括和行业相联的内容。具体说来有产品品名、形状、包装、规格、价格体系、产品特点及独特点，未来发展趋势等。只有掌握了上述信息，决策者才能够做出准确判断，决定未来的产品战略。不同类型的企业有着不同的战略原则，如领导型企业更多的是在创造需求的产品，而跟随性企业主要是制造跟随市场需求的产品。

2. 渠道信息

为什么说渠道信息是很重要的呢？因为目前国内的市场是极其不成熟的，而且区域差异、城乡差异严重，所以掌握渠道便掌握市场的说法也是符合实际的。这里有一个很显著的例子：原来宝洁公司在我国日化市场领域是绝对的“大佬”，但其定位高端产品和主做城市渠道的策略给了浙江纳爱斯以绝佳的机会，纳爱斯的雕牌产品一出现便以其贴近百姓的低价位向二、三级及农村市场猛冲，结果大获成功，从而成为宝洁一个强有力的竞争对手，而且宝洁洗发产品也在当年打出了 9.9 元/瓶的超低价位，目的是要打通三级市场及农村渠道。与此相同的是可口可乐的口号，让中国农村人也喝上可口可乐，足见其对农村市场的重视。所以说，掌控渠道是掌握市场的关键，要想提高市场占有率，不研究渠道信息是不可能的。

3. 消费者信息

中国区域广阔，区域及城乡差异大，从而导致消费者的差异巨大，更多的消费者由于缺乏对产品的理性认知，而受到广告、口碑等方面的显著影响。这就需要企业对各区域消费者构成和购买心理、消费心理及消费行为进行调查和分析。调查方法可分为理性调查和感性调查。一般来说，理性调查需要聘请专门的调查公司通过科学的调查方法进行数据统计与分析，调查结果比较准确，对决策借鉴意义较大，但这种方式耗费时间及资金过大，所以多数企业以感性调查为主，即通过市场人员和销售人员对消费者询问、观察及座谈的方式凭借知识和经验进行消费行为分析。

4. 策略信息

策略信息主要是针对竞争对手的，即通过竞争对手的市场行为判断、分析其所使用的市场策略。这就适用于“知己知彼，百战不殆”的战争法则，只有深入了解竞争对手的想法和行为，才能制定准确的市场策略。策略信息往往是靠分析得来的，所以作为市场竞争本身就是“兵无常式，水无常形”。只有你能够正确地选择对手，评估对手，定位自己，出奇制胜，才能做到“立于不败之地”。

5. 战略信息

战略信息主要是指行业内的重大变化，可分为几个方面：一是国家的政策法律调整给整个行业带来变化，如对环境保护禁止污染的法律颁布等，对化工或造纸行业和自身影响巨大；二是行业内企业重大战略变化，如破产、兼并、重组、上市等方面；三是行业危机及机会把握，感冒药查处 PPA 事件导致康泰克元气大伤，而成就了国内很多其他感冒药企业等，所以说战略信息获取给企业决策层提供了一个应对市场、把握机遇的前提，为企业制定战略，规划发展产生了深远影响。

以上只是市场信息涉及的主要方面，市场信息内容包罗万象，很多边缘信息亦起到相当重要的作用。总之，凡是对竞争有用的信息皆要查验，但正是由于各种信息的复杂性与多变性，使真伪难辨。并且由于目前市场信息高度发达，所以如何在浩繁如烟的信息里甄别有效信息成为至关重要的问题。

（三）运能信息

运输能力的大小，对物流活动能否顺利开展，有着十分密切的关系。运输条件的变化，如铁路、公路、航空运力适量的变化，会使物流系统对运输工具和运输路线的选择发生变化。在我国运输长期处于短线的情况下，尤其如此。运能信息主要包括以下几个方面：

（1）交通运输部门批准的运输月计划，包括追加、补充计划的可能性。

（2）具体的装车、装船日期，对接运商品的车运达日期的预报和确报。

（3）运输业的运输能力，包括各地区地方船舶和车队的运输能力等。

运能信息对商品储存也有着直接的关系。有些待储商品是从外地运来的，要及时掌握到货的数量和日期，以利于安排仓位；有些库存是待运商品，更要密切注意运能动态。为了改变我国交通运输的紧张状态，国家正在采取措施改变这一局面。了解今后交通运输的发展趋势和具体进度，对制定物流企业的远景规划做出宏观决策，也是十分必要的。

（四）企业物流信息

（1）单就商业企业物流系统来看，由于商品在系统内各环节流转，所以企业物流系统的各子系统都会产生商品的动态信息。

（2）批发企业产生的物流信息。批发企业（或供应商）向零售企业物流系统发出发货通知，表明有哪些商品、有多少商品将要进入物流系统，所以供应商也是物流信息产生的来源。

（3）零售企业产生的物流信息。

① 零售企业营销决策部门下达采购计划，向物流系统传递物流信息。

② 零售企业物流系统产生的物流信息，即零售企业每种商品的库存量及需要由配送中心供应哪些商品、供应多少、什么时候供应。

（五）物流管理信息

加强物流管理，实现物流系统化，是一项繁重的任务，既要认真总结多年来物流活动的经验，又要虚心学习国内外同行对物流管理的研究成果。因此，要尽可能地多收集一些国内外有关物流管理方面的信息，包括物流企业、物流中心的配置、物流网络的组织，以及自动分拣系统、自动化仓库的使用情况等。同时，要借鉴国内外的有益经验，不断提高物流管理水平。

三、物流信息系统

（一）物流信息系统的概念

物流信息系统是指由人员、设备和程序组成的，为物流管理者执行计划、实施、控制等职能提供信息的交互系统，它与物流作业系统一样都是物流系统的子系统。

物流信息系统是由人员、计算机硬件、软件、网络通信设备及其他办公设备组成的人机交互系统，其主要功能是进行物流信息的收集、存储、传输、加工整理、维护和输出，为物流管理者及其他组织管理人员提供战略、战术及运作决策的支持，以达到组织的战略竞优，提高物流运作的效率与效益。

物流信息系统是高层次的活动，是物流系统中最重要的方面之一，涉及运作体制、标准化、电子化及自动化等方面的问题。由于现代计算机及计算机网络的广泛应用，物流信息系统的发展有了一个坚实的基础，计算机技术、网络技术及相关的关系型数据库、条码技术、EDI 等技术的应用使物流活动中的人工、重复劳动及错误发生率减少，效率增加，信息流转加速，使物流管理发生了巨大变化。

（二）物流信息系统的开发过程

物流信息系统的开发过程包括：系统规划阶段、系统需求阶段、系统软件设计、系统实施阶段、系统测试阶段、系统运行和维护阶段。

（三）物流信息系统的分类

（1）按物流信息系统的功能分类，可分为事物处理信息系统、办公自动化系统、管理信息系统、决策支持系统、高层支持系统、企业间信息系统。

（2）按管理决策的层次分类，可分为物流作业管理系统、物流协调控制系统、物流决策支持系统。

（3）按系统的应用对象分类，可分为面向制造企业的物流管理信息系统，面向零售商、中间商、供应商的物流管理信息系统，面向物流企业的物流管理信息系统（3PLMIS），面向第三方物流企业的物流信息系统。

（4）按系统采用的技术分类，可分为单机系统、内部网络系统、与合作伙伴、客户互联的系统。

（四）物流信息系统的结构（见图 8-1）

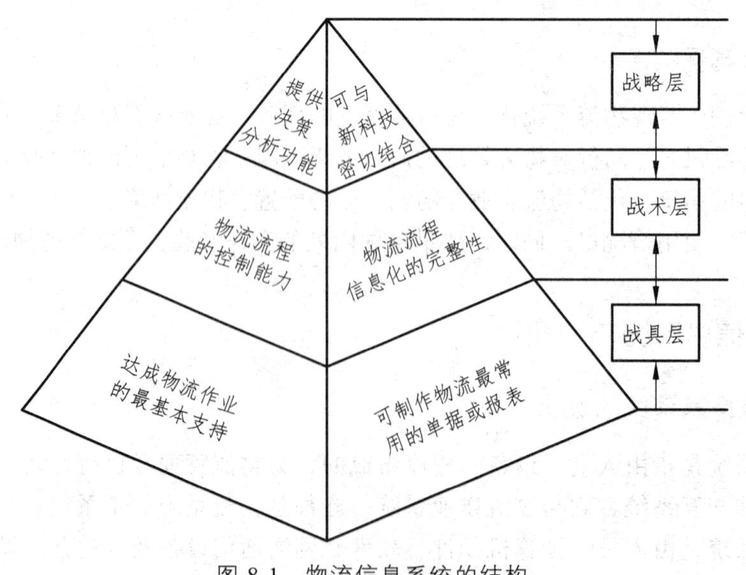

图 8-1 物流信息系统的结构

物流信息系统是物流领域的神经网络，遍布物流系统的各个层次、各个方面。物流信息系统结构可以从垂直和水平两个方向来考察。

从垂直方向看，物流信息系统可分为三个层次，即管理层、控制层和作业层。从水平方向看，信息系统贯穿供应物流、生产物流、销售物流、回收和废弃物物流等物流形式的运输、仓储、装卸搬运、包装、流通加工等各个物流作业环节。

（五）物流信息系统的功能

物流信息系统是物流系统的神经中枢，其基本功能可归纳为以下几个方面：

1. 数据的收集和输入

物流数据的收集首先是将数据通过收集子系统从系统内部或者外部收集到预处理系统中，并整理成为系统要求的格式和形式，然后再通过输入子系统输入到物流信息系统中。这一过程是其他功能发挥作用的前提和基础，如果一开始收集和输入的信息不完全或不正确，在接下来的过程中得到的结果就可能与实际情况完全相反，这将会导致严重的后果。因此，衡量一个信息系统的性能时，应注意收集数据的完善性、准确性，校验能力，预防和抵抗破坏能力等。

2. 信息的存储

物流数据经过收集和输入阶段后，在其得到处理之前，必须在系统中存储下来。即使在处理之后，若信息还有利用价值，也要将其保存下来，以供以后使用。物流信息系统的存储功能就是要保证已得到的物流信息能够不丢失、不走样、不外泄、整理得当、随时可用。无论哪一种物流信息系统，在涉及信息的存储问题时，都要考虑存储量、信息格式、存储方式、使用方式、存储时间、安全保密等问题。

3. 信息的传输

物流信息在物流系统中，一定要准确、及时地传输到各个职能环节，否则信息就会失去其使用价值。这就需要物流信息系统具有克服空间障碍的功能。物流信息系统在实际运行前，必须要充分考虑所要传递的信息种类、数量、频率、可靠性要求等因素。只有这些因素符合物流系统的实际需要时，物流信息系统才是是实际的使用价值。

4. 信息的处理

物流信息系统最根本的目的就是要将输入的数据加工处理成物流系统所需要的物流信息。数据和信息是有所不同的，数据是得到信息的基础，但数据往往不能直接利用，而信息是从数据加工得到，它可以直接利用。只有得到了具有实际使用价值的物流信息，物流信息系统的功能才算充分发挥。

5. 信息的输出

信息的输出是物流信息系统的最后一项功能，也只有在实现了这个功能之后，物流信息系统的任务才算完成。信息的输出必须采用便于人或计算机理解的形式，在输出形式上力求易读易懂，直观醒目。

这五项功能是物流信息系统的基本功能，缺一不可。而且，只有五个过程都没有出错，最后得到的物流信息才具有实际使用价值，否则会造成严重的后果。

（六）中国物流信息化产业的现状

1. 市场竞争加剧

当今世界，基本上都是买方市场，由消费者来选择购买哪个企业生产的产品，他们基本上有完全的决策自由。而市场上生产同一产品的企业多如牛毛，企业要想在竞争中胜出，就必须不断地推陈出新，以较低的成本迅速满足消费者时刻变化着的消费需求，而这都需要快速反应的物流系统。要快速反应，信息反馈必须及时，这必然要求企业建立自己的物流信息系统。

2. 供应链管理的发展

现代企业间的竞争在很大程度上表现为供应链之间的竞争，而在整个供应链中，环节较多，信息相对来说比较复杂，企业之间沟通起来就困难得多。各环节要想自由沟通，达到信息共享，建立供应链物流信息系统就势在必行。

3. 社会信息化

电子计算机技术的迅速发展，网络的广泛延伸，使整个社会进入信息时代。在这个网络时代，只有融入信息社会，企业才可能有较大的发展。更何况，信息技术的发展已经为信息系统的开发打下了坚实的基础。企业作为社会的一员，物流作为一种社会服务行业，必然要建立属于物流业自己的信息系统。

四、物流企业信息化发展的趋势

（一）智能化

智能化是自动化、信息化的一种高层次应用。物流作业过程涉及大量的运筹和决策，如物流网络的设计与优化、运输（搬运）路径的选择、每次运输的装载量选择，多种货物的拼装优化、运输工具的排程和调度、库存水平的确定、补货策略的选择、有限资源的调配、配送策略的选择等问题都需要进行优化处理，这些都需要管理者借助优化的智能工具和大量的现代物流知识来解决。同时，近年来，专家系统、人工智能、仿真学、运筹学、智能商务、数据挖掘和机器人等相关技术在国际上已经有比较成熟的研究成果，并在实际物流作业中得到了较好的应用。因此，物流的智能化已经成为物流发展的一个新趋势。

（二）标准化

货物的运输配送、存储保管、装卸搬运、分类包装、流通加工等各个环节中信息技术的应用，都要求必须有一套科学的作业标准。例如，物流设施、设备及商品包装的标准化等，只有实现了物流系统各个环节的标准化，才能真正实现物流技术的信息化、自动化、网络化和智能化等。特别是在经济全球化和贸易全球化的新世纪中，如果在国际间没有形成物流作业的标准化，就无法实现高效的全球化物流运作，这将阻碍经济全球化的发展进程。

第二节 物流信息技术

一、物流信息技术概述

物流信息技术（logistics information technology）是现代信息技术在物流各个作业环节中的综合应用，是现代物流区别传统物流的根本标志，也是物流技术中发展最快的领域，尤其是计算机网络技术的广泛应用使物流信息技术达到了较高的应用水平。

二、物流信息技术的组成

（一）条码技术

1. 条码技术概述

条码技术最早产生在20世纪20年代，诞生于Westinghouse的实验室。他的想法是在信封上做条码标记，条码中的信息是收信人的地址，就像今天的邮政编码。设计方案非常简单，即一个“条”表示数字“1”，两个“条”表示数字“2”，以此类推。然后，他又发明了由基本的元件组成的条码识读设备：扫描器、边缘定位线圈和译码器。

2. 我国条码技术的发展

20世纪80年代中期，我国一些高等院校、科研部门及一些出口企业把条码技术的研究和推广应用逐步提到议事日程。一些行业，如图书馆、邮电、物资管理部门和外贸部门也已开始使用条码技术。1991年4月9日，中国物品编码中心正式加入国际物品编码协会，国际物品编码协会分配给中国的前缀码为“690、691、692”。许多企业获得了条码标记的使用权，使中国的大量商品打入国际市场，给企业带来了可观的经济效益。

（二）EDI技术

1. EDI的概述

EDI（electronic data interchange）是将贸易、运输、保险、银行和海关等行业的信息，用一种国际公认的标准格式，形成结构化的事务处理的报文数据格式，通过计算机通信网络，使各有关部门、公司与企业之间进行数据交换与处理，并完成以贸易为中心的全部业务过程。EDI包括买卖双方数据交换、企业内部数据交换等。

2. EDI的发展

实际上，EDI的发展已经至少经历了20多年，其发展和演变的过程已经充分显示了商业领域对其的重视程度。

EDI最初是来自于EBDI（electronic business document exchange，译为电子商业单据交换）。其最基本的商业意义就在于由计算机自动生成商业单据，如订单、发票等，然后直接通过电信网络传输到商业伙伴的计算机里。这里的商业伙伴指的是广义上的商业伙伴，它包括任何的公司、政府机构、其他商业或非商业的机构，只要这些机构与你的企业保持经常性的带有结构性的数据交换。EDI 使用者从此项应用中所得到的好处包括：节省时间、节省费用、减少错误；减少库存、改善现金流动，以及获取多方面的营销优势等。

由于实施 EDI 最基本的目的就是通过第三方服务方的增值服务，用电子数据交换代替商业纸单证的交换，而纸面单证的电子交换是建立标准化信息基础上的，因此 EDI 的历史实际上就是商业数据的标准化和增值网络服务商的发展过程。

20 世纪 70 年代，EDI 最早在商业上的应用就是开始于纸面单据及其信息的标准化，但是较早的 EDI 应用有很大的局限性，如存在传输延时的问题，数据的兼容性问题。因此，当时 EDI 的应用基本上是局限于企业内部的数据传输。到了 80 年代后期，一些因素促使 EDI 取得了进一步的发展。例如，电脑系统连接和集成技术的发展、全球通信协议的不断统一、特别是 90 年代联合国 EDIFACT 标准被得到广泛的认可，国际电脑网络服务商的竞争也日益激烈。越来越多的企业需要适时的库存管理手段，EDI 逐步从伙伴到伙伴之间关系连接发展到适时的库存管理；从企业内部的数据传递发展到企业之间的交易和电子转账和清算系统等。

3．EDI 的特点

（1）EDI 的使用对象是不同的组织之间，EDI 传输的企业间的报文，是企业间信息交流的一种方式；

（2）EDI 所传送的资料是一般业务资料，如发票、订单等，而不是指一般性的通知；

（3）EDI 传输的报文是格式化的，符合国际标准，这是计算机能够自动处理报文的基本前提；

（4）EDI 使用的数据通信网络一般是增值网、专用网；

（5）数据传输由收送双方的计算机系统直接传送、交换资料，不需要人工介入操作；

（6）EDI 与传真或电子邮件的区别是：传真与电子邮件，需要人工的阅读判断处理才能进入计算机系统。人工将资料重复输入计算机系统中，既浪费人力资源，也容易发生错误，而 EDI 不需要再将有关资料人工重复输入系统。

4．EDI 系统的构成要素

构成 EDI 系统的三个要素：EDI 软件和硬件、通信网络、数据标准化。

一个部门或企业要实现 EDI，首先必须有一套计算机数据处理系统；其次为使本企业内部数据比较容易地转换为 EDI 标准格式，须采用 EDI 标准。另外，通信环境的优劣也是关系到 EDI 成败的重要因素之一。

EDI 标准是整个 EDI 最关键的部分，由于 EDI 是以实现商定的报文格式形式进行数据传输和信息交换，因此制定统一的 EDI 标准至关重要。EDI 标准主要分为以下几个方面：基础标准、代码标准、报文标准、单证标准、管理标准、应用标准、通信标准、安全保密标准等。

工作方式大体如下：用户在计算机上进行原始数据的编辑处理，通过 EDI 转换软件（mapper）将原始数据格式转换为平面文件（flat file），平面文件是用户原始资料格式与 EDI 标准格式之间的对照性文件。通过翻译软件（translator）将平面文件变成 EDI 标准格式文件。然后在文件外层加上通信信封（envelope），通过通信软件［EDI 系统交换中心邮箱（mailbox）］发送到增值服务网络（VAN）或直接传送给对方用户，对方用户则进行相反的处理过程，最后成为用户应用系统能够接收的文件格式。

（三）RFID 技术

1. RFID 技术概述

RFID 是射频识别技术的英文（radio frequency identification）缩写，又称电子标签。射频识别技术是 20 世纪 90 年代开始兴起的一种自动识别技术，它是一项利用射频信号通过空间耦合（交变磁场或电磁场）实现无接触信息传递，并通过所传递的信息达到识别目的的技术。

2. RFID 技术的发展历史

射频识别技术的发展可按十年期划分如下：

1940—1950 年：雷达的改进和应用催生了射频识别技术，1948 年奠定了射频识别技术的理论基础。

1950—1960 年：早期射频识别技术的探索阶段，主要处于实验室实验研究。

1960—1970 年：射频识别技术的理论得到了发展，开始了一些应用尝试。

1970—1980 年：射频识别技术与产品研发处于一个大发展时期，各种射频识别技术测试得到加速，出现了一些最早的射频识别应用。

1980—1990 年：射频识别技术及产品进入商业应用阶段，各种规模应用开始出现。

1990—2000 年：射频识别技术标准化问题日趋得到重视，射频识别产品得到广泛采用，射频识别产品逐渐成为人们生活中的一部分。

2000 年后：标准化问题日趋为人们所重视，射频识别产品种类更加丰富，有源电子标签、无源电子标签及半无源电子标签均得到发展，电子标签成本不断降低，规模应用行业扩大。

目前，射频识别技术的理论得到丰富和完善。单芯片电子标签、多电子标签识读、无线可读可写、无源电子标签的远距离识别、适应高速移动物体的射频识别技术与产品正在成为现实并逐渐应用。

3. RFID 系统的特点

（1）射频技术的特点。

射频识别系统最重要的优点是非接触识别，它能穿透雪、雾、冰、涂料、尘垢和条形码无法使用的恶劣环境阅读标签，并且阅读速度极快，大多数情况下不到 100 ms。有源式射频识别系统的速写能力也是重要的优点，可用于流程跟踪和维修跟踪等交互式业务。

目前，制约射频识别系统发展的主要问题是不兼容的标准。射频识别系统主要厂商提供的都是专用系统，导致不同的应用和不同的行业采用不同厂商的频率和协议标准，这种混乱和割据的状况已经制约了整个射频识别行业的增长。许多欧美组织正在着手解决这个问题，并已经取得了一些成绩。标准化必将刺激射频识别技术的大幅度发展和广泛应用。

（2）射频技术在物流管理中的适用性。

物流管理的本质是通过对物流全过程的管理，实现降低成本和提高服务水平两个目的。如何以正确的成本和正确的条件，从而保证正确的客户在正确的时间和正确的地点，得到正确的产品，成为物流企业追求的最高目标。为此，掌握存货的数量、形态和分布，提高存货的流动性就成为物流管理的核心内容。一般来说，企业存货的价值要占企业资产总额的 25%

左右，占企业流动资产的 50% 以上。所以，物流管理工作的核心就是对供应链中存货的管理。

在运输管理方面采用射频识别技术，只需要在货物的外包装上安装电子标签，在运输检查站或中转设置阅读器，从而实现资产的可视化管理。在运输过程中，阅读器将电子标签的信息通过卫星或电话线传输到运输部门的数据库，电子标签每通过一个检查站，数据库的数据就得到更新。当电子标签到达终点时，数据库关闭。与此同时，货主可以根据权限，访问在途可视化网页，了解货物的具体位置，这对提高物流企业的服务水平有着重要意义。

4. RFID 的工作原理及组成

（1）RFID 的工作原理。

RFID 的工作原理：标签进入磁场后，如果接收到阅读器发出的特殊射频信号，就能凭借感应电流所获得的能量发送出存储在芯片中的产品信息（即 passive tag，无源标签或被动标签），或者主动发送某一频率的信号（即 active tag，有源标签或主动标签），阅读器读取信息并解码后，送至中央信息系统进行有关数据处理。

Auto-ID 中心开发的电子产品代码（EPC）规范能识别目标，以及所有与目标相关的数据。EPC 系统运用正确的数据库链接到 EPC 码，厂商和零售商能依据权限进行查询、管理和变更操作。一旦标记贴到产品或设备上，RFID 识别器便能读取存储于标记中的数据。Auto-ID 计划将 EPC 系统发展成为全球标准，该标准主要包括：识别目标的特定代码（EPC）；定义数据的所有者（EPC 管理器）；定义代码及标记的其余信息；定义货物参数，如库存单元号；将 EPC 代码转换为 Internet 地址（目标命名服务 ONS）；对目标进行描述（物理置标语言 PML）；聚集和处理 RFID 数据（专家软件）；分配给每类目标的特定号码（串行号）；用于互操作性的规范最小集（标记及识别规范）等。

（2）RFID 系统的组成。

射频识别系统至少应包括以下两个部分：一是读写器；二是电子标签（或称射频卡、应答器等，本书统称为电子标签）。另外，还应包括天线、主机等。RFID 系统在具体的应用过程中，根据不同的应用目的和应用环境，系统的组成会有所不同，但从 RFID 系统的工作原理来看，系统一般都由信号发射机、信号接收机、发射接收天线几部分组成。下面分别加以说明：

① 信号发射机。

在 RFID 系统中，信号发射机为了不同的应用目的，会以不同的形式存在，典型的形式是标签（tag）。标签相当于条码技术中的条码符号，用来存储需要识别传输的信息，另外与条码不同的是，标签必须能够自动或在外力的作用下，把存储的信息主动发射出去。

② 信号接收机。

在 RFID 系统中，信号接收机一般叫作阅读器。根据支持的标签类型不同与完成的功能不同，阅读器的复杂程度是不同的。阅读器基本的功能就是提供与标签进行数据传输的途径。另外，阅读器还提供相当复杂的信号状态控制、奇偶错误校验与更正功能等。

③ 编程器。

只有可读可写标签系统才需要编程器。编程器是向标签写入数据的装置。编程器写入数据一般来说是离线（off-line）完成的，也就是预先在标签中写入数据，等到开始应用时直接把标签黏附在被标识项目上。也有一些 RFID 应用系统，写数据是在线（on-line）完成的，

尤其是在生产环境中作为交互式便携数据文件来处理时。

④ 天线。

天线是标签与阅读器之间传输数据的发射、接收装置。在实际应用中，除了系统功率，天线的形状和相对位置也会影响数据的发射和接收，需要专业人员对系统的天线进行设计、安装。

（四）GIS 技术

1. GIS 技术概述

GIS（geographical information system，地理信息系统）是多种学科交叉的产物，它以地理空间数据为基础，采用地理模型分析方法，适时地提供多种空间和动态的地理信息，是一种为地理研究和地理决策服务的计算机技术系统。其基本功能是将表格型数据（无论它来自数据库、电子表格文件或直接在程序中输入）转换为地理图形显示，然后对显示结果进行浏览、操作和分析。其显示范围可以从洲际地图到非常详细的街区地图，显示对象包括人口、销售情况、运输线路和其他内容。

2. GIS 技术的内容

GIS 技术包括数据库管理、图形图像处理、地理信息处理多方面的基础技术，在计算机软件和硬件的支持下，运用系统工程和信息科学的理论，科学管理和综合分析具有空间内涵的地理数据，为各行业提供规划、管理、研究、决策等方面的解决方案。GIS 物流分析软件集成了车辆路线模型、网络物流模型、分配集合模型和设施定位模型等。

（1）车辆路线模型，用于解决一个起始点、多个终点的货物运输中，如何降低物流作业费用，并保证服务质量的问题：包括决定使用多少辆车，每辆车的行驶路线等。

（2）网络物流模型，用于解决寻求最有效的分配货物路径问题，也就是物流网点布局问题。

（3）分配集合模型，可以根据各个要素的相似点把同一层上的所有或部分要素分为几个组，用以解决确定服务范围和销售市场范围等问题。

（4）设施定位模型，用于确定一个或多个设施的位置。

3. GIS 功能

就 GIS 本身来说，大多数功能较全的 GIS 一般均具备四种类型的基本功能。

（1）数据采集与编辑功能。

GIS 的核心是一个地理数据库，所以建立 GIS 的第一步是将地面的实体图形数据和描述它的属性数据输入到数据中，即数据采集。为了消除数据采集的错误，需要对图形及文本数据进行编辑和修改。

（2）属性数据编辑与分析。

属性数据比较规范，适应于表格表示，所以许多地理信息系统都采用关系数据库管理系统管理。通常的关系数据库管理系统（RDBMS）都为用户提供了一套功能很强的数据编辑和数据库查询语言，即 SQL，系统设计人员可据此建立友好的用户界面，以方便用户对属性数据的输入、编辑与查询。除文件管理功能外，属性数据库管理模块的主要功能之一是用户定义各类地物的属性数据结构。由于GIS中各类地物的属性不同，描述他们的属性项及值域亦不同，所以系统应提供用户自定义数据结构的功能，系统还应提供修改结构的功能，以及提供拷贝结构、删除结构、合并结构等功能。

（3）制图功能。

GIS是一个功能极强的数字化制图系统。它不仅可以为用户输出全要素地图，而且可以根据用户需要分层输出各种专题地图，如行政区划图、土壤利用图、道路交通图、等高线图等，还可以通过空间分析得到一些特殊的地学分析用图，如坡度图、坡向图、剖面图等。

（4）空间数据库管理功能。

GIS一般都装配有地理数据库，其功效类似于对图书馆的图书进行编目，分类存放，以便于管理人员或读者快速查找所需的图书。其基本功能包括：① 数据库定义；② 数据库的建立与维护；③ 数据库操作；④ 通信功能。

（5）空间分析功能。

利用空间查询与空间分析得出决策结论，是GIS的出发点和归宿。在GIS中这属于专业性、高层次的功能。与制图和数据库组织不同，空间分析很少能够规范化，这是一个复杂的处理过程，需要懂得如何应用GIS目标之间的内在空间联系，并结合各自的数学模型和理论来制定规划和决策。由于它的复杂性，目前的GIS在这方面的功能总的来说是比较低下的。典型的空间分析有：拓扑空间查询、缓冲区分析、叠置分析、空间集合分析以及地形分析。

4. 地理信息系统的最新应用

（1）城市导游系统。

城市导游系统是LBS应用的典型范例。通过该系统，游客可以查询到最感兴趣的景点、天气情况等服务，并获取与用户所在环境相关的信息。举例而言，用户要获取距离当前位置lkm以内所有饭店的信息，系统将执行以下步骤：

① 移动客户端通过内嵌式GPS装置获取用户当前位置坐标；

② 移动客户端向城市导游系统服务器发送请求，查询距离该用户1 km内所有饭店的位置；

③ 服务器同时搜索互联网上上述饭店的网页；

④ 服务器将饭店位置信息以及网页上的相关信息反馈给移动终端；

⑤ 移动客户端计算并在地图上显示饭店的信息；

⑥ 移动终端还可通过浏览相关网页获取用户所选饭店的其他信息。

该系统的主要构成有：定位组件、数字地图服务组件、通信组件及信息组件。

（2）森林火灾抢险。

2003年10月美国加利福尼亚州南部发生森林大火。mobile-GIS技术在整个森林抢险的过程中，为救灾人员提供技术支持，为指挥部门提供辅助决策，向主管部门和媒体及时报告灾情，将灾难损失降低到最低限度。首先，抢险人员乘坐携带mobile-GIS装置的直升机经过特定火灾区域，通过GPS定位来记录火灾区域范围坐标，并利用无线通信传输技术，直接将资料传输到指挥中心。这些资料包括：① 火灾发生位置及范围。② 树木死亡率。③ 微小的特征点。比如：消防栓等防火救灾的设施；林中空地、学校操场等人员疏散的目的地。然后，指挥中心依据获取的信息，使用GIS评估火灾扩散情况，分析受威胁建筑物的影响范围，制订救险计划，确认救灾人员、救灾物资的目标区域；并且每经 12 h 便利用最新的信息重新制定救灾策略。加州大火中移动 GIS 的应用，表明抢险指挥人员快速获取灾情信息，并迅速制订救灾计划的技术水平已经取得了很大提高。

（3）城市救护车管理系统。

移动 GIS 在城市交通中起到了非常重要的作用。以欧洲城市救护车管理系统为例，该系统集成了 GIS，GPS，GMS 技术，为救护车建立了一条从接收事故信息地点到赶往事故发生地再到最近医院的最佳路径。系统的构架是建立在 3G 集成基础上的，GPS 和 GSM 用于定位，并将精确的位置信息传输到远程的 GIS 服务器。每一台救护车装备一个 GPS 装置和 GSM 调制解调器，负责为救护车定位，并将位置信息传输给紧急救助中心。车辆还可以配备计算能力较强的电脑或其他移动数据终端，计算并显示救护车到指定地点的最佳路径。GIS 服务器架设在医院终端，接受包括道路交通网、医院或医疗中心的位置、救护车的位置信息等即时数据。这些数据还应利用以往的交通统计资料或交通网传感器即时传输的数据进行更新。

移动 GIS 在城市救护车管理系统的应用，加强了城市紧急医疗救护的能力，起到了良好的作用。

（4）移动 GIS 在考古学中的新应用。

移动设备尤其是移动 GIS 的融入，为区域研究提供了极大的便利。在考古研究中，科学家利用移动 GIS 方便地获取、记录数据，并进行空间分析。考古人员配备了新型的移动 GIS 装置后，在传统考古调查基础上快速侦察，记录遗迹的空间分布状况；在遗迹所在地进行取样和测试性挖掘。当发现有价值的文物时，考古专家利用移动 GIS 装置记录该文物的精确位置和属性。主要过程如下：

① 寻找遗址。

检测人员发现一个可疑的考古遗迹时，立即使用 GPS 进行精确定位，记录坐标位置。

② 建立遗址的边界。

工作组集中到某一遗址处，按照考古文物的分布特性为遗址划定边界，在此过程中，将使用移动 GIS 将空间边界记录为多边形，然后为该多边形分配唯一的 ID 号。

③ 评估考古价值。

对该遗址的文物特性进行评估，可参照先前工作组制定的标准，以确定该遗址是否有开发的价值。

④ 记录点的位置。

将即时调查出的文物的几何点坐标存入带有唯一标志码的集合。

⑤ 绘制详细位置。

移动 GIS 用户在考古专家陪同下观测每一件文物所处的位置。这些文物的空间数据仍用多边形表示，属性数据依据考古专家的评估进行赋值。照片等其他类型的数据通过唯一的 ID 标识码同 GIS 数据连接。可见，在某些特殊领域中应用移动 GIS，可以起到良好的效果。

5. GIS 的应用领域

地理信息系统在最近的 30 多年内取得了惊人的发展，广泛应用于资源调查、环境评估、灾害预测、国土管理、城市规划、邮电通信、交通运输、军事公安、水利电力、公共设施管理、农林牧业、统计、商业金融等几乎所有领域，如测绘、应急、石油、石化等国民经济的各个领域。

随着网络和 Internet 技术的发展，运行于 Intranet 或 Internet 环境下的地理信息系统应用类型，其目标是实现地理信息的分布式存储和信息共享，以及远程空间导航等。

（五）GPS 技术

1. GPS 技术概述

全球定位系统（global positioning system，GPS）具有在海、陆、空进行全方位实时三维导航与定位能力。GPS 在物流领域可以应用于汽车自定位、跟踪调度，用于铁路运输管理，用于军事物流。全球定位系统（GPS）是一个中距离圆形轨道卫星导航系统。它可以为地球表面绝大部分地区（98%）提供准确的定位、测速和高精度的时间标准。系统由美国国防部研制和维护，可满足位于全球任何地方或近地空间的军事用户连续精确的确定三维位置、三维运动和时间的需要。该系统包括太空中的 24 颗 GPS 卫星，地面上的 1 个主控站、3 个数据注入站和 5 个监测站及作为用户端的 GPS 接收机。最少只需其中 4 颗卫星，就能迅速确定用户端在地球上所处的位置及海拔高度。所能接收连接到的卫星数越多，解码出来的位置就越精确。

现在民用 GPS 也可以达到 10 m 左右的定位精度。

2. GPS 的功能

（1）精确定时：广泛应用在天文台、通信系统基站、电视台中。

（2）工程施工：道路、桥梁、隧道的施工中大量采用 GPS 设备进行工程测量。

（3）勘探测绘：野外勘探及城区规划中都有用到。

（4）导航。

武器导航：精确制导导弹、巡航导弹。

车辆导航：车辆调度、监控系统。

船舶导航：远洋导航、港口/内河引水。

飞机导航：航线导航、进场着陆控制。

星际导航：卫星轨道定位。

个人导航：个人旅游及野外探险。

（5）定位。

（6）车辆防盗系统。

（7）手机，PDA，PPC 等通信移动设备防盗，电子地图，定位系统。

（8）儿童及特殊人群的防走失系统。

（9）精准农业：农机具导航、自动驾驶，土地高精度平整。

3. GPS 的六大特点

第一，全天候，不受任何天气的影响。

第二，全球覆盖（高达 98%）。

第三，三维定点、定速、定时高精度。

第四，快速、省时、高效率。

第五，应用广泛、多功能。

第六，可移动定位。

4. GPS在物流中的应用

（1）用于汽车自定位、跟踪调度。

据统计，全世界在车辆导航上的投资平均每年增长60.8%，因此，车辆导航将成为未来全球卫星定位系统应用的主要领域之一。我国已有数十家公司在开发和销售车载导航系统。

（2）用于铁路运输管理。

我国铁路开发的基于GPS的计算机管理信息系统，可以通过GPS和计算机网络实时收集全路列车、机车、车辆、集装箱及所运货物的动态信息，可实现列车、货物追踪管理。铁路部门运用这项技术可大大提高其路网及其运营的透明度，为货主提供更高质量的服务。

（3）用于军事物流。

全球卫星定位系统首先是因为军事目的而建立的，在军事物流中，如后勤装备的保障等方面，应用相当普遍，美军在20世纪末的地区冲突中依靠GPS和其他顶尖技术，以强有力的、可见的后勤保障。对此，引起各国高度重视，许多国家的军事部门也在运用GPS。

第三节 物流软件

一、物流软件概述

1. 物流软件的概念

物流软件是指对物流工作及其设施设备的计算机程序控制系统，如供应链采购软件、自动配货系统、二维码系统等。

2. 物流软件的功能

物流软件主要有以下功能：

（1）库位控制，指为入库材料分配一个库位并对出库顺序按选择的规则强制执行。

（2）批次控制，该模块提供对批次和序列号完全的可追溯性。

（3）货物管理，数据库中包含着系统需要处理的每一种货物的信息和属性。这些信息与相关系统中的货物信息相对应。

（4）货位管理。货位管理包含仓库存储系统和存储单元的详细信息。这些信息包括每一个货位的尺寸和承载能力，可以自动在拣货清单或其他工作单上排列出位置顺序。

（5）作业管理。所有的库房操作都通过系统来进行管理。如分拣、收货和放置、库内货物移动、盘点等。

二、物流软件的发展方向

物流软件是架构在物流之上的一种服务性工具。没有物流，也就无从谈起物流软件，这便充分显示出好的物流软件应该是随着物流的发展而发展、物流的完善而完善的。

中国物流行业还是一个新兴的行业，随着我国经济发展、对外贸易的增多；物流公司服务意识的提高、客户需求的提升，物流软件必然有着十分广阔的发展天地。就目前物流企业的现状而言，物流软件在开发上更多应符合当前市场的需求，在充分解决客户的燃眉之急后再图“博精”。

三、几种典型的物流软件

（一）运输管理系统概述

运输管理系统（TMS）是一种“供应链”分组下的、基于网络的操作软件。它能通过多种方法和其他相关的操作一起提高物流的管理能力，包括管理装运单位，指定企业内、国内和国外的发货计划，管理运输模型、基准和费用，维护运输数据，生成提单，优化运输计划，选择承运人及服务方式，招标和投标，审计和支付货运账单，处理货损索赔，安排劳力和场所，管理文件（尤其当国际运输时）和管理第三方物流。

输管理系统运输包含的模块有调度管理、车辆管理、配件管理、油耗管理、费用结算、人员管理、资源管理、财务核算、绩效考核、车辆跟踪、业务跟踪、业务统计、账单查询等。

（二）仓储管理系统

仓储管理系统（WMS）是一个实时的计算机软件系统，它能够按照运作的业务规则和运算法则，对信息、资源、行为、存货和分销运作进行更完美的管理，使其最大化地满足有效产出和精确性的要求。

仓储管理系统的优点：基础资料管理更加完善，文档利用率高；库存准确；操作效率高；库存低，物料资产使用率高；现有的操作规程执行难度小；易于制订合理的维护计划；数据及时，成本降低；提供历史的记录分析；规程文件变更后的及时传递和正确使用；仓库与财务的对账工作量见效，效率提高；预算控制严格、退库业务减少。

仓库管理系统功能模包括系统功能设定模块、基本资料维护模块、采购管理模块、仓库管理模块、销售管理模块、报表生成模块、查询功能。

仓储管理系统（WMS）在我国的应用还处于起步阶段。国内企业为代表的中低端市场，主要应用国内开发的 WMS 产品，有以下几种：

（1）基于典型的配送中心业务的应用系统：在销售物流中如连锁超市的配送中心。此类系统多用于制造业或分销业的供应链管理中，也是 WMS 中最常见的一类。

（2）以仓储作业技术的整合为主要目标的系统：解决各种自动化设备的信息系统之间整合与优化的问题。此类系统涉及的流程相对规范、专业化，多出现在大型 ERP 系统之中，成为一个重要组成部分。

（3）以仓储业的经营决策为重点的应用系统：其鲜明的特点是具有非常灵活的计费系统、准确及时地核算系统和功能完善的客户管理系统，为仓储业的经营提供决策支持信息。

（三）信息管理系统

信息管理系统是物流配送化的核心，有较强的综合性，主要目的是向各配送点提供配送信息，根据订货查询库存及配送能力，发出配送指令、结算指令及发货通知，汇总及反馈配送信息。

信息管理系统的作用有以下几点：

（1）进行业务管理：主要用于物流配送中心的入库、验收、分拣、堆码、组配、发货、出库、输入进（发）货数量、打印货物单据，便于仓库保管人员正确进行货物的确认。

（2）进行统计查询：主要用于物流配送中心的入库、出库、残损及库存信息的统计查询，可按相应的货物编号、分类，便于供应商、客户和仓库保管人员进行统计查询。

（3）进行库存盘点：主要用于物流配送中心的货物盘点清单制作、盘点清单打印、盘点数据输入、盘点货物确认、盘点结束确认、盘点利润统计、盘点货物查询、浏览统计、盘亏盘盈统计，便于实行经济核算。

（4）进行库存分析：主要用于物流配送中心的库存货物结构变动的分析，各种货物库存量，品种结构的分析，便于分析库存货物是否积压和短缺问题。

（5）进行库存管理：主要用于物流配送中心库存货物的管理。

（6）进行库存货物保质期报警：主要用于物流配送中心库存货物的质量管理。

（7）进行货位调整：主要用于物流配送中心对库存货物的货位进行调整，进行货位调整查询，以便仓库管理人员掌握各种货物的存放情况，从而及时准确地查找在库货物。

（8）进行账目管理：主要用于物流配送中心核算某一时间段的每种货物明细账，每类货物的分类账和全部在库货物的总账，便于实行经济核算。

（9）进行条码打印：主要用于物流配送中心的货物自编条码打印、货物原有条码打印等，便于仓库实行条码管理，自动生成打印各种货物的条码。

（四）货代管理系统

货代管理系统（freight management system，FMS），是针对货代行业所特有的业务规范和管理流程，利用现代信息技术以及信息化的理论和方法，开发出的能够对货代企业的操作层、管理层和战略决策层提供有效支持与帮助的管理系统。

目前，现代货代企业已经超越了传统意义上的业务范畴，逐步从单一的货运代理向综合物流服务延伸，更加关注建立综合型的货代服务模式，关注与客户、供应商、海外代理等合作伙伴之间的资源整合和应用集成。

货代管理系统的功能：帮助集团化企业实现集中化管理；更专业的业务处理，支持个性化的操作模式；实现与海外代理集中对账，缩短应收款周期；规范财务处理流程，保障财务管理及时、准确；提高协作能力，建立稳固、双赢的协作网络。

（五）车辆管理系统

车辆管理系统用计算机管理机动车辆的档案，运营管理以及驾驶员信息的管理系统。车辆管理系统是典型的信息管理系统（MIS），其开发主要包括后台数据库的建立和维护和前端应用程序的开发两个方面。对于前者要求建立起数据一致性和完整性强、数据安全性好的库，而对于后者则要求应用程序功能完备，易使用等。

【课后习题】

1. 下列各选项中，（ ）不是物流信息的特征。
   A. 信息量大　B. 物流作业量大
   C. 动态性强　D. 来源多样化
2. GPS 的太空部分至少包含（ ）颗卫星。
   A. 24　B. 6　C. 4　D. 7
3. TMS 的含义是（ ）。
   A. 仓储管理系统　B. 运输管理系统
   C. 货代管理系统　D. 车辆管理系统
4.（多选）下列各选项中属于物流信息系统开发过程的是（ ）。
   A. 系统规划阶段　B. 系统需求阶段
   C. 系统软件设计　D. 系统测试阶段
5.（多选）物流信息系统按管理决策的层次可分为（ ）。
   A. 物流作业管理系统　B. 办公自动化系统
   C. 物流协调控制系统　D. 物流决策支持系统
6.（多选）物流企业信息化的发展趋势为（ ）。
   A. 智能化　B. 标准化
   C. 社会信息化　D. 局域化
7. 简述 GPS 工作的特点。
8. 简述 RFID 系统的特点。

第九章　企业物流管理

【学习目标】

1. 理解企业物流的概念与内容。
2. 掌握企业采购物流的概念及其主要类型。
3. 掌握企业生产物流的概念及其特点。
4. 掌握企业销售物流的概念及其合理化。
5. 掌握企业逆向物流的成因及其重要性。

【引导案例】

京东自营物流

京东商城是中国最大的综合网络零售商，是中国电子商务领域最受消费者欢迎和最具影响力的电子商务网站之一，在线销售家电、数码通信、电脑、家居百货、服装服饰、母婴、图书、食品、在线旅游等 12 大类数万个品牌百万种优质商品。2012 年第一季度，京东商城以 50.1% 的市场占有率在中国自主经营式 B2C 网站中排名第一。

2009 年年初，京东商城就斥巨资成立自己的物流公司开始分别在北京、上海、广州、成都、武汉设立了自己的一级物流中心，随后在沈阳、济南、西安、南京、杭州、福州、佛山、深圳 8 个城市建立了二级物流中心，这些城市的顾客是京东商城的主要顾客。以华东物流中心——上海为例，每日能正常处理 2.5 万个订单，日订单极限处理能力达到 5 万单。目前，京东商城正在筹建一个新的项目——亚洲一号，即在上海嘉定购置 260 亩（1 亩≈666.67 平方米）土地用于打造亚洲最大的现代化 B2C 物流中心。“亚洲一号”将至少支持百万级的 SKU（Stock Keeping Unit，库存量单位），目标是适应未来 5 到 10 年的发展。正是有了如此大规模的自营物流体系的支持，京东商城才敢在 2010 年 4 月正式推出“211 限时送达”服务，即指每天上午 11 点前下订单，下午送达；晚上 11 点前下订单，次日上午送达。

京东商城在自营配送到达不了和订单量相对较少的区域内，选择与专业的快递公司合作，这样使京东商城不仅减少了物流成本的支出，还让京东商城回归自己的核心业务，专注于自身业务的发展。

问题思考：

结合京东的例子，简述企业自供物流方式的优点。

第一节　企业物流管理概述

一、企业物流的概念

企业物流是指企业内部的物品实体流动。它从企业角度研究与之有关的物流活动，是具体的、微观的物流活动的典型领域。

企业物流概念的提出，最早可以追溯到20世纪60年代。1962年4月，美国管理学大师Peter Drucker在Fortune杂志上发表的《经济领域的黑暗大陆》文章中首次提出了“物流”的概念。虽然当时Drucker提出的物流（distribution）仅仅是针对产成品来讨论的，但很快就引起了企业界的巨大关注，真正的企业物流（logistics）理念迅速波及原材料领域，进而形成综合物流（integrated logistics），发展到20世纪90年代，正式提出了供应链管理（supply chain management，SCM）理念。

企业物流理念从提出到发展为相对较成熟与完善，期间经历了近 40 年的时间。在这近40年的时间里，几乎每10年企业物流理念就得到一次极大的更新与充实。从本质上说，企业物流是企业产品或服务的一种存在与表现形式。当初Drucker提出企业物流概念的时候，仅仅指产品从生产出来后到消费者手中的这一段时间的存在与表现形式；而1992年美国物流管理协会对物流的定义则认为，物流是为满足消费者需求而进行的对货物、服务及相关信息从起始地到消费地的有效率与效益的流动与存储的计划、实施与控制的过程。这个时候物流已经作为一个复杂的企业运行过程而存在。到1998年，美国物流管理协会又在1992年物流概念的基础上引入“供应链”的概念。到2001年，美国物流管理协会则对物流的概念进一步充实、完善，演变为物流是供应链运作中，以满足客户要求为目的，对货物、服务和相关信息在产出地和销售地之间实现高效率和低成本的正向和反向的流动和储存所进行的计划、执行和控制的过程。

二、企业物流发展的阶段

企业物流的发展过程大致可以分为如下三个阶段：

1. 产品物流阶段

这个阶段的时间起止为20世纪60年代初期至70年代后期，属于企业物流的早期发展阶段。在该阶段中，物流的主要功能大多围绕对产品从企业工厂生产出来到如何到达消费者手中这一过程的运作上。

当时，企业重视产品物流的目的是希望能以最低的成本把产品有效地送达到顾客手中。企业重视产品物流的主要原因来自两个方面：一是为了扩大市场份额，满足不同层次顾客的需要，扩张其生产线；二是为了对付企业内部与外部市场的压力，倾向于生产非劳动密集型的高附加值产品。产品物流阶段，物流管理的特征是注重产品到消费者的物流环节。

2. 综合物流阶段

这个阶段的时间起止为20世纪70年代中后期至80年代后期。在这个阶段中，企业物流集中表现为原材料物流和产品物流的融合。实践证明，综合物流管理可以为企业带来更大的效益，因此，综合物流在此期间得到了迅速的发展。

当时运输自由化以及全球性竞争的日渐加剧，企业认识到把原材料管理与产品配送综合起来管理可以大大提高企业运行效率与效益，因此，在上述因素的推动下，企业物流迅速地从产品物流阶段向综合物流阶段发生转移。

3. 供应链管理阶段

这个阶段开始于20世纪90年代初期。在这个阶段中，企业对传统的物流管理有了更为深刻的认识，企业已经将单纯的个体企业之间的竞争上升到企业群、产品群或产业链条上不同企业所形成的供应链之间的竞争这个高度。

从20世纪80年代后期开始，信息技术获得了飞速的发展，信息技术的发展迅速转化为生产力，进而在生产领域掀起了一场前所未有的信息化革命。由信息技术所衍生出的一系列外部因素的变化，使企业开始把着眼点放开至物流活动的整个过程，包括原材料的供应商和制成品的分销商，进而使企业物流从综合物流阶段向供应链管理阶段发生转移。

三、企业物流的分类

1. 企业生产物流

企业生产物流指企业在生产工艺中的物流活动。这种物流活动是与整个生产工艺过程伴生的，实际上已构成了生产工艺过程的一部分。企业生产物流的过程大体为：原料、零部件、燃料等辅助材料从企业仓库或企业的“门口”开始，进入到生产线的开始端，再进一步随生产加工过程一个一个环节地“流”，在“流”的过程中，本身被加工，同时产生一些废料余料，直到生产加工终结，再“流”至产品仓库便终结了企业生产物流过程。

企业生产物流研究课题很多。例如，生产流程如何安排，从物流角度看才最合理，各生产活动环节如何衔接才最有效，如何缩短整个生产的物流时间等。

2. 企业供应物流

企业供应物流指企业为保证本身的生产节奏，不断组织原材料、零部件、燃料、辅助材料供应的物流活动，这种物流活动对企业生产的正常、高效进行有着重大作用。企业供应物流不仅是一个保证供应的目标，而且还是在以最低成本、以最少消耗、以最大的保证来组织供应物流活动的限定条件下，因此，有很大的难度。现代物流学是基于非短缺商品市场这样一个宏观环境来研究物流活动的，在这种的市场环境下，供应数量保证上是容易做到的，企业的竞争关键在于如何降低这一物流过程的成本，这可以说是企业物流最大的难点。为此，企业供应物流就必须解决有效的供应网络问题、供应方式问题、零库存问题等。

3. 企业销售物流

企业销售物流是企业为保证本身的经营利益，不断伴随销售活动，将产品所有权转给用户的物流活动。如上所述，在现代社会中，市场环境是一个完全的买方市场，因此，销售物流活动便带有极强的服务性，以满足买方的要求，最终实现销售。在这种市场前提下，销售往往以送达用户并经过售后服务才算终止，因此，销售物流的空间范围很大，这便是销售物流的难度所在。在这种前提下，企业销售物流的特点，便是通过包装、送货、配送等一系列物流实现销售，这就需要研究送货方式、包装水平、运输路线等，并采取各种特殊的物流方式达到目的。

4. 企业逆向物流

企业逆向物流包括企业回收物流和企业废弃物物流。

企业回收物流是指企业在生产、供应、销售的活动中总会产生各种边角余料和废料，这些东西回收往往需要伴随物流活动，而且在一个企业中，回收物品处理不当，往往会影响整个生产环境，甚至影响产品质量，也会占用很大空间，造成浪费。

企业废弃物物流是对企业排放的无用物进行运输、装卸、处理等的物流活动。

四、企业物流的增值作用

正如前所述，企业重视物流的目的就是希望能以最低的成本将产品送达到用户手中。事实上，企业物流的作用不仅如此，企业物流更为核心的作用还表现在通过几种经济效用来增加产品或服务的价值。

1. 地点效用

企业物流活动增加产品或服务价值最直观的表现就是改变产品或服务的提供地点。从这个角度说，物流活动通过扩展企业的市场边界来增加产品的价值，而扩展市场边界最直接的表现就是通过运输来转移产品所处的地点。例如，企业通过物流活动将产品从密集的生产地运输到需求分散的各消费地，这就是地点效用。

2. 时间效用

对于企业来说，产品不仅要送达消费者需要的地点，而且还应该在消费者需要的时间送达才能实现价值。时间效用就是在消费者需要的时间将产品送达。企业物流通过运输来改变产品的位置，同时也产生产品的时间效用。另外，时间效用强调减少备货时间，因此，在当今激烈的市场竞争中越来越重要。

3. 形态效用

所谓形态效用，就是指以制造、生产和组装来增加产品的价值。企业的某些物流活动也能产生产品的形态效用。例如，DIY 装机商将 CPU、主板、硬盘、内存、显示器、机箱等零部件通过物流活动组织在一起形成整机；瓶装饮料公司把果汁、水、碳酸盐等调和在一起制成软饮料。这表明，企业物流活动能改变产品形态，而改变产品形态可以使产品增值。

4. 占用效用

占用效用与市场营销中的产品推销紧密相关。所谓产品推销，就是一种直接或间接地与

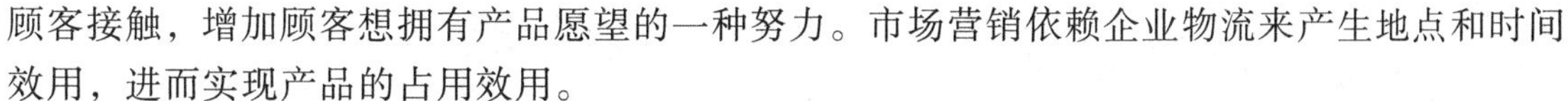

顾客接触，增加顾客想拥有产品愿望的一种努力。市场营销依赖企业物流来产生地点和时间效用，进而实现产品的占用效用。

五、企业物流合理化

企业物流合理化是建立在物流系统低成本、高效率、高收益的基础上，对于整个企业的运作起着支撑作用的。

（一）企业物流合理化的意义

（1）降低物流费用、减少产品成本。物流费用在产品成本中占有相当大的比重，企业物流合理化可以提高物流作业效率，减少运输费用及仓储包装费用，从而直接达到降低成本的目的。

（2）缩短生产周期、加快资金周转。通过合理制订生产计划使物流均衡化，同时减少库序、减少物流中间环节可以有效地缩短生产周期，使进厂的原材料在较短的时间内，形成“成品”供给用户，以更快地适应市场的变化，提高企业的竞争能力。

（3）压缩库存、减少流动资金的占用。

（4）通过物流改善、提高企业的管理水平。

（二）企业物流合理化的途径

（1）对厂址选择进行科学决策。考虑企业物流与社会物流的适应性。

（2）各种设施在生产空间进行合理的布置。生产系统和服务系统的各类设施的空间布置规划与设计是物流合理化的前提。各车间的相对位置以及车间内各台设备的相对位置一经确定，物流路线即被确定，应合理布置、减少物料流的迂回、交叉以及无效的往复运输，并避免物料运输中的混乱、路线过长等现象。

（3）合理控制库存。库存管理要满足以下目的：原材料成本下降、保证供应，防止缺货，减少流动资金。

（4）均衡生产。从物流的角度来看，均衡生产就是生产物流流量的均衡，这是杜绝生产中浪费现象的重要措施。均衡生产的最佳状态是从毛坯投入到堆积、不间断、不超越、有节奏的流动状态，是工序间在制品存储量向零挑战的生产组织方式。实行均衡生产的主要措施是科学地制订生产计划和加强对生产的组织管理。

（5）合理的配置和使用物流机械。物流机械的配置主要考虑以下条件：① 根据物料形态与特性、搬运工艺要求、环境条件，选择合适的类别与规格的物流机械，而且要注意系统配套；② 要根据综合经济效益确定机械化水平；③ 物料的单元化和集装化。

（6）健全物流信息系统。信息系统的水平是物流现代化的标志，物流信息系统几乎覆盖了整个工厂的生产过程。合理制订生产计划，控制生产物流节奏，压缩库存，降低生产成本，合理调度运输和搬运设施，使厂内物流顺畅，这些都依赖于及时、准确的物流信息。在工厂外部，原材料供应市场和产成品销售市场的信息，也是组织工厂物流活动的依据。因此，建立完善的物流信息系统，有利于管理层进行决策分析。

第二节　企业采购物流管理

一、采购物流概述

（一）采购物流的概念

采购物流，又称原材料采购物流，是指包括原材料等一切生产物资的采购、进货运输、仓储、库存管理、用料管理和供应管理。它是生产物流系统中独立性相对较强的一个子系统，并且和生产系统、财务系统等生产企业各部门以及企业外部的资源市场、运输部门有密切的联系。采购物流是企业为保证生产节奏，不断组织原材料、零部件、燃料、辅助材料供应的物流活动，这种活动对企业生产的正常、高效率进行有着保障作用。企业采购物流不仅要实现保证供应的目标，而且要在低成本、少消耗、高可靠性的限制条件下来组织采购物流活动，因此难度很大。

（二）采购物流包含的内容

采购物流在不同的企业里，侧重点有所不同。在加工制造型企业，采购基本上是采购原材料、零部件、毛坯料，甚至有时候还是半成品。在零售企业里采购的一般是商品。政府采购的重点在于日常用品，如笔纸、电脑等。

（三）采购物流应注意的问题

对供应商进行选择和评估之后，应该对他们分别建立档案，便于对供应商进行分类管理。

供应商的选择与评估中比较关键的一点就是要求稳定的质量，不仅是产品质量，还包括供应商的服务质量、管理质量。

对供应商进行分类的时候还要特别注意动态的问题，就是不能给供应商固定级别，应该根据评估结果随时为他定级，成绩不好的供应商就应该被淘汰。

采购过程中，还要侧重于采购模式。南方有一些企业，对采购进行外包（采购外包），这也是采购整合、采购流程再造的一种方式。

二、采购物流的发展阶段

企业的采购物流有三种组织方式：第一种是委托社会销售企业代理采购物流方式；第二种是委托第三方物流企业代理采购物流方式；第三种是企业自供物流方式。

这三种方式都有低层次的、高层次的不同管理模式，其中供应链方式、零库存供应方式、准时供应方式、虚拟仓库供应方式都值得人们关注。

（一）委托社会销售企业代理采购物流方式

企业作为用户，在买方市场条件下，利用买方的主导权力，向销售方提出对本企业进行供应服务的要求，作为向销售方面进行采购订货的前提条件。实际上，销售方在实现了自己生产和经营的产品销售的同时，也实现了对用户的供应服务，以此占领市场。这种供应服务是销售方企业发展的一个战略手段。

这种方式的主要优点：企业可以充分利用市场经济造就的买方市场优势，对销售方即物流的执行方进行选择和提出要求，有利于实现企业理想的采购物流设计。

这种方式存在的主要问题：销售方的物流水平可能有所欠缺，因为销售方毕竟不是专业的物流企业，有时候很难满足企业采购物流高水平化、现代化的要求。例如，企业打算建立自己的广域供应链，这就因超出了销售方面的能力而难以实现。

（二）委托第三方物流企业代理采购物流方式

这种方式是在企业完成了采购程序之后，由销售方和本企业之外的第三方去从事物流活动。当然，第三方从事的物流活动，应当是专业性的，而且有非常好的服务水平。这个第三方所从事的采购物流，主要向买方提供服务，同时也向销售方提供服务，在客观上协助销售方扩大了市场。

由第三方去从事企业采购物流的最大好处是，能够承接这一项业务的物流企业，必定是专业物流企业，有高水平、低成本、高服务从事专业物流的条件、组织和传统。不同的专业物流公司，瞄准的物流对象不同，有自己特有的形成核心竞争能力的机器装备、设施和人才，这就使企业有广泛选择的余地，进行采购物流的优化。

在网络经济时代，很多企业要构筑广域的或者全球的供应链，这就要物流企业有更强的能力和更高的水平，这是一般生产企业不可能做到的，从这个意义来讲，必须要依靠从事物流的第三方来做这一项工作。

（三）企业自供物流方式

第三种是由企业自己组织所采购的物品的本身供应的物流活动，这在卖方市场的市场环境状况下，是经常采用的一种采购物流方式。

本企业在组织供应的某些种类物品方面，可能有一些如设备、装备、设施和人才方面的优势，这样，由本企业组织自己的采购物流也未尝不可，在新经济时代这种方式也不能完全否定，关键还在于技术经济效果的综合评价。但是，在网络经济时代，如果不考虑本企业的核心竞争能力，不致力发展这个竞争能力，而仍然抱着“肥水不流外人田”的旧观念，可能会取得一些眼前利益，但是这必将以损失战略的发展为代价，是不可取的。

三、采购物流服务

采购物流领域新的服务方式主要有以下两种：

（一）准时供应方式

在买方市场环境下，采购物流活动的主导者是买方。购买者（用户）有极强的主动性，用户企业可以按照最理想的方式选择采购物流；而采购物流的承担者，作为提供服务的一方，必须以最优的服务才能够被用户所接受。从用户企业一方来看，准时供应方式是一种比较理想的方式。

准时供应方式是按照用户的要求，在计划的时间内或者在用户随时提出的时间内，实现用户所要求的供应。准时供应方式大多是双方事先约定供应的时间，互相确认时间计划，因而有利于双方做采购物流和接货的组织准备工作。

采用准时供应方式，可以派生出零库存方式、即时供应方式、到线供应方式等多种新的服务方式。

（二）即时供应方式

即时供应方式是准时供应方式的一个特例，是完全不依靠计划时间而按照用户偶尔提出的时间要求，进行准时供应的方式。这种方式一般作为应急的方式采用。

在网络经济时代，由于电子商务的广泛开展，在电子商务运行中，一般消费者所提出的服务要求，大多缺乏计划性，而又有严格的时间要求，所以在新经济环境下，这种供应方式有被广泛采用的趋势。

需要说明的是，这种供应方式由于很难实现计划和共同配送，所以一般成本较高。

四、采购流程

（一）采购流程概述

采购过程是指从采购计划开始，到采购询价、采购合同签订，一直到采购材料进场为止的过程。

采购流程具体可包括收集信息，比价，议价，评估，索样，决定，请购，订购，协调与沟通，催交，进货检收，整理付款。

（二）采购过程的内容

1. 询　价

询价就是从可能的卖方那里获得谁有资格完成工作的信息，该过程的专业术语叫供方资格确认（source qualification）。获取信息的渠道有：招标公告、行业刊物、互联网等媒体、供应商目录、约定专家拟定可能的供应商名单等。通过询价获得供应商的投标建议书。

2. 供方选择

这个阶段根据既定的评价标准选择一个承包商。评价方法有以下几种：

合同谈判：双方澄清见解，达成协议。这种方式也叫“议标”。

加权方法：把定性数据量化，将人的偏见影响降至最低程度。这种方式也叫“综合评标法”。

筛选方法：为一个或多个评价标准确定最低限度履行要求，如最低价格法。

独立估算：采购组织自己编制“标底”，作为与卖方的建议比较的参考点。

一般情况下，要求参与竞争的承包商不得低于三个。选定供方后，经谈判，买卖双方签订合同。

3. 合同管理

合同管理是确保买卖双方履行合同要求的过程，一般包括以下几个层次的集成和协调：

（1）授权承包商在适当的时间进行工作。

（2）监控承包商成本、进度计划和技术绩效。

（3）检查和核实分包商产品的质量。

（4）变更控制，以保证变更能得到批准，并保证所有应该知情的人员获知变更。

（5）根据合同条款，建立卖方执行进度和费用支付的联系。

（6）采购审计。

（7）正式验收和合同归档。

4. 采购过程的控制

一般而言，采购过程应当从以下几个方面进行控制：

（1）制定详尽的价格表（含价格上限和相关政策）。

（2）采用符合企业特点的采购策略（如常用的经济批量采购策略）。

（3）规定严格的采购流程（含申请制度、归口部门、订单审批制度、订单跟踪等过程）。

（4）制定合理的质检与验收流程等。

除此之外，采购付款也应当涵盖在采购过程管理中，何时付款和如何付款同样需要进行成本与效益的平衡，因为资金同样是有成本的（资金成本）。

第三节　企业生产物流管理

一、生产物流概述

生产物流一般是指原材料、燃料、外购件投入生产后，经过下料、发料，运送到各加工点和存储点，以在制品的形态，从一个生产单位（仓库）流入另一个生产单位，按照规定的工艺过程进行加工、储存，借助一定的运输装置，在某个点内流转，又从某个点内流出，始终体现着物料实物形态的流转过程。

生产物流和生产流程同步，是从原材料购进开始直到产成品发送为止的全过程的物流活动。原材料、半成品等按照工艺流程在各个加工点之间不停顿地移动、转移，形成了生产物流。它是制造产品的生产企业所特有的活动，如果生产中断了，生产物流也就随之中断了。

生产物流的发展历经了人工物流—机械化物流—自动化物流—集成化物流—智能化物流五个阶段。

生产物流的主要特点如下：

1. 实现价值的特点

企业生产物流和社会物流的一个最本质不同之处，也即企业物流最本质的特点，主要不是实现时间价值和空间价值的经济活动，而是实现加工附加价值的经济活动。

2. 主要功能要素的特点

企业生产物流的主要功能要素也不同于社会物流。一般物流功能的主要要素是运输和储存，其他是作为辅助或次要功能或强化性功能要素出现的。企业物流主要功能要素则是搬运活动。

3. 物流过程的特点

企业生产物流是一种工艺过程性物流，一旦企业生产工艺、生产装备及生产流程确定，企业物流也因而成了一种稳定性的物流，物流便成了工艺流程的重要组成部分。由于这种稳定性，企业物流的可控性、计划性便很强，一旦进入这一物流过程，选择性及可变性便很小。对物流的改进只能通过对工艺流程的优化，这方面和随机性很强的社会物流也有很大的不同。

4. 物流运行的特点

企业生产物流的运行具有极强的伴生性，往往是生产过程中的一个组成部分或一个伴生部分，这决定了企业物流很难与生产过程分开而形成独立的系统。

二、生产物流决策

1. 设施选址概述

所谓设施，是指生产运作过程得以进行的硬件手段，通常是由工厂、办公楼、车间、设备、仓库等物质实体所构成。

所谓设施选址，是指如何运用科学的方法决定设施的地理位置，使之与企业的整体经营运作系统有机结合，以便有效、经济地达到企业的经营目的。

设施选址包括两个层次的问题：

（1）选位。即选择什么地区（区域）设置设施，沿海还是内地，南方还是北方等。在当前全球经济一体化的大趋势之下，或许还要考虑是国内还是国外。

（2）定址。地区选定以后，具体选择在该地区的什么位置设置设施，也就是说，在已选定的地区内选定一片土地作为设施的具体位置。

设施选址还包括这样两类问题：一是选择一个单一的设施位置；二是在现有的设施网络中布新点。

2. 设施选址的战略目标

对于一个特定的企业，其最优选址取决于该企业的类型。工业选址决策主要是为了追求成本最小化，而零售业或专业服务性组织机构一般都追求收益最大化；至于仓库选址，可能要综合考虑成本及运输速度的问题。总之，设施选址的战略目标是使厂址选择能给工厂带来最大化的收益。

3. 设施选址影响因素的权衡

（1）必须仔细权衡所列出的这些因素，决定哪些是与设施选址紧密相关的，哪些虽然与企业经营或经营结果有关，但是与设施位置的关系并不大，以便在决策时分清主次，抓住关键。

（2）在不同情况下，同一影响因素会有不同的作用，因此，绝不可生搬硬套任何原则条文，也不可完全模仿照搬已有的经验。

（3）对于制造业和非制造业的企业来说，要考虑的影响因素以及同一因素的重要程度可能有很大不同。一项在全球范围内对许多制造业企业所做的调查表明，企业认为下列五组因素是进行设施选址时必须考虑的：劳动力条件、与市场的接近程度、生活质量、与供应商和资源的接近程度、与其他企业设施的相对位置。

三、生产物流的发展趋势

1. ERP

企业资源计划或称企业资源规划（enterprise resource planning，ERP），是由美国著名管理咨询公司 Gartner Group Inc 于 1990 年提出来的，最初被定义为应用软件，但迅速为全世界商业企业所接受，现已经发展成为现代企业管理理论之一。企业资源计划系统，是指建立在资讯技术基础上，以系统化的管理思想，为企业决策层及员工提供决策运行手段的管理平台。其宗旨是对企业所拥有的人、财、物、信息、时间和空间等综合资源进行综合平衡和优化管理，协调企业各管理部门，围绕市场导向开展业务活动，提高企业的核心竞争力，从而取得最好的经济效益。

2. OPT

最佳生产技术（optimized production technology，OPT），是一种改善生产管理的技术，以色列物理学家 Eli Goldratt 博士于 20 世纪 70 年代提出，用于安排企业生产人力和物料调度的计划方法。OPT 最初被称作最佳生产时间表（optimized production timetable），80 年代才改称为最佳生产技术。后来，Goldratt 又进一步将它发展成为约束理论（theory of constraints，TOC）。OPT 的倡导者强调，任何企业的真正目标是现在和未来都赚钱，要实现这个目标，必须在增加产销率的同时，减少库存和营运费用。

它吸收 MRP 和 JIT 的长处，是以相应的管理原理和软件系统为支柱，以增加产销率、减少库存和运行为目标的优化生产管理技术。其基本内容包括以下四方面：

（1）物流平衡是企业制造过程的关键。

为适应市场，企业必须以可能的低成本、短周期生产出顾客需要的产品。因此，制造问题主要是物流平衡问题，即需要强调实现物流的同步化。

（2）瓶颈资源是产品制造的关键制约因素。

瓶颈资源是制造系统控制的重点，为使其达到最大的产出量可采取以下措施：① 在瓶颈工序前，设置质量检查点，避免瓶颈资源做无效劳动；② 在瓶颈工序前，设置缓冲环节，使其不受前面工序生产率波动影响；③ 采用动态的加工批量和搬运批量。

（3）由瓶颈资源的能力决定制造系统其他环节的利用率和生产效率。

（4）对瓶颈工序的前导和后续工序采用不同的计划方法，提高计划的可执行性。

根据 OPT 的原理，企业在生产计划编制过程中，首先应编制产品关键件的生产计划，在确认关键件的生产进度的前提下，再编制非关键件的生产计划。

第四节 企业销售物流管理

一、销售物流概述

销售物流是企业物流系统的最后一个环节，是企业物流与社会物流的又一个衔接点。它与企业销售系统相配合，共同完成产成品的销售任务。

（一）销售物流的概念

企业销售物流是企业在销售过程中，将产品的所有权转给用户的物流活动，是产品从生产地到用户的时间和空间的转移，是以实现企业销售利润为目的的，是包装、运输和储存等环节的统一。

（二）销售物流的模式

销售物流有三种主要模式：生产者企业自己组织销售物流、第三方物流企业组织销售物流和用户自己提货的形式。

1. 生产企业自己组织销售物流

这是在买方市场环境下主要销售物流模式之一，也是我国当前绝大部分企业采用的物流形式。

生产企业自己组织销售物流，实际上把销售物流作为企业生产的一个延伸或者是看成生产的继续。生产企业销售物流成了生产者企业经营的一个环节。而且，这个经营环节是和用户直接联系、直接面向用户提供服务的一个环节。在企业从“以生产为中心”转向“以市场为中心”的情况下，这个环节逐渐变成了企业的核心竞争环节，已经逐渐不再是生产过程的继续，而是企业经营的中心，生产过程变成了这个环节的支撑力量。

生产企业自己组织销售物流的好处在于，可以将自己的生产经营和用户直接联系起来，信息反馈速度快、准确程度高，信息对于生产经营的指导作用和目的性强。可以对销售物流的成本进行大幅度的调节，充分发挥它的“成本中心”的作用，同时能够从整个生产者企业的经营系统角度，合理安排和分配销售物流环节的力量。

但企业自己组织销售物流的办法不一定是最好的选择，主要原因有三个：一是生产者企业的核心竞争力的培育和发展问题，如果生产者企业的核心竞争能力在于产品的开发，销售物流可能占用过多的资源和管理力量，对核心竞争能力造成影响；二是生产企业销售物流专业化程度有限，自己组织销售物流缺乏优势；三是一个生产企业的规模终归有限，即便是分销物流的规模达到经济规模，延伸到配送物流之后，就很难再达到经济规模，因此反过来可能影响市场更广泛、更深入的开拓。

2. 第三方物流企业组织销售物流

由专门的物流服务企业组织企业的销售物流，实际上是生产者企业将销售物流外包，将销售物流社会化。

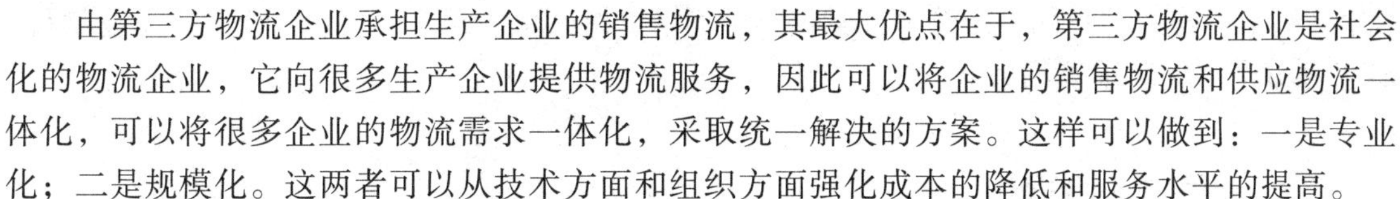

由第三方物流企业承担生产企业的销售物流，其最大优点在于，第三方物流企业是社会化的物流企业，它向很多生产企业提供物流服务，因此可以将企业的销售物流和供应物流一体化，可以将很多企业的物流需求一体化，采取统一解决的方案。这样可以做到：一是专业化；二是规模化。这两者可以从技术方面和组织方面强化成本的降低和服务水平的提高。

在网络经济时代，这种模式是一个发展趋势。

3. 用户自己提货的形式

这种形式实际上是将生产企业的销售物流转嫁给用户，变成了用户自己组织供应物流的形式。对销售方来讲，已经没有了销售物流的职能。这是在计划经济时期广泛采用的模式，将来除非在十分特殊的情况下，这种模式不再具有生命力。

（三）销售物流的主要环节

1. 产品包装

销售包装的目的是向消费者展示、吸引顾客、方便零售。

运输包装的目的是保护商品，便于运输、装卸搬运和储存。

2. 产品储存

储存是满足客户对商品可得性的前提。通过仓储规划、库存管理与控制、仓储机械化等，提高仓储物流工作效率、降低库存水平、提高客户服务水平。帮助客户管理库存，有利于稳定客源、便于与客户进行长期合作。

3. 货物运输与配送

运输是解决货物在空间位置上的位移。配送是在局部范围内对多个用户实行单一品种或多品种的按时按量送货。通过配送，客户得到更高水平的服务，企业可以降低物流成本，减少城市的环境污染。

4. 装卸搬运

装卸是物品在局部范围内以人或机械装入运输设备或卸下。搬运是对物品进行水平移动为主的物流作业，主要考虑：提高机械化水平，减少无效作业，集装单元化，提高机动性能，利用重力和减少附加重量，各环节均衡、协调以及系统效率最大化。

5. 流通加工

根据需要进行分割、计量、分拣、刷标志、拴标签、组装等作业的过程，主要考虑：流通加工方式、成本和效益、与配送的结合运用和废物再生利用等。

6. 订单及信息处理

客户在考虑批量折扣、订货费用和存货成本的基础上，合理地频繁订货，企业若能为客户提供方便、经济的订货方式，则能引来更多的客户。

7. 销售物流网络规划与设计

销售物流网络，是以配送中心为核心，连接从生产厂出发，经批发中心、配送中心、中转仓库等，一直到客户的各个物流网点的网络系统。物流网络规划与设计主要考虑市场结构、需求分布、市场环境等因素。

二、销售物流合理化

目前，销售物流合理化的形式有大量化、计划化、商物分离化、标准化、共同化等类型，但一种物流并不仅仅与一种类型相对应。

1. 批量（大量）化模式

随着信息技术的发展，预测手段及工具的更新，企业可以对货物的流量和流向进行有效预测，增加货物流动的批量，减少批次。该模式适用的行业可以是家用电器、玻璃、洗涤剂、饮料等。该模式常见问题包括需求预测不准导致销售竞争力下降，交易对象的商品保管面积增加。

该模式的优点：可通过装卸机械化，大大提高货物的装卸效率；由于批量的增大，可以大大降低单件货物的流动成本；可以克服需求、运输和生产的波动性，简化事物处理。

2. 商物分离化模式

商物分离是指流通中两个组成部分，即商业流通和实物流通各自按照自己的规律和渠道独立运动。使用该模式需解决销售活动的方式问题，配送距离增大的问题，以及企业之间关系需进行调整。该模式适用的行业可以是纤维、家用电器、玻璃等。

该模式的优点：固定开支减少压缩流通库存，排除交叉运输；整个流通渠道的效率化和流通系列化得到加强。

3. 共同化模式

物流共同化包括物流配送共同化、物流资源利用共同化、物流设施与设备利用共同化以及物流管理共同化。物流资源是指人、财、物、时间和信息；物流的设施及设备包括运输车辆、装卸机械、搬运设备、托盘和集装箱、仓储设备及场地等；物流管理是指商品管理、在库管理等。该模式的管理要求比较高，它要求企业能够具备对单一主导型企业和行业具有整体垂直结合、水平结合能力。采用该模式需要解决的问题包括调整企业之间的关系；选择对象企业，对本企业物流状况不能公开化的信息，加强对企业物流状况的保密措施。该模式适用的行业可以是照相胶片、家用电器、食品、药品等。

该模式的优点：物流管理社会化；装载效率提高；投资压缩成本。

4. 标准化模式

物流标准化是按照物流合理化的目的和要求，制定各类技术标准、工作标准，并形成全国乃至国际物流系统标准化体系的活动过程。其主要内容包括：物流系统的各类固定设施、移动设备、专用工具的技术标准；物流过程各个环节内部及之间的工作标准；物流系统各类技术标准之间、技术标准与工作标准之间的配合要求，以及物流系统于其他相关系统的配合要求。物流标准化需要解决的问题包括交易条件的调整、组合商品的设定和更新。该模式适用的行业可以是食品、文具、化妆品等。

该模式的优点：拣选、配货等节省人力；订货处理、库存管理、拣选、配货等比较方便。

第五节　企业逆向物流管理

一、逆向物流概述

目前，理论界对逆向物流概念的表述有很多，较专业、准确地概括其特点的定义是：与传统供应链反向，为价值恢复或处置合理而对原材料、中间库存、最终产品及相关信息从消费地到起始点的有效实际流动所进行的计划、管理和控制过程。

《中华人民共和国国家质量标准物流术语》中所讲的“逆向物流”具体表述如下：“逆向物流是指不合格物品的返修、退货以及周转使用的包装容器从需方返回到供方所形成的物品实体流动。比如回收用于运输的托盘和集装箱、接受客户的退货、收集容器、原材料边角料、零部件加工中的缺陷在制品等的销售方面物品实体的反向流动过程。”

二、逆向物流产生的原因

（一）来自顾客的退货行为

任何企业，即使是包括全球500强在内的跨国公司，都会面临顾客的退货问题。由于经济发展朝着全球化方向运作，纯粹的本国制造和物流活动已颇为少见，大规模的生产和配送运输及存储环节都会造成商品、半成品、原材料和零部件的缺陷和瑕疵，造成递送商品的错位等，这里不仅有人为因素，亦受制于非人为因素。即使是更加精益化的物流与供应链管理运作，也会有一些误差的出现。常见的退货原因有：存在质量问题；数量有偏误；错误的递送对象，等等。

（二）来自供应商的产品召回行为

产品召回制度源于20世纪60年代的美国汽车行业。经过多年实践，美国、日本、欧洲、澳大利亚等国对缺陷汽车的召回都已经形成了比较成熟的管理制度。在欧洲，许多欧盟成员国实施了专门的法律，要求制造商在知晓其产品存在缺陷后采取措施进行召回。近几年，随着消费者地位的上升，消费者权益增加，产品召回现象从最初的汽车、电脑迅速蔓延到手机、家电、日用品等各行业。为了维护企业的核心竞争力，企业需要通过有效的逆向物流管理来降低召回损失。

（三）来自国际和法律的环境保护因素

经济全球化的推进也让各国开始密切关注环境保护问题，各国都从自身可持续发展的目标出发，对破坏环境的商品及商品包装制定相关法律进行严厉监控。德国的《包装废品废除法令》于 1991 年通过并成为法律，这一法令强调企业有责任管理它们的包装废品，包括收集、分类、循环使用包装物。其他欧洲国家如奥地利、荷兰也采取同样的措施来制定或修正它们的法律。所以，环保因素引致的逆向物流往往涉及社会责任感和企业道德问题，因而也就出现了所谓的“绿色物流”的概念。

三、逆向物流的分类

（一）按照回收物品的渠道来分

按照回收物品的特点可分为退货逆向物流和回收逆向物流两部分。退货逆向物流是指下游顾客将不符合订单要求的产品退回给上游供应商，其流程与常规产品流向正好相反。回收逆向物流是指将最终顾客所持有的废旧物品回收到供应链上各节点企业。

（二）按照逆向物流材料的物理属性分

按照逆向物流材料的物理属性，可分为钢铁和有色金属制品逆向物流、橡胶制品逆向物流、木制品逆向物流、玻璃制品逆向物流等。

（三）按成因、途径和处置方式及其产业形态来分

按成因、途径和处置方式的不同，逆向物流被学者们区分为投诉退货、终端使用退回、商业退回、维修退回、生产报废与副品以及包装等六大类别。

四、逆向物流的特点

逆向物流作为企业价值链中特殊的一环，与正向物流相比，既有共同点，也有各自不同的特点。两者的共同点在于都具有包装、装卸、运输、储存、加工等物流功能。但是，逆向物流与正向物流相比又具有其鲜明的特殊性。

（一）分散性

逆向物流产生的地点、时间、质量和数量是难以预见的。废旧物资流可能产生于生产领域、流通领域或生活消费领域，涉及任何领域、任何部门、任何个人，在社会的每个角落都在日夜不停地发生。正是这种多元性使其具有分散性。

（二）缓慢性

人们不难发现，开始的时候逆向物流数量少，种类多，只有在不断汇集的情况下才能形成较大的流动规模。废旧物资的产生往往也不能立即满足人们的某些需要，它需要经过加工、改制等环节，甚至只能作为原料回收使用，这一系列过程的时间是较长的。同时，废旧物资的收集和整理也是一个较复杂的过程。这一切都决定了废旧物资缓慢性这一特点。

（三）混杂性

回收的产品在进入逆向物流系统时往往难以划分为产品，因为不同种类、不同状况的废旧物资常常混杂在一起。当回收产品经过检查、分类后，逆向物流的混杂性随着废旧物资的产生而逐渐衰退。

（四）多变性

由于逆向物流的分散性及消费者对退货、产品召回等回收政策的滥用，有的企业很难控制产品的回收时间与空间，这就导致了多变性。多变性主要表现在以下四个方面：
（1）逆向物流具有极大的不确定性；
（2）逆向物流的处理系统与方式复杂多样；
（3）逆向物流技术具有一定的特殊性；
（4）相对高昂的成本。

五、逆向物流的原则

（一）"事前防范重于事后处理" 原则

逆向物流实施过程中的基本原则是"事前防范重于事后处理"即"预防为主、防治结合"的原则。因为对回收的各种物料进行处理往往给企业带来许多额外的经济损失，这势必增加供应链的总物流成本，与物流管理的总目标相违背。因而对生产企业来说，要做好逆向物流一定要注意遵循"事前防范重于事后处理"的基本原则。循环经济、清洁生产都是践行这一原则的生动例证。

（二）绿色原则（"5R" 原则）

绿色原则即将环境保护的思想观念融入企业物流管理过程中。

（三）效益原则

生态经济学认为，在现代经济、社会条件下，现代企业是一个由生态系统与经济系统复合组成的生态经济系统。物流是社会再生产过程中的重要一环，物流过程中不仅有物质循环利用、能源转化，而且有价值的转移和价值的实现。因此，现代物流涉及经济与生态环境两大系统，理所当然地架起了经济效益与生态环境效益之间彼此联系的桥梁。经济效益涉及目前和局部的更密切相关的利益，而环境效益则关系更宏观和长远的利益。经济效益与环境效益是对立统一的。后者是前者的自然基础和物质源泉，而前者是后者的经济表现形式。

（四）信息化原则

尽管逆向物流具有极大的不确定性，但是通过信息技术的应用（如使用条形码技术、GPS技术、EDI 技术等）可以帮助企业大大提高逆向物流系统的效率和效益。因为使用条形码可以储存更多的商品信息，这样有关商品的结构、生产时间、材料组成、销售状况、处理建议等信息就可以通过条形码加注在商品上，也便于对进入回收流通的商品进行及时有效的追踪。

（五）法制化原则

尽管逆向物流作为产业而言还只是一个新兴产业，但是从其来源可以看出，它并非新生事物，是伴随着人类的社会实践活动而产生的，在工业化迅猛发展的过程中浮现。然而，正是由于人们以往对这一问题的关注较少，所以市场自发产生的逆向物流活动难免带有盲目性和无序化的特点。例如，近年来我国废旧家电业异常火爆，据分析调查往往是通过对旧家电“穿”新衣来牟取利润的，这是以侵犯低收入消费群体的合法权益为基础的，急需政府制定相应的法律法规来引导和约束。

（六）社会化原则

从本质上讲，社会物流的发展是由社会生产的发展带动的，当企业物流管理达到一定水平，对社会物流服务就会提出更高的数量和质量要求。企业回收物流的有效实施离不开社会物流的发展，更离不开公众的积极参与。在国外，企业与公众参与回收物流的积极性较高，在许多民间环保组织如绿色和平组织（Green Peace）的巨大影响力下，已有不少企业参与了绿色联盟。

六、逆向物流的重要性

（一）提高潜在事故的透明度

逆向物流在促使企业不断改善品质管理体系上，具有重要的地位。ISO9001 2000 版将企业的品质管理活动概括为一个闭环式活动——计划、实施、检查、改进。逆向物流恰好处于检查和改进两个环节上，承上启下，作用于两端。企业在退货中暴露出的品质问题，将透过逆向物流资讯系统不断传递到管理阶层，提高潜在事故的透明度，管理者可以在事前不断的改进品质管理，以根除产品的不良隐患。

（二）提高顾客价值，增加竞争优势

在当今顾客驱动的经济环境下，顾客价值是决定企业生存和发展的关键因素。众多企业通过逆向物流提高顾客对产品或服务的满意度，赢得顾客的信任，从而增加其竞争优势。对于最终顾客来说，逆向物流能够确保不符合订单要求的产品及时退货，有利于消除顾客的后顾之忧，增加其对企业的信任感及回头率，扩大企业的市场份额。如果一个公司要赢得顾客，它必须保证顾客在整个交易过程中心情舒畅，而逆向物流战略是达到这一目标的有效手段。另外，对于供应链上的企业客户来说，上游企业采取宽松的退货策略，能够减少下游客户的经营风险，改善供需关系，促进企业间的战略合作，强化整个供应链的竞争优势。特别对于过时性风险比较大的产品，退货策略所带来的竞争优势更加明显。

（三）降低物料成本

减少物料耗费，提高物料利用率是企业成本管理的重点，也是企业增效的重要手段。然而，传统管理模式的物料管理仅仅局限于企业内部物料，不重视企业外部废旧产品及其物料

的有效利用，造成大量可再用性资源的闲置和浪费。由于废旧产品的回购价格低、来源充足，对这些产品回购加工可以大幅度降低企业的物料成本。

（四）改善环境行为，塑造企业形象

随着人们生活水平和文化素质的提高，环境意识日益增强，消费观念发生了巨大变化，顾客对环境的期望也越来越高。另外，由于不可再生资源的稀缺以及环境污染的日益加重，各国都制定了许多环境保护法规，为企业的环境行为规定了一个约束性标准。企业的环境业绩已成为评价企业运营绩效的重要指标。为了改善企业的环境行为，提高企业在公众中的形象，许多企业纷纷采取逆向物流战略，以减少产品对环境的污染及资源的消耗。

【课后习题】

1. 企业物流包括（　　）。

A. 采购物流　　B. 生产物流

C. 销售物流　　D. 逆向物流

2. 为了实现保证供应的目标，在低成本、少消耗、高可靠性的限制性条件下，企业采购物流对供应商的数量要求是（　　）。

A. 越多越好　　B. 多，但不是越多越好

C. 少数几家或一家　　D. 只能是一家

3.（多选）逆向物流的特点包括（　　）。

A. 分散性　　B. 有效性　　C. 高速性　　D. 多变性

4.（多选）采购过程包括（　　）。

A. 需求方选择　　B. 询价　　C. 合同管理　　D. 供方选择

5.（多选）生产物流的发展趋势是（　　）。

A. ERP　　B. EDI　　C. VMI　　D. OPT

6.（判断）委托社会销售企业代理采购物流方式在客观上协助销售方扩大了市场。（　　）

7.（判断）从用户企业来看，准时供应方式是一种比较理想的方式。（　　）

8. 简述生产物流的概念及特点。

第十章　物流成本与服务管理

【学习目标】

1. 理解物流成本的概念及构成。
2. 熟悉物流成本的核算方式和管理方法。
3. 熟悉生产企业物流成本管理。
4. 理解物流服务的概念及内涵。
5. 熟悉物流服务创新及其如何提升企业物流服务水平。

【引导案例】

海尔的高速发展

21世纪的竞争不是单个企业之间的竞争，而是供应链与供应链之间的竞争。谁所在的供应链总成本低、对市场响应速度快，谁就能赢得市场。一只手抓住用户的需求，一只手抓住可以满足用户需求的全球供应链，这就是海尔物流创造的核心竞争力。海尔的发展速度是惊人的，销售额连续16年保持了80%的增长速度。但是随着海尔自身规模的扩大，市场范围的延伸，企业面临的降低成本的压力越来越大。

企业再也不能像以前那样只在部分地区设立分销中心。现在，海尔的产品销往全国各地，销售网点的布局越来越大。因此，从1992年特别是2000年之后，海尔悄然进行着一场重大的管理革命，即：对企业进行全方位流程再造的基础之上，建立具有国际水平的自动化、智能化的现代物流体系，期望降低物流成本；提高企业的运营效益和资金周转率；实现零库存、零运营成本和与顾客的零距离；突破构筑现代企业核心竞争力的瓶颈。为了有效地实现物流成本的降低，海尔的供应链运作模式已经由原来的生产拉动变成了现在的订单拉动。海尔集团认为，现代企业运作的驱动力只有一个——订单，没有订单，现代企业就不可能运作。因此，海尔围绕订单进行采购、设计、制造、销售等一系列工作，其中最重要的一个流程就是物流。离开物流的支持，企业的采购与制造、销售等行为就会带有一定的盲目性和不可预知性。

问题思考：

物流成本是越低越好吗？请简述其原因。

第一节　物流成本管理

一、物流成本概述

（一）物流成本的概念

现代物流成本是指从原材料供应开始一直囊括到将商品送达到消费者手上所发生的全部物流费用。

（二）企业物流总成本构成

对物流成本进行分类可以向管理者提供更多对决策产生影响的细节问题的方法，但企业的物流活动是按照功能的不同来组织进行的，如订单处理、运输等，而且大多数企业采用账户划分成本，物流成本无法单独列示，因此，划分物流成本任务艰巨。

企业物流成本是指企业进行采购、销售、生产等与物流相关活动的成本总和。物流总成本是企业管理物流运作的重要指标，如何在不降低服务水平的前提下，降低物流总成本是企业的一项经营目标。

运输成本是指企业对原材料在制品以及成品的所有运输活动所造成的费用，包括直接运输费用和管理费用。为降低物流总成本需要严格控制运输方面的开支，加强对运输的经济核算。

一般来说，存货可以占到制造商资产的 20% 以上。存货持有成本的一些概念区分模糊，难以确定，所以目前许多公司只是以当前的银行利率乘以存货价值再加上其他一些费用，作为存货持有成本。实际上，存货持有成本包括存货资金占用成本、存货服务成本、存货风险成本和调价损失等。

大多数仓储成本不随存货水平变动而变动，而是随存储地点的多少而变动。仓储成本包括仓库租金、仓库折旧、设备折旧、装卸费用、货物包装材料费用和管理费等。

批量成本包括生产准备成本、物料搬运成本、计划安排和加速作业成本以及因转产导致生产能力丧失等。

缺货成本是指由于不能满足客户订单或需求所造成的销售利润损失。

订单处理是指从客户下订单开始到客户收到货物为止，这一过程中所有的单据处理活动，与订单处理相关活动的费用属于订单处理费用。IT 成本指与物流管理运作有关的 IT 方面的成本，包括软件折旧、系统维护及管理费用等。

采购成本指与采购原材料部件相关的物流费用，包括采购订单费用、采购计划制订人员的管理费用、采购人员的管理费用等。

其他管理费用包括与物流管理及运作相关人员的管理费用。

单项物流活动成本降低必将导致其他部分成本增加，处理不当，甚至有可能导致总成本的上升。物流总成本分析是进行一体化物流管理的关键，运用总成本分析法可以有效管理和实现真正意义上的降低成本。

物流总成本是企业管理物流运作的主要指标，但物流总成本本身并不能反映企业的物流运作好坏。通过物流总成本的统计分析，企业可以从全局角度了解自身的物流运作现状，明确目前关键的瓶颈问题以及突破口，提出解决的方法，以提高企业整体的运作效益。

（三）物流成本管理的目的和地位

1. 物流成本管理的目的

降低物流成本是企业的永久课题，但成本核算不应成为永久课题，必须尽快解决。在核算物流成本时，首先要明确目的。

计算物流成本的目的：

（1）以时序观点来看，为了正确地观察成本的变化情况或与其他公司、其他行业进行比较。

（2）为了制订物流活动计划，为了进行调控或评估。

（3）为了更好地进行物流管理，向高层管理干部提供物流情况，在公司内部提供员工对物流重要性的认识。

（4）为了指出应由销售或生产部门负责的不合理的物流活动。

（5）为了了解并评估物流部门对企业效益的贡献程序。

（6）使用物流成本建立物流变化或改善物流状况的模型。

2. 物流成本管理的地位

由于实行多批次、小批量配送和适时配送，也由于收货单位过多和过高的服务要求，所以物流服务水平越来越高，导致运费上升；又由于商品品种增多，寿命缩短，必然出现库存增加，或时多时少，由此导致库存费用上升；由于缺乏劳动力导致人头费用增多；由于地价上涨导致物流中心投资费用增加；由于道路拥挤导致运输效率下降。凡此种种都在影响物流成本。

在这种情况下，企业降低物流成本已经成为当务之急。为降低物流成本，首先必须了解物流的实际情况，掌握情况之后再对物流系统进行分析，发现问题加以改进，然后建立新的物流系统。

二、物流成本管理的核算

（一）物流成本的核算方式

1. 按支付形态计算物流成本

按支付形态计算物流成本即将物流成本分别按运费、保管费、包装材料费、自家配送费（企业内部配送费）、人事费、物流管理费、物流利息等支付形态记账。从中可以了解物流成本总额，也可以了解什么经费项目花费最多。这对认识物流成本合理化的重要性，以及考虑在物流成本管理上应以什么为重点，十分有效。

2. 按功能计算物流成本

按功能计算物流成本即分别按包装、配送、保管、搬运、信息、物流管理等功能计算物流费用。从这种方法可以看出，哪种功能更耗费成本，比按形态计算成本的方法能更进一步找出实现物流合理化的症结，而且可以计算出标准物流成本（单位个数、重量、容器的成本），进行作业管理，设定合理化目标。

3. 按适用对象计算物流成本

按适用对象计算物流成本可以分析出物流成本都用在哪一种对象上，如可以分别把商品、地区、顾客或营业单位作为适用对象来进行计算。

按支店或营业所计算物流成本，就是要算出各营业单位物流成本与销售金额或毛收入的对比，用来了解各营业单位物流成本中存在的问题，以加强管理。

按顾客计算物流成本的方法，又可分按标准单价计算和按实际单价计算两种计算方式。按顾客计算物流成本，可用来作为选定顾客、确定物流服务水平等制定顾客战略的参考。

按商品计算物流成本是指通过把按功能计算出来的物流费，用以各自不同的基准，分配各类商品的办法计算出来的物流成本。这种方法可以用来分析各类商品的盈亏，在实际运用时，要考虑进货和出货差额的毛收入与商品周转率之积的交叉比率。

（二）物流成本管理方法

1. 通过采用物流标准化进行物流管理

物流标准化是以物流作为一个大系统，制定系统内部设施、机械设备（包括专用工具等），包装、装卸、运输等各类作业，以及作为现代物流突出特征的物流信息标准，并形成全国以及和国际接轨的标准化体系。物流标准化使货物在运输过程中的基本设备统一规范，在一定程度上促进了货物运输、储存、搬运等过程的机械化和自动化水平的提高，有利于物流配送系统的运作效率，能降低物流成本。

2. 通过实现供应链管理，提高对顾客物流服务的管理来降低成本

实行供应链管理不仅要求本企业的物流体制具有效率化，也需要企业协调与其他企业以及客户、运输业者之间的关系，实现整个供应链活动的效率化。正因为如此，追求成本的效率化，不仅仅需要企业中物流部门或生产部门加强控制，同时要求采购部门等各职能部门加强成本控制。提高对顾客的物流服务可以确保企业利益，同时也是降低企业物流成本的有效方法之一。

3. 借助于现代信息系统的构筑降低物流成本

要实现企业与其他交易企业之间的效率化的交易关系，必须借助与现代信息系统的构筑，尤其是利用互联网等高新技术来完成物流全过程的协调、控制和管理，实现从网络前端到最终端客户的所有中间过程服务。一方面，各种物流作业或业务处理正确、迅速地进行；另一方面，能由此建立起战略的物流经营系统。通过现代物流信息技术可以将企业订购的意向、数量、价格等信息在网络上进行传输，从而使生产、流通全过程的企业或部门分享由此带来的利益，充分对应可能发生的各种需求，进而调整不同企业间的经营行为和计划，企业间的协调和合作有可能在短时间内迅速完成，这从整体上控制了物流成本发生的可能性。同时，物流管理信息系统的迅速发展，使混杂在其他业务中的物流活动的成本能精确地计算出来，而不会把成本转嫁到其他企业或部门。

4. 从流通全过程的视点来加强物流成本的管理

对于一个企业来讲，控制物流成本不单单是本企业的事情，即追求本企业的物流效率化，而应该考虑从产品制成到最终用户整个流通过程的物流成本效率化，亦即物流设施的投资或扩建与否要视整个流通渠道的发展和要求而定。例如，有些厂商是直接面对批发商经营的，因此，很多物流中心是与批发商物流中心相吻合，从事大批量的商品输送。然而，随着零售业界便民店、折扣店的迅速发展，要求厂商必须适应零售业这种新型的业态形式，展开直接面向零售店铺的物流活动。因而，在这种情况下，原来的投资就有可能沉淀，同时又要求建立新型的符合现代物流发展要求的物流中心或自动化的设备。显然，这些投资尽管从企业来看，增加了物流成本，但从整个流通过程来看，却大大提高了物流效益。

5. 通过效率化的配送降低成本

一般来讲，企业要实现效率化的配送，就必须重视配车计划管理，提高装载率以及车辆运行管理。通过构筑有效的配送计划信息系统，可以使生产商配车计划的制订与生产计划联系起来进行，同时通过信息系统也能使批发商将配车计划或进货计划相匹配，从而提高配送效率，降低运输和进货成本。

6. 通过削减退货来降低物流成本

退货成本也是企业物流成本中一项重要的组成部分，它往往占有相当大的比例。这是因为随着退货会产生一系列的物流费，退货商品损伤或滞销而产生的经济费用以及处理退货商品所需的人员费和各种事务性费用，特别是存在退货的情况下，一般由商品提供者承担退货所发生的各种费用，而退货方因为不承担商品退货而产生的损失。所以，容易很随便地退回商品，并且由于这类商品大多数数量较少，配送费用有增高的趋势。不仅如此，由于这类商品规模较小，也很分散，商品入库，账单处理等业务也很复杂。由此，削减退货成本是物流成本控制活动中需要特别关注的问题。

三、生产企业物流成本管理

生产企业物流成本是指企业在进行供应、生产、销售、回收等过程中所发生的运输、包装、保管、输送、回收方面的成本。与流通企业相比，生产企业的物流成本大多体现在所生产的产品成本之中，具有与产品成本的不可分割性。

（一）生产企业物流成本管理的现状

西方发达国家的物流成本管理研发经历了了解物流成本实际状况、物流成本核算、物流成本管理、物流收益评估、物流盈亏分析五个阶段。在生产企业的物流成本管理实践中，达到物流成本管理第四阶段水平的企业不多，多数企业的物流成本管理水平还都处于第三阶段。

从物流成本管理经历的五个阶段看，我国企业的物流成本管理大多还处于了解物流成本的实际状况，即对物流活动的重要性提高了认识的第一阶段，只有少部分企业达到了物流成本核算，即了解并解决物流活动中存在的问题的第二阶段（但核算水平很低、了解和解决问题的层次也不深），物流部门落后于生产部门，物流成本管理远远落后于生产管理。

（二）生产企业物流成本管理的主要问题

企业物流成本管理关系到企业成本竞争优势的建立。在我国绝大多数生产企业管理实践中，物流成本衡量的计算体系尚未确立，能明确本企业物流成本在销售额中所占比例的企业少之又少，报表上所反映出来的物流成本仅是向企业外部支付的物流费用，只不过是物流成本的“冰山一角”，因而无法真正了解物流的全部费用，实现物流成本削减也就变得十分困难。

1. 现行财会制度和核算方法不利于物流成本管理

目前，中国企业现有的会计核算制度主要是按照劳动力和产品来分摊企业成本的，企业现行的财务会计制度中没有单独的科目来核算物流成本，企业的“损益表”中没有物流成本的直接记录，因而较难对企业发生的各种物流费用做出准确的计算与分析，无法完整统计物流成本，企业物流成本管理无从下手。

2. 物流量规模小制约物流成本的降低

我国第三方物流还处于发展初期，第三方物流市场还相当分散，第三方物流企业规模小，多数第三方物流企业重基础设施建设，轻物流信息平台建设，缺乏标准化的运作程序，无法提供整体解决方案，难以大幅度降低物流成本。没有物流业务外包的生产企业多为中小型企业，物流量小，达不到规模经济，并且物流设施和技术落后，在仓储、运输、配送各个环节仍然以手工作业为主，使企业物流成本管理难以开展，物流成本较高。

3. 物流成本横向比较困难

各企业通常分别是对物流成本进行计算和控制的，即各企业是根据各自不同的理解和认识来把握物流成本的，没有统一的标准，因此各企业间无法在物流成本方面进行比较分析，也无法得出确切的行业平均物流成本值，难以建立物流成本比较优势。

（三）提升生产企业物流成本管理水平的思路

物流成本管理是企业物流管理的重要手段。通过对物流成本的有效管理，能推动企业物流的合理化进程，提高企业的经济效益。对物流成本的控制，企业应当从思想观念上和管理体制上加以转变，研究制定可行的程序和方法，坚持运用系统化的方法综合考虑以得出合理的方案，最终追求总成本的最小化。

在物流成本的控制过程中，运用系统理论和系统方法，将与物流相互联系的各项业务环节组合成统一的整体，并将计算机运用到企业物流成本的综合控制中，从系统整体出发、互相协调，为客户、本企业内各部门提供最佳服务，最大限度地降低企业物流成本。

1. 优化物流流程

企业降低物流成本应从优化物流流程、改善物流管理入手，从企业组织上保证物流管理的有效进行。设置专门的物流管理部门，实现物流管理的专门化；树立现代物流理念，重新审视企业的物流系统和物流运作方式，吸收先进的物流管理方法，结合企业自身实际，寻找改善物流管理的方法，有效管理企业物流成本。

2. 完善物流途径

在物流成本构成中，仓储成本的比重仅次于运输成本，因此企业应注重仓储成本的管理，采用 JIT（just-in-time）方法，完善物流途径，缩短物流运程，减少库存量和周转环节，合理库存，提高保管效率，这是降低物流成本最重要的方法。企业在保证物资质量和交货时间的前提条件下，可以免去为防止残次品和不按期到货而多储备物资，节约流动资金的占用，降低物资存储费用。

3. 再造业务流程

为适应当前的竞争态势，生产企业物流管理部门必须进行以市场、客户为导向的流程再造，变职能管理为流程管理，通过流程再造，建立以市场为导向、面向客户、以客户评判作为服务考核结果、体现运作效率和效果的流程，更好地满足客户需求。

与流程再造相配套的还包括将原有的基于职能部门的绩效评价指标过渡到基于业务流程的绩效评价指标体系，修改后的绩效评价指标体系应该能恰当地反映企业整体运营状况以及流程各节点部门之间的运营关系，从而促进整个物流中资金流、信息流、物流、价值流、工作流的高效流动，使整个物流实现畅通无阻的高效运行。

4. 恰当选择物流模式

从产权角度看，物流模式大致可以分为自营物流、物流联盟和第三方物流。在物流实践中，企业应该以物流成本最小化为最终目标，从企业的资金实力、管理能力、物流在企业发展中的战略地位以及物流市场的交易成本四个方面进行综合权衡，选择物流模式。

物流外包作为一个提高物资流通速度、节省仓储费用和减少在途资金积压的有效手段，确实能够给供需双方带来较多的收益，企业选择第三方承担物流服务的情况将会更加普遍。因此，企业应根据自身的实际情况，选择理想的第三方物流企业，实行物流外包或局部外包，是降低物流成本的方法之一。如果物流对企业发展非常重要，企业的物流管理协同成本小于委托第三方物流的交易成本则应该选择自营物流。

5. 系统管理物流成本

追求物流总成本的最小化，对于企业构筑和优化物流系统，寻找降低物流成本的空间和途径具有特别重要的意义。

然而在实践中发现，不少企业对降低物流成本的努力只是停留在某一项功能活动上，而忽视了对物流活动的整合。由于各种物流活动之间存在着效益背反，这就要求管理人员必须研究总体效益，以成本为核心，用系统论的观点，按照总成本最低的要求，调整各个分系统之间的矛盾，把它们有机地联系起来，成为一个整体，从而达到物流总成本最小化，实现企业的最佳效益。

6. 加强物流成本的核算

物流成本核算的基础是物流成本的计算，物流成本计算的难点在于缺乏充分反映物流成本的数据，物流成本数据很难从财务会计的数据中剥离出来。因此，要准确计算物流成本，首先要做好基础数据的整理工作。

7. 实施"全程供应链"管理

为了进一步降低企业的物流成本，企业管理应从过去关注企业"内部供应链"的管理转向关注从客户到供应商的"全程供应链"管理。生产企业对从原材料采购到产品销售的全过程实施一体化管理，企业与供应商和顾客发展良好的合作关系，建立比较完善的供应链，尽量减少"中间层次"，直接将货物送达最终顾客，减少开支，并能更有效地管理资源，无需承担仓储及存货管理的成本。

8. 构筑现代物流信息网络系统

局部物流效率优化无法保证企业在竞争中取得成本上的优势，为此，企业必须借助于现代化信息系统的构建，把物流系统内部各功能要素和外部的战略伙伴有效地联系起来，形成物流快速反应系统。具体来说，就是通过将企业定购的意向、数量、价格等信息在网络上进行传输，从而使生产、流通全过程的企业或部门分享由此带来的利益，充分应对可能发生的各种需求，进而调整不同企业间的经营计划和行为，从整体上降低物流成本。

第二节　物流服务管理

一、物流服务概述

（一）物流服务的概念

物流服务是企业为了满足客户（包括内部和外部客户）的物流需求，开展一系列物流活动的结果。物流的本质是服务，它本身并不创造商品的形质效用，而是产生空间效用和时间效用。站在不同的经营实体上，物流服务有着不同的内容和要求。

（二）物流服务的内涵

1. 作为客户服务一部分的物流服务

从工商企业的经营角度看，物流服务是企业物流系统（logistics system）的输出，是保证顾客对商品可得性的过程。企业物流服务属于客户服务的范畴，是客户服务的主要构成部分。在这里，物流服务主要包括以下三个要素：有顾客所期望的商品（备货保证）；在顾客所期望的时间内传递商品（输送保证）；符合顾客所期望的质量（品质保证）。

2. 作为物流企业产品的物流服务

从提供物流服务的物流企业角度看，物流服务就是企业的产品，其产品内容就是物流服务的内容。物流企业的服务要满足货主企业向其客户提供物流服务的需要，无论是在服务能力上，还是在服务质量上都要以货主满意为目标。在能力上满足货主需求，主要表现在适量性、多批次、广泛性（场所分散）等方面；在质量上满足货主需求，主要表现在安全、准确、迅速、经济等方面。物流企业的服务市场，来自于工商企业的物流需求，因此物流企业要提高自身的竞争力，开拓市场，首先要把握工商企业的物流需求内容和特征，将物流服务融入到工商企业的物流系统当中去，树立以货主为中心的服务理念。

（三）物流服务与工商企业竞争力

作为企业客户服务一部分的物流服务，最终要通过顾客的满意度体现出来。客户对于企业物流服务的评价主要体现在商品的库存保有率、订货周期和配送水平等方面。

在市场瞬息万变、产品生命周期缩短、需求个性化日趋明显的环境下，供应商的供货周期长短，直接关系到作为下游企业零售商经营效益的高低。零售商期望制造商能够对订单做出快速反应，以便在最终消费者最需要的时候提供所需的商品，以便把握住每一个商机。供货周期的缩短，还有助于需求方降低库存，节约费用支出。同样，对于最终消费者来说，希望能够在零售商那里买到品种齐全的商品，并享受到良好的配送服务。供货周期和配送服务以及库存保有率正是构成企业物流服务的主要内容，物流服务是增强商品的差异性、提高商品竞争优势的重要因素，它直接影响企业整体运作水平，已经成为企业提高市场竞争力的重要手段。

二、物流服务水平

（一）物流服务水平的确定

保证具有优势的物流服务水平对一个企业来说至关重要，它可以在适当的物流成本下提供最优的物流服务，从而实现企业利益的最大化。物流服务水平不是一成不变的，它应随着市场与企业经营状况的变化做出相应的调整。因此，合理物流服务水平的确定是一个动态的变化过程，它主要包括以下几个步骤：

（1）对顾客服务进行调查。通过问卷、专访和座谈，收集物流服务的信息，了解顾客提出的服务要素是否重要，他们是否满意，与竞争对手相比是否具有优势。

（2）顾客服务水平设定。根据对顾客服务调查所得出的结果，对顾客服务各环节的水准进行界定，初步设立水平标准。

（3）基准成本的感应性实验。基准成本的感应性是指顾客水平变化时成本的变化程度。

（4）根据顾客服务水准实施物流服务。

（5）反馈体系的建立。顾客评定是对物流服务质量的基本测量，而顾客一般不愿意主动提供自己对服务质量的评定，因此必须建立服务质量的反馈体系，及时了解顾客对物流服务的反应，这可以为改进物流服务质量提供帮助。

（6）业绩评价。在物流服务水平试行一段时间后，企业有关部门应对实施效果进行评估，检查有没有索赔、迟配、事故、破损等。通过顾客意见了解服务水平是否已经达到标准；成本的合理化达到何种程度，企业的利润是否增加，市场是否扩大，等等。

（7）基准与计划的定期检查。物流服务水准不是一个静态标准，而是一种动态过程。也就是说，最初顾客物流服务水准一经确定，并不是一成不变的，而是要经常定期核查、变更，以保证物流服务的效率化。

（8）标准修正。先对物流服务标准的执行情况和效果的分析，如存在问题，然后对标准做出适当修正。

（二）合理设定企业物流服务水平

企业对其物流服务水平的提升并不是漫无止境的，高水平的物流服务必须以高成本作为支撑，而过高的成本势必影响企业的收益，进而对企业的竞争力产生不利影响。因此，企业在提升物流服务水平时，还应充分注意物流服务水平合理化的问题。在合理设定物流服务水准方面，应注意以下几个问题：

1. 物流服务应与顾客的特点、层次相符

由于顾客的需求处在不断发展和变化之中，在确定物流基本服务的基础上，制定多等级的物流服务或服务组合势在必行。企业在决定物流服务时，应把物流服务当作有限的经营资源来对待，根据顾客的经营规模、类型和对本企业的销售贡献度的大小，将顾客分成不同的层次，按顾客的层次确定服务水平。

2. 要权衡服务、成本和企业竞争力之间的关系

由于物流服务与物流成本之间存在“效益背反”的关系，高水平的物流服务必然导致较高的成本。合理的物流服务水平，应使物流服务与物流成本保持平衡，并实现物流服务的整体最优。

3. 对企业的物流服务水平要进行定期评估和改进

对物流服务的实施情况，应根据市场形势、竞争对手状况、顾客的需求、商品特性等的变化，定期进行评估。检查有无索赔，有无误配、迟配、事故、破损等，了解当前服务水平是否达到规定的标准，以便做出相应的改进。

（三）企业物流服务水平的提升

在市场竞争日益激烈的时代，企业经营环境的复杂性和不确定性达到了前所未有的程度，激烈的竞争要求企业具有比竞争对手更加卓有成效地从事物流经营活动的能力。由于企业物流服务水平的高低在很大程度上决定了企业竞争力能力的高低，因此，如何提升物流服务水平，已成为企业迫切需要解决的问题。结合我国企业的实际情况，可以通过以下几个途径来提升物流服务水平：

1. 树立顾客至上的服务意识

物流服务水平的确定不应只站在供给的一方进行考虑，而应把握顾客的要求，从产品导向转变为市场导向。由于产品导向型的物流服务是根据供方自身需要所决定的，因而难以适应顾客的需求，容易造成服务水平设定失误，同时也无法根据市场环境的变化和竞争格局及时加以调整。而市场导向型的物流服务则是根据经营部门的信息和竞争企业的服务水平有针对性地制定，因而更加接近客户的需求，并能对其进行及时控制。

2. 开发差别化的物流服务

企业在制定物流服务要素和服务水准时，应当保证服务的差别化，即与其他企业物流服务相比具有鲜明的特色，这是保证高服务质量的基础，也是物流服务战略的重要特征。要实现这一点，就必须具有对比性的物流服务观念，即重视了解和收集竞争对手的物流服务信息。

3. 建立物流信息系统

为了谋求物流服务的高效率与高质量，必须建立一个能够迅速传递和处理物流信息的信息系统，这是物流服务的中枢神经和支持保障。利用电子化、网络化手段完成物流全过程的协调、控制，实现从网络前端到终端客户的所有中间过程服务。

4. 借助外部资源，提高企业的物流服务水平

20 世纪 80 年代以来，外包已成为商业领域的一大趋势。企业越来越重视集中自己的主要资源于主业，而把辅助性功能外包给其他企业。发达国家的许多企业，已逐步将物流功能委托给外部的第三方物流公司。有些公司虽然还保留着物流功能，但越来越多地开始由外部合同服务来补充。物流功能外包方式对于企业物流服务的质量和效率的提高，以及降低物流成本产生了积极作用。首先，外包能够降低企业的物流成本。其次，外包能够使企业获得良好的服务。

三、中国企业物流服务的现状

由于我国企业长期以来“重生产、轻流通”，加上历史形成的条块分割体制，“大而全、小而全” 等传统观念和做法，使企业物流服务水平还很难适应市场的需要。

（1）企业内部轻视物流服务，不能上下一致遵循物流服务规定，以致物流服务水平不能与需求方达成共识，物流服务不能让顾客满意。

（2）物流服务水平的确定程序不清，高层管理人员不关心物流水平的确定，一味强调低成本运作，未从全局考虑就予以确定或直接交由物流部门确定物流服务水平，责任不清。

（3）在物流水平的确定过程中，未能详细了解顾客有关物流方面的需求，也缺乏对竞争对手物流服务水平的了解。

（4）企业对物流服务外包认识不到位。没有认识到使用外部物流服务是提高企业自身物流服务水平的重要途径。

以上问题的存在，导致企业的物流服务难以得到根本的改善，物流服务没有融入到企业的竞争战略当中，发挥其应有的作用，最终影响企业的目标收益和长期的竞争优势。

四、物流服务的创新

传统运输、仓储企业向第三方物流企业转变的重要标志，是企业能否为客户提供一体化物流服务，是否拥有结成合作伙伴关系的核心客户。从目前的情况看，我国大部分物流企业仍然主要是提供运输、仓储等功能性物流服务，通过比拼功能服务价格进行市场竞争。要改变这种状况，一个重要方面就是要超越传统物流服务模式，在服务理念、服务内容和服务方式上实现创新。

（一）服务理念的创新

中国的物流企业大多是从运输、仓储等功能性服务切入物流市场的。要发展一体化物流，首先要认清一体化物流与功能性物流在服务性质、服务目标和客户关系上的本质区别，树立

全新的服务理念。

1. 一体化物流服务提供管理多个功能的解决方案

根据美国物流管理协会（CLM）的定义，一体化物流（integrated logistics）是运用综合、系统的观点将从原材料供应到产成品分发的整个供应链作为单一的流程，对构成供应链的所有功能（function）进行统一管理，而不是分别对各个功能进行管理。它不是单纯提供运输、仓储、配送等多个功能性物流服务的组合，扮演物流参与者（involved）角色，而是需要将多个物流功能进行整合，对客户物流运作进行总体设计和管理，扮演的是物流责任人（committed）的角色。

由于物流功能之间存在成本的交替损益（trade-off），因此，一体化物流服务不是简单地就功能服务进行报价，而是要以降低客户物流总成本为目标制定解决方案，并根据优化的方案进行整体服务报价。

所以，一体化物流服务的市场竞争，实际上是物流解决方案合理性的竞争。物流企业在开发一体化物流项目时，必须对目标客户的经营状况、物流运作以及竞争对手的情况等有透彻的了解，根据物流企业自身优势找出客户物流可以改进之处，为客户定制物流解决方案。而要做到这些，物流企业必须不断研究目标市场行业的物流特点和发展趋势，成为这些行业的物流服务专家。

2. 一体化物流服务的目标是全面提升客户价值

从 20 世纪 80 年代起，CLM 就一直在组织对企业物流绩效衡量和第三方物流价值的研究。第三方物流服务能从多方面提升客户价值。

总的来看，物流外包可以使企业将资源专注于核心竞争力，做更多自己擅长的，而将不擅长的交给第三方物流去做，使企业的物流总监（CLO）可以不必拥有资源就能够控制物流运作的结果，并得到“一站式”物流服务。因此，物流企业在开发一体化物流项目时，一方面，不要简单地与客户或竞争对手比服务价格，而是要让客户全面了解物流服务所带来的价值；另一方面，要由企业高层管理人员与客户的物流总监或更高层管理人员商讨物流合作问题，以便于在物流价值方面达成共识。

3. 一体化物流服务的客户关系是双赢的合作关系

既然一体化物流服务是管理的服务，目标是全面提升客户价值，那么一体化物流服务的收益就不应仅仅来自功能性服务收费，而应该与客户分享物流合理化所产生的价值。因此，目前发达国家第三方物流服务一般不按功能服务定价收费，而是采用成本加成定价方法，即第三方物流提供商与客户达成协议，按物流成本的一定比例加价收费或收取一定的管理费。这样做的好处，一是可以使第三方物流提供商减少对各功能服务分别报价的难度与风险；二是客户可以与第三方物流提供商一起来分析物流成本，从而对自己的物流成本有更加清楚的了解。

虽然中国现有的物流服务还没有摆脱传统的以运输费、仓储费为指标的结算方式，但物流企业在开发一体化物流项目时，仍应避免与客户纠缠于就功能性服务收费进行讨价还价。要从客户物流运作的不足切入，与客户共商如何改进，让客户先认识到物流企业的服务能带来的好处，再商谈合理的服务价格。实际上，客户因为物流合理化而发展壮大，物流外包规模自然会相应扩大，双方合作的深度与广度也会随之增加，物流服务的收益和规模效益必然会提高，这就是双赢的合作伙伴关系。

（二）服务内容的创新

物流企业要在一体化物流服务市场的激烈竞争中取得优势，就必须以客户为中心，充分发挥自身优势，在运输、仓储、配送等功能性服务基础上不断创新服务内容，为客户提供差异化、个性化的物流服务。

1. 由物流基本服务向增值服务延伸

传统物流服务通过运输、仓储、配送等功能实现物品空间与时间转移，是许多物流服务商都能提供的基本服务，难以体现不同服务商之间的差异，也不容易提高服务收益。一体化物流服务则应根据客户需求，在各项功能基本服务的基础上延伸出增值服务，以个性化的服务内容表现出与市场竞争者的差异性。

运输的延伸服务主要有运输方式与承运人选择、运输路线与计划安排、货物配载与货运招标等，仓储的延伸服务主要有集货、包装、配套装配、条码生成、贴标签、退货处理等，配送的增值服务主要有 JIT 工位配送、配送物品的安装、调试、维修等销售支持。

增值服务实际上是将企业物流外包的领域由非核心业务不断向核心业务延伸。一般来说，企业确定物流外包领域时，首先要选择运输、仓储、配送等非核心业务，然后逐步延伸到订单处理、组配、采购等介于核心与非核心之间的业务，最后可能涉及售后支持等核心业务。随着与第三方物流合作关系的深入，企业会不断扩大外包范围，最终只专注于研究与开发、生产、销售等最核心的环节。

2. 由物流功能服务向管理服务延伸

一体化物流服务不是在客户的管理下完成多个物流功能，而是通过参与客户的物流管理，将各个物流功能有机衔接起来，实现高效的物流系统运作，帮助客户提高物流管理水平和控制能力，为采购、生产和销售提供有效支撑。因此，在开发一体化物流项目时，要在物流管理层面的服务内容上做文章，包括客户物流系统优化、物流业务流程再造、订单管理、库存管理、供应商协调、最终用户服务等，从而为客户提供一体化的物流解决方案，实现对客户的“一站式”服务。

3. 由实物流服务向信息流、资金流服务延伸

物流管理的基础是物流信息，因此物流合理化的一个重要途径就是用信息替代库存。一体化物流服务必须在提供实物流服务的同时，提供信息流服务，否则还是物流功能承担者，而不是物流管理者。物流信息服务包括预先发货通知、送达签收反馈、订单跟踪查询，库存状态查询、货物在途跟踪、运行绩效（KPI）监测和管理报告等内容。

与此同时，第三方物流提供商还通过提供资金流服务，参与客户的供应链管理。如中邮物流在与世界著名化妆品企业雅芳（AVON）的物流合作中，不仅提供了从产品库一直到专卖店的“端到端”物流服务，而且实现了中邮物流信息系统与雅芳信息系统的实时对接，还依托中国邮政绿卡系统和支付网关为雅芳提供网上代收货款服务，成为我国物流企业开创“三流合一”服务的成功案例。

（三）物流服务方式的创新

与传统物流单一的功能性交易服务方式相比，一体化物流在服务方式上更具灵活性、长期性和交互性。根据美国佐治亚理工大学（GEORGIATECH）的调查，美国第三方物流合作 30% 采用风险共担与利益共享方式，21% 采用成本共担方式，21% 采用营业收入共享方式，19% 采用相互参股方式，9% 采用合资方式。因此，在开发一体化物流项目时，要根据客户需求，结合物流企业发展战略，与客户共同寻求最佳服务方式，实现服务方式的创新。

1. 从短期交易服务到长期合同服务

功能性物流服务通常采用与客户“一单一结”的交易服务方式，物流企业与客户之间是短期的买卖关系。而一体化物流服务提供商与客户之间建立的是长期合作关系，需要与客户签订一定期限的服务合同，因而第三方物流又称为合同物流（contract logistics）。

物流合同是第三方物流合作的基础，物流企业要特别重视与客户一起制定详细的合同内容，包括服务性质、期限和范围，建立 KPI，确定服务方式等。合同谈判中一些关键问题如 KPI 基准、服务费率、问题解决机制、保险与责任等，要有明确约定，否则容易引起纠纷，甚至断送双方的合作。

第三方物流提供商寻求的是与客户长期合作，因而合同的签订只是合作的开始，要特别注意客户关系的维护，不断深化与客户的合作。USCO 总裁 ROBERT AURAY 认为，第三方物流提供商与客户的合作要经历一个从战术配合到战略交互的发展过程，包括：① 满足客户需求。合作开始时，物流服务商要做到对客户的服务要求具有良好的响应性，使客户感到容易合作，并保持客户服务质量。② 超出客户期望值。随着合作的深入，物流服务商要加强与客户的沟通，增强服务的主动性，特别要提高信息系统能力，努力使物流服务超出客户的期望值。③ 参与和满足客户需求。在熟悉客户物流运作后，物流服务商应主动了解客户新的物流需求，参与发掘客户物流改进机会，实现从战术配合向战略交互的转变。④ 赢得客户信任。物流服务商努力与客户共同创造价值，最终赢得客户信任，双方建立起长期战略合作伙伴关系。

2. 从完成客户指令到实行协同运作

传统物流是作业层面的功能性服务，通常只需要单纯地按照客户指令完成服务功能。而一体化物流服务由于要参与客户的物流管理，运作与客户共同制定的物流解决方案，因而物流企业需要自始至终与客户建立有效的沟通渠道，按照项目管理模式协同完成物流运作。

在签订合同后，双方要各自设立项目经理，并在相关功能上配备相应人员；物流企业要详细了解客户的销售、财务、IT、人力资源、制造和采购等各个部门的需求，与客户共同制定详细的实施方案；双方实施小组要共同拟定绩效衡量指标以及奖惩办法，商讨项目运作细节，特别是对例外情况的处理。在项目正式运行前，还应试运行，以发现和解决存在的问题。

为保障项目的顺利运行，物流企业应当建立与客户双方物流人员联合办公制度，或成立由双方物流人员联合组成的运作团队，以及时处理日常运作中的问题。为了保证物流服务的质量，双方应共同商定绩效监测与评估制度，使合作关系透明化，通常应保持运作层每天的交流、管理层每月的绩效评估以及不定期的检查与年度评估。

3. 从提供物流服务到进行物流合作

传统物流企业一般是基于自己的仓储设施、运输设备等资产向客户提供功能性服务，而第三方物流提供商主要是基于自己的专业技能、信息技术等为客户提供管理服务，因而常常会根据客户的需求和双方的战略意图，探讨在物流资产、资金和技术方面与客户进行合作，以达到双赢。

（1）系统接管客户物流资产。

如果客户在某地区已有车辆、设施、员工等资产，而物流企业在该地区又需要建立物流系统，则可以全盘买进客户的物流资产，接管并拥有客户的物流系统甚至接受客户的员工。接管后，物流系统可以在为该客户服务的同时为其他客户服务，通过资源共享改进利用率并分担管理成本。

（2）与客户签订物流管理合同。

与希望自己拥有物流设施（资产）的客户签订物流管理合同，在为客户服务的同时，利用其物流系统为其他客户服务，以提高利用率并分担管理成本。这种方式在商业企业的物流服务中比较常见。

（3）与客户合资成立物流公司。

第三方物流提供商对具有战略意义的目标行业，常常会根据客户需要，与客户建立合资物流公司。既使客户保留物流设施的部分产权，并在物流作业中保持参与，以加强对物流过程的有效控制；同时，注入第三方物流的资本和专业技能，使第三方物流提供商在目标行业的物流服务市场竞争中处于有利地位。这种方式在汽车、电子等高附加值行业较为普遍。

【课后习题】

1.（判断）降低物流成本必然以牺牲物流服务质量为条件。（　　）

2. 最典型意义上的第三方物流企业是（　　）。

A. 操作性的物流企业　　B. 行业倾向的物流企业

C. 多元化的物流企业　　D. 顾客化的物流企业

3. 根据“物流成本冰山”说，露在水面之上的部分是（　　）。

A. 企业内部消耗的物流费　　B. 制造费用

C. 委托的物流费用　　D. 自家物流费

4.（　　）是物流成本管理的中心环节。

A. 物流成本核算　　B. 物流成本控制

C. 物流成本分析　　D. 物流成本预测

5. 物流成本管理系统的环节构成包括物流成本的（　　）。

A. 预测→计划→计算→分析→反馈→决策→再预测

B. 计划→计算→分析→预测→决策→反馈→再预测

C. 预测→计划→计算→分析→反馈→决策→再计划

D. 计划→计算→预测→分析→决策→反馈→再计划

6. 物流成本管理系统是指在进行（　　）的基础上，运用专业的预测、计划、核算、分析和考核等经济管理方法来进行物流成本管理。

A. 物流成本调查　　B. 物流成本核算

C. 物流成本分摊　　D. 物流成本预测

7. 简述物流成本的内容构成及分析方法。

8. 简述降低物流成本的途径。

9. 简述对运输成本进行控制的措施。

10. 简述显性物隐性物流成本的定义及内容。

第十一章　第三方物流和第四方物流

【学习目标】

1. 理解第三方物流和第四方物流的概念。
2. 了解第三方物流在国内外的发展状况。
3. 掌握第三方物流的运作特点。
4. 掌握第四方物流的特征。
5. 掌握第三方物流和第四方物流的区别。

【引导案例】

大众包餐

“大众包餐”是一家提供全方位包餐服务的公司，由上海某大饭店的下岗工人李杨夫妇于1994年创办，如今已经发展成为苏锡常和杭嘉湖地区小有名气的餐饮服务企业之一。“大众包餐”的服务分成两类：递送盒饭和套餐服务。盒尽管菜单的变化不大，但从年度报表上来看，这项服务的总体需求水平相当稳定，老顾客通常每天会打电话来订购。但由于设施设备的缘故，“大众包餐”会要求顾客们在上午10点前电话预订，以便确保当天递送到位。在套餐服务方面，该公司的核心能力是为企事业单位提供冷餐会、大型聚会，以及一般的家庭家宴和喜庆宴会。客户所需的各种菜肴和服务可以事先预约，但由于这项服务的季节性很强，又与各种社会节日和国定假日相关，需求量忽高忽低，有旺季和淡季之分，因此要求顾客提前几周甚至1个月前来预订。

大众包餐公司内的设施布局类似于一个加工车间。主要有五个工作区域：热制食品工作区、冷菜工作区、卤菜准备区、汤类与水果准备区以及一个配餐工作区（专为装盒饭和预订的套菜装盆共享）。此外，还有三间小冷库供储存冷冻食品，一间大型干货间供储藏不易变质的物料。设施设备的限制以及食品变质的风险制约着大众包餐公司的发展规模。

李杨夫妇聘用了10名员工：两名厨师和8名食品准备工，旺季时另外雇佣一些兼职服务员。包餐行业的竞争十分激烈，高质量的食品、可靠的递送、灵活的服务以及低成本的运营等都是这一行求生存谋发展的根本。近年来，大众包餐公司已经开始感觉到来自愈来愈挑剔的顾客和几位新来的专业包餐商的竞争压力。顾客们愈来愈需要菜单的多样化、服务的柔性化以及响应的及时化。李杨夫妇最近参加现代物流知识培训班，对准时化运作和第三方物流服务的概念印象很深，深思着这些理念正是大众包餐公司要保持其竞争能力所需要的东西。但是他们感到疑惑，大众包餐公司能否借助第三方的物流服务。

问题思考：

1. 什么叫第三方物流？
2. 大众包餐公司的经营活动可否引入第三方物流服务，并说明理由。

第一节　第三方物流概述

一、第三方物流的概念

第三方物流（the third party logistics，3PL 或 TPL），是由相对“第一方”发货人和“第二方”收货人而言的第三方专业企业来承担企业物流活动的一种物流形态。它为顾客提供以合同为约束、以结盟为基础的，系列化、个性化、信息化的物流代理服务。随着信息技术的发展和经济全球化趋势，越来越多的产品在世界范围内流通、生产、销售和消费，物流活动日益庞大和复杂，而第一、二方物流的组织和经营方式已不能完全满足社会需要；同时，为参与世界性竞争，企业必须确立核心竞争力，加强供应链管理，降低物流成本，把不属于核心业务的物流活动外包出去。于是，第三方物流应运而生。

二、第三方物流的特征

第三方物流在发展中已逐渐形成鲜明的特征，突出表现在以下五个方面：

（一）关系契约化

首先，第三方物流是通过契约形式来规范物流经营者与物流消费者之间关系的。其次，第三方物流发展物流联盟也是通过契约的形式来明确各物流联盟参加者之间权责利相互关系的。

（二）服务个性化

首先，不同的物流消费者存在不同的物流服务要求，第三方物流需要根据不同物流消费者在企业形象、业务流程、产品特征、顾客需求特征、竞争需要等方面的不同要求，提供针对性强的个性化物流服务和增值服务。其次，从事第三方物流的物流经营者也因为市场竞争、物流资源、物流能力的影响需要形成核心业务，不断强化所提供物流服务的个性化和特色化，以增强物流市场竞争能力。

（三）功能专业化

第三方物流所提供的是专业的物流服务。从物流设计、物流操作过程、物流技术工具、物流设施到物流管理必须体现专门化和专业水平，这既是物流消费者的需要，也是第三方物流自身发展的基本要求。

（四）管理系统化

第三方物流应具有系统的物流功能，是第三方物流产生和发展的基本要求，需要建立现代管理系统才能满足运行和发展的基本要求。

（五）信息网络化

信息技术是第三方物流发展的基础。物流服务过程中，信息技术的发展实现了信息实时共享，促进了物流管理的科学化，极大地提高了物流效率和物流效益。

三、第三方物流的发展战略

（一）第三方物流发展战略的特征

基于我国当前企业的实际状况，我国第三方物流的发展战略应突出以下几点：

1. 资源战略

物流企业发展第三方物流，需要集中把握和有效运用企业经营资源，主要表现在：首先，实现第三方物流的调度管理，准确认识和深入分析企业经营资源的基础状况，正确选择第三方物流发展的方向。其次，积极探索企业资源的有效配置方式，有力促进第三方物流的发展速度。最后，认真研究企业资源的可持续发展问题，确保第三方物流的健康发展。因此，企业实施战略资源，以供应链管理重构业务流程，构筑第三方物流发展优势，就应把握资源转换方式，不断提高资源产出效益。

2. 联盟战略

物流企业发展第三方物流需要本着“优势互补、利益共享”的原则，借助产权方式、契约方式实行相互合作，共同拓展物流市场，降低物流成本，提高物流效益。首先是物流资源的联盟，将工业企业分散的物流资源、物流功能要素通过一定的方式联合在一起，形成物流一体化的资源优势。其次是物流地理区域和行业范围的联盟，根据各行各业的特性，在一定地理区域或一定行业范围实行物流联盟，形成高效直辖市运作体系。最后是与企业建立发展第三方物流的联盟，通过组建服务协会，协调和指导物流企业与工业企业在发展第三方物流中的各种关系。

3. 服务战略

物流企业发展第三方物流必须依托工业企业的发展，做到“来自企业、服务于企业”。主要把握四点：第一，必须依据工业企业的实际需要，设计和提供个性化物流服务理念。第二，必须关注市场需求变化，提供保障企业产品服务质量的服务措施。第三，必须深刻理解企业物流规律，建立完善的物流运作与管理的服务效益。

4. 创新战略

物流的发展过程就是一个不断创新的过程。物流企业发展第三方物流，实施创新战略，首先，要创新观念，打破传统思想，借鉴国际先进物流管理思想，与企业实践有机结合起来，探索具有中小企业物流特色的新思想和新方法。其次，要创新组织，充分运用现代信息技术手段，借助企业数量大面广的特点。建立网络化物流新型组织。再次，要创新服务，深入研究工业企业物流需求，通过引进、模仿和创新物流技术手段，不断设计、创新和提供有效的物流服务。最后，要创新制度，既要建立以产权制度为核心的现代企业制度，又要根据发展需要建立完善的合理物流管理体制。

5. 品牌战略

物流企业发展第三方物流必须确立品牌战略，充分发挥品牌效应，获取良好效益。首先，要树立物流发展的精品名牌意识，严格制定各项物流质量标准，才会不断提高物流服务水平。其次，要引进先进技术手段，设计创造物流服务的精品名牌意识，严格制定各项物流质量标准，以不断提高物流服务水平。最后，要强化物流技术与管理人员素质培训，建立优秀的物流人才队伍，确保企业名牌战略的实现。

（二）第三方物流发展的战略选择

除了高度垄断的行业，单个企业很难改变其所处的市场环境，那么其成功的决定因素就在于如何适应市场环境并采取正确的发展战略。按照国际上比较流行的市场营销理论，企业主要的竞争战略选择有三种：一是成本领先战略；二是集中化战略；三是差异化战略。这个理论基本可以覆盖或解释其他竞争理论，物流行业的竞争战略也可以用这个理论框架来解释。

1. 成本领先战略适合有实力的企业

当企业与其竞争者提供相同的产品和服务时，只有想办法做到产品和服务的成本长期低于竞争对手，才能在市场竞争中最终取胜，这就是成本领先战略。在生产制造行业，往往通过推行标准化生产，扩大生产规模来摊薄管理成本和资本投入，以获得成本上的竞争优势。而在第三方物流领域，则必须通过建立一个高效的物流操作平台来分摊管理和信息系统成本。在一个高效的物流操作平台上，当加入一个相同需求的客户时，其对固定成本的影响几乎可以忽略不计，自然具有成本竞争优势。

2. 集中化战略适合有一定自身优势的企业

集中化战略就是把企业的注意力和资源集中在一个有限的领域，这主要是基于不同的领域在物流需求上会有所不同，如 IT 企业更多采用空运和零担快运，而快速消费品更多采用公路或铁路运输。每一个企业的资源都是有限的，任何一个企业都不可能在所有领域都取得成功。第三方物流企业应该认真分析自身的优势所在及所处的外部环境，确定一个或几个重点领域，集中企业资源，打开业务突破口。集中化战略也告诉我们，在国内企业对第三方物流普遍认可之前，第三方物流企业必须集中于那些较为现实的市场。应该强调的是，这种集中化战略不仅仅指企业业务拓展方向的集中，更需要企业在人力资源的招募和培训、组织架构的建立、相关运作资质的取得等方面都要集中；否则，简单的集中只会造成市场机遇的错过和资源的浪费。

3. 起步较晚的新企业最可取的是差异化战略

差异化战略是指企业针对客户的特殊需求，把自己同竞争者或替代产品区分开来，向客户提供不同于竞争对手的产品或服务，而这种不同是竞争对手短时间内难于拷贝的。企业集中于某个领域后，就应该考虑怎样把自己的服务和该领域的竞争对手区别开来，从而打造自己的核心竞争力。如果具有特殊需求的客户能够形成足够的市场容量，差异化战略就是一种可取的战略。在实际市场拓展中，医药行业对物流环节 GMP 标准的要求，化工行业危险品物流的特殊需求，VMI 管理带来的生产配送物流需求，都给物流企业提供差异化服务提供了空间。其实，对于一个起步较晚的新企业，差异化战略是最为可取的战略。

在物流企业差异化战略的选择中,定位差异化和服务差异化是可供参考的两个基本思路。

（1）定位差异化。

定位差异化就是为顾客提供与行业竞争对手不同的服务与服务水平。通过顾客需求和企业能力的匹配来确定企业的定位，并以此定位来作为差异化战略的实质标志。差异化战略是以了解顾客的需求为起点，以创造高价值满足顾客的需求为终点。

企业可以先选出在物流行业内顾客可能比较关注的服务要素，如价格、准确性、安全性、速度等要素。然后根据这些要素来设计调查表，每个要素设计 0 ~ 10 的 11 个分数等级，让顾客根据自己的期望和要求给各个要素打分。了解顾客需要哪些服务以及哪些服务要素对顾客来讲是最重要的。

接下来企业要对自身的能力进行评估，看看自己能为顾客提供哪些服务。在决定企业的服务方向后，企业要制定自己的服务标准。

对顾客认为是锦上添花的服务要素，企业可保持在行业平均水平之下，因为这些服务并非是顾客所看重的。而那些顾客认为是可有可无的服务要素，企业完全可以取消，以此来降低成本。因此，在决定整体定位差异化的时候，必须要把顾客的需求、企业自身能力与竞争对手的服务水平三个要素综合起来考虑，以做到三者的协调统一。

（2）服务差异化。

服务差异化就是对不同层次的顾客提供差异化的服务。定位差异化强调的是与竞争对手的不同，而服务差异化则强调的是顾客的不同。

一般来说，物流企业依据其差异化战略可以把顾客分为三类：第一类是对企业贡献最大的前 5% 的顾客；第二类是排名次之的后 15% 的顾客；第三类是其余的 80%的顾客。根据著名的帕托累 20/80 原理，20% 的顾客创造了企业 80% 的利润。所以保留住这两类顾客就可保留住企业大部分利润来源。可见，第一类顾客是企业最重要的顾客，第二类顾客也是很重要的顾客，而第三类顾客则是相对次要的顾客。对于这三类顾客分别采取差异化的服务方针。

对这三类顾客，第一类顾客提供 VIP 服务，第二类顾客提供会员制服务，第三类顾客提供标准化服务，从而形成物流企业的服务差异化战略。

对第一类顾客的 VIP 化服务就是企业与这类顾客保持最紧密联系甚至结成战略联盟，采取主动积极的服务甚至做出一些超前的服务设想和服务储备。企业可以在组织结构业务流程等多方面去适应对方。为对方提供专人专项的服务，尽最大努力去满足对方的需求。可以为顾客提供一体化的物流服务，从顾客角度出发为顾客设计系统的物流流程，从而降低总的物流成本和提高顾客满意度。

四、第三方物流利弊分析

当今竞争日趋激化和社会分工日益细化的大背景下，物流外包具有明显的优越性，具体表现在以下几个方面：

（1）企业集中精力于核心业务。

（2）灵活运用新技术，实现以信息换库存，降低成本。

（3）减少固定资产投资，加速资本周转。

（4）提供灵活多样的顾客服务，为顾客创造更多的价值。

当然，与自营物流相比较，第三方物流在为企业提供上述便利的同时，也会给企业带来诸多的不利。这些不利因素主要有：企业不能直接控制物流职能；不能保证供货的准确和及时；不能保证顾客服务的质量和维护与顾客的长期关系；企业将放弃对物流专业技术的开发等。

五、第三方物流服务供应商的选择过程

（一）第三方物流服务供应商的选择步骤

要成功地选择合适的第三方物流服务商，可归纳为以下五个步骤：

（1）物流外包需求分析，这是制定外包策略的基础。在决定是否选择第三方物流服务时，首先应该对企业本身的物流过程进行分析，以确定当前的优势和存在的问题，从而明确物流外包活动的必要性与可行性。由于大多数第三方物流决策对企业目标的实现关系重大，所以通常对物流外包的需求分析需要花费较长时间。

（2）确立物流外包目标。确立物流外包目标是选择第三方物流服务供应商的指南，首先应该根据企业物流服务需求的特点确定选择的目标体系，并能有效地抓住几个关键目标，这也是后面企业对第三方物流服务供应商考核的主要依据。

（3）制定物流服务供应商的评价准则。在选择物流服务供应商时，首先必须制定科学、合理的评估标准。目前，企业在选择物流服务供应商时主要从物流服务的质量、成本、效率与可靠性等方面考虑。此外，由于第三方物流服务供应商与企业是长期的战略伙伴关系，因此，在考核第三方物流供应商时，企业也非常关注降低风险和提高服务能力的指标，如经营管理水平、状况、运作柔性、客户服务能力和发展能力。

（4）物流服务供应商的综合评价与选择。有效的评价方法是正确选择第三方物流服务供应商的前提，应该采用合理、有效的评价方法进行综合评价，才能保证选择结果的科学性。根据评价准则初步选出符合条件的候选供应商，将其控制在可管理的数量之内，然后采用科学、有效的方法，如层次分析法、模糊综合评判法、仿真等方法进行综合分析评价，通过这些评价方法可以确定两至三家分值靠前的供应商。要确定最终的第三方物流服务供应商，还需要注意企业与供应商的共同参与，以保证所获取数据及资料的正确性、可靠性，并对物流服务供应商进行实地考察。最后对各供应商提供的方案进行比较权衡，从而做出最终的选择。

（5）关系的实施。通过对供应商的考核评价并做出选择后，双方应就有关方面起草并签订合同，建立长期的战略合作伙伴关系。

（二）第三方物流服务战略伙伴关系的维护与优化

在与第三方物流企业签订物流合同以后，企业应从以下四个方面努力，致力于对第三方

物流进行优化，建立长期的伙伴关系，达到互惠互利的目标。

（1）密切与第三方物流企业的战略合作关系。

（2）强化与第三方物流企业的信息沟通。

（3）共同设计物流操作指南。

（4）对第三方物流企业进行动态考核。

第二节　国内外第三方物流发展状况

一、欧洲第三方物流

欧洲第三方物流（3PL）重工业比重要远远大于美国，在欧洲物流服务市场中，约 1/4 是第三方物流，远大于美国 10% 的比重。第三方物流作为一项外包服务行业，在欧洲并且在 90 年代出现激增。

（一）欧洲发展第三方物流的动因

欧洲推动第三方物流的发展是企业期望节省投资，将精力放在主要核心竞争方面，希望利用 3PL 的杠杆作用，减少分销总成本和改善服务。

还有一个主要原因是，在欧洲运作配送设施需要很高的成本和管理水平。欧洲劳动力支出较高，工会会费和税赋较重，还有法规和经营限制。欧洲的物流经营成本达到美国的 2 倍。所以，那些在欧洲开设分支机构的公司选择第三方管理和经营物流设施，3PL 企业得到不断扩大。

（二）欧洲的物流企业及其服务

物流需求的膨胀导致欧洲物流服务供应商剧增，由传统货运商转变为物流企业、基于美国的第三方物流、国家垄断和专有的货运业转来的第三方物流。在未来的几年，这些第三方物流给欧洲带来范围广泛的创新服务。

欧洲的第三方物流公司及其提供的服务与美国的第三方物流有很大的差异。欧洲第三方物流公司大致可以分为以下四个层次。

1. 服务范围广泛的大型物流企业

最高一层的大型物流企业为制造商提供范围广泛的服务，包括制作不同语言的标签和包装，帮助这些制造商在欧洲不同市场进行销售。在这一层次里，有一些处于领先和经营良好的欧洲物流公司，也有总部设在美国的物流公司，如 Ryder 物流、UPS 环球物流、Schneider 物流。欧洲公司 Schenker 国际物流，是德国 Schenker 国际集团的分支机构。Schenker 公司在欧洲各个主要市场从事转运、仓储、运输。这个公司在鹿特丹新开设的一座一体化物流中心，有 32 万平方英尺（2.97 万平方米），将作为欧洲的一个基础配送中心，处理到达的货柜和海空运再拼柜、运往欧洲客户的货运集配以及库存管理。这个物流中心同时是一个执行增值活动的中心，如装配、包装、产品定制等。

2. 从事传统物流的欧洲公司

经营规模小一点的 3PL 是被称为国际货运商的欧洲特有物流实体。这些企业拥有自己的资产，经营卡车货运、仓储、报关、包裹服务，通常有规定的地理或商品的核心。尽管许多大型的欧洲 3PL 几年以前已经开始提供这类服务，大多数国际货运商提供的服务至今尚未超出基本的物流服务。这些公司技术不高，并且资源有限，大多数业务起源于处理欧洲各国海关之间复杂的业务（目前这些业务已经消失）。这些公司最终会合并或离开这个行业。

3. 新兴的第三方物流公司

除了大型跨国物流公司和地区较小的物流企业，一种完全新兴的欧洲 3PL 比其他的货运服务商发展得更快。例如，欧罗凯集团、德国汉堡港主要的集装箱经营者，在意大利、法国、捷克、奥地利、葡萄牙也经营大多数集装箱站，已经建成了一个称为“鸥欣配送”（Oceangate Distribution）公司，为那些在中欧、南欧、东欧有业务的公司提供合同物流服务。欧欣公司经营的货架式仓储约 36 万平方英尺（3.34 万平方米）。欧欣公司在欧洲 42 个城市拥有仓储和配送能力。此外，欧欣公司也为零售商和制造商提供复杂的物流服务。

4. 大型国有机构加入第三方物流

欧洲另一个快速增长的第三方物流企业层次，是大型国有机构，如国家铁路公司和港务局。

二、美国第三方物流

美国在经济发展中不强调政府的管制作用，而要求企业按照市场化运作模式发展。第三方物流业的兴起就是市场化运作的核心体现。执行第三方物流的企业利用本公司或其他公司的物流资源，提供的物流服务除仓储和运输配送外，还有物料管理、直拨、库存管理、货物组配、干线运输、及时制交货（just in time）运费协商、国际多式联运等。他们的经营职能包括作业、管理、工程技术等。物流活动的领域有供应、制造、销售和回收等。这三方面的诸要素相互组合，构成各种第三方物流产品。

目前，美国使用第三方物流企业的比例较高，而且其需求方物流的收入以年均两位数的比例递增。美国第三方物流的需求仍在不断增长，整个美国第二制度政府对物流产业采取不干预的态度，主要是工商企业物流的迅速发展，主要得益于完善的合作，不用顾虑物流市场的运作和商业秘密的泄露问题。用户与物流服务提供者签订合码标签分拣挑拣、订单执行等业务，包括售后退货、修理更换、货将货物集运、库存管理、条物回收销毁、网络订单执以及电脑装配等销售渠道完全交付给物流合作户，为物流产业的发展提供了巨大的空间。此外，先进科技手段和广泛配送网络使自动化分拣存取系统等大型配送运输技术和先进的技术管理的使用成为可能。

第三方物流部门中增值最大的是仓储和配送业，此行业的许多公司属于国际仓储物流协会（IWLA），这个协会会员遍布北美的公共和合同仓储公司。IWLA 的会员公司的仓库面积平均每年以两位数的幅度增长，然而收入却是以将近两倍于仓库面积增长幅度的速度增长，这是由于增加的收入不仅来自于增加的储存收入，还来自于增值的服务收入。90% 的 IWLA 会员公司提供增值服务，如货物集运、库存管理、条码标签、分拣选拣、订单执行，并且还扩大到包括售后退货管理、修理更换、货物回收销毁、因特网订单执行和电脑装配等其他增值服务。推动第三方仓储业增长的动力是许多公司决定寻求外部专业仓储运作。据统计，现在有将近 1/3 的仓库是公共的或合同制经营。这个行业正在吸引新的加入者。

三、我国的第三方物流

（一）我国第三方物流发展现状

我国的第三方物流产业尚处于起步阶段，迫切需要政府部门的大力支持和推动，为现代物流的发展创造良好的宏观环境。目前，我国第三方物流市场规模还较小，而且高度分散。

1. 与发达国家相比，我国第三方物流还处于发展阶段

与发达国家相比，我国第三方物流还处于发展阶段。另外，我国从事第三方物流服务的企业，其前身一般是运输业、仓储业等从事物流活动及相关行业的企业，在转型过程中出现的一些问题，如产权无法确定、责任不落实，导致企业无法进一步发展，影响物流产业的整体状况和发展速度。

2. 外部环境的变化给我国第三方物流的发展带来机遇和挑战

首先，加入 WTO 给我国第三方物流企业带来很大的发展机遇。跨国公司投资的增加、进出口贸易的增长、国内市场竞争的加剧等变化，都促进第三方物流的需求量增加，并且对物流服务需求层次也不断提高，需求内容更趋复杂化、多样化，这些都需要强大的第三方物流服务作为支撑。其次，近年来我国出现的假日经济和会展经济等新经济热点，使厂家和商家的销售大幅度增长的同时，也产生了对快速响应的第三方物流服务的需求。最后，电子商务在我国的迅猛发展也为物流企业带来不可忽视的巨大机遇。电子商务推动下的物流管理以物流信息化为基础，这种新型的物流配送使商品流转较传统方式更加信息化、自动化、现代化和社会化，既减少了库存和资金积压，又降低了物流成本，提高了经济效益和社会效益。电子商务为第三方物流的发展提供了技术条件和市场环境，为物流功能集成和物流企业实现规模化经营创造了有利的条件。

3. 我国第三方物流企业在观念、设备、技术及人才方面存在不足

首先，我国的物流企业，由于对第三方物流没有正确的认识，对国内外第三方物流的发展规律也没有进行深入的分析，造成市场定位和业务的雷同，形成盲目竞争的局面。其次，我国大多数第三方物流企业缺乏具有专业物流知识、善于经营管理及营销管理的人才，物流

设施和技术也不符合服务要求。最后，我国第三方物流企业服务功能单一，增值服务功能薄弱。我国第三方物流企业收益的85%来自基础性服务，如运输管理和仓储管理，而增值服务、信息服务与支持物流的财务服务的收益只占总收益的极小部分。

4. 我国第三方物流的市场需求严重不足

首先，物流服务质量不高是导致需求不足的重要原因之一。目前，在我国寻求第三方物流服务的主要是跨国公司，而国内大多数企业，尤其是国有企业缺乏现代物流理念，对第三方物流能力存在质疑，对业务流程的失控存在一定的警惕性，所以很多企业对选择第三方物流持保守态度。其次，对物流服务的需求层次比较低，而且主要集中在对基本常规项目的需求上，对高增值性、综合性的物流服务，如库存管理、物流系统设计、物流总代理等的需求还很少，这也是导致第三方物流需求不足的重要原因。

（二）我国第三方物流业态分类

综观现今我国物流行业中第三方物流企业的经营业态，主要有以下两种：

第一，第三方物流企业接受客户委托，根据客户提出要求处理相关货物。

其实这种业态的经营模式实质上是一个委托的法律关系，从物流学理意义上属于初级业态。其表现形式是以处理委托人事务为目的，根据委托事项支付一定费用，受托人（物流企业）根据实际成本加上利润收受费用并提供相应服务。目前我国物流刚刚起步，因此大多数物流企业都是基于这层委托关系而成立的。

第二，物流企业根据客户要求，以物流企业名义向外寻求供应商、代理商、分销商，同时又向客户提供相应的仓储、运输、包装等服务，为客户设计物流计划。该模式往往是从事第三方物流服务的企业通过与固定客户（通常是连锁企业）建立稳定的契约关系，以物流企业的名义与生产建立广泛的商品关系，第三方物流和终端客户建立长时间联盟合作。这种经营模式是第三方物流的高级经营业态。

（三）中国第三方物流的发展思路

中国加入WTO，使国内市场国际化，会有更多的外资物流供应商进入国内物流市场，对中国第三方物流业形成严峻的挑战。当务之急是利用短暂的三年过渡期，采取切实有效的措施，加快我国第三方物流的发展，缩小与发达国家的差距。

1. 加快产权制度改革，激发企业活力

我国现有的第三方物流企业多数是从国有仓储、运输企业转型而来，带有许多计划经济的遗迹，难以适应国际市场竞争。因此，必须建立股权多元化的股份制企业和完善的法人治理结构，理顺权益关系，实现政企分开、所有权和经营权分离，保证企业按市场规则运作，激发企业活力，向现代物流业转化。特别是规模较大的企业，一方面，要进行内部的整合，优化内部资源配置；另一方面，要借助资本市场的力量，进行企业改制上市，吸收和利用社会闲散资金，克服资本金不足的缺陷，促使企业快速成长。

2. 以信息技术应用为核心，加强网点建设

信息化与否是衡量现代物流企业的重要标志之一，许多跨国物流企业都拥有“一流三网”，

即订单信息流、全球供应链资源网络、全球用户资源网络和计算机信息网络。借助信息技术，企业能够整合业务流程，能够融入客户的生产经营过程，建立一种“效率式交易”的管理与生产模式。在加入 WTO 的新形势下，物流市场从国内扩展到国际，能否有四通八达的网络愈发重要。企业要双管齐下抓网络建设：一方面，要根据实际情况建立有形网络，若企业规模大、业务多，可自建经营网点；若仅有零星业务，可考虑与其他物流企业合作，共建和共用网点；还可以与大客户合资或合作，共建网点。中远集团和小天鹅、科龙联合成立一家物流公司，合理配置异地货源，取得可观效益。另一方面，要建立信息网络，通过因特网、管理信息系统、数据交换技术（EDI）等信息技术实现物流企业和客户共享资源，对物流各环节进行实时跟踪、有效控制与全程管理，形成相互依赖的市场共生关系。

3. 培育具有国际竞争力的物流集团，实行集约化经营

必须打破业务范围、行业、地域、所有制等方面的限制，树立全国一盘棋的思想，整合物流企业，鼓励强强联合，组建跨区域的大型集团。而且只有兼并联合，才能合理配置资源和健全经营网络，才有可能将触角延伸至海外，参与国际市场竞争。

4. 强化增值服务，发展战略同盟关系

根据物流业的发展趋势，那些既拥有大量物流设施、健全网络，又具有强大全程物流设计能力的混合型公司发展空间最大，只有这些企业能把信息技术和实施能力融为一体，提供“一站到位”的整体物流解决方案。因此，中国物流企业在提供基本物流服务的同时，要根据市场需求，不断细分市场，拓展业务范围，以客户增效为己任，发展增值物流服务，广泛开展加工、配送、货代等业务，甚至还提供包括物流策略和流程解决方案、搭建信息平台等服务，用专业化服务满足个性化需求，提高服务质量，以服务求效益；公司要通过提供全方位服务的方式，与大客户加强业务联系，增强相互依赖性，发展战略伙伴关系。

5. 要重视物流人才培养，实施人才战略

企业的竞争归根到底是人才的竞争。我们与物流发达国家的差距，不仅仅是装备、技术、资金上的差距，更重要的是观念和知识上的差距。只有物流从业人员素质不断提高，不断学习与应用先进技术、方法，才能构建适合我国国情的第三方物流业。要解决目前专业物流人才缺乏的问题，较好的办法是加强物流企业与科研院所的合作，使理论研究和实际应用相结合，加快物流专业技术人才和管理人才的培养，造就一大批熟悉物流运作规律并有开拓精神的人才队伍。物流企业在重视少数专业人才和管理人才培养的同时，还要重视所有员工的物流知识和业务培训，提高企业的整体素质。

发展第三方物流是一项系统工程，仅靠物流企业自身的努力是远远不够的，还需要政府和行业协会的推动和调控作用，为第三方物流企业发展创造良好的外部环境。一是尽快建立健全相应的政策法规体系，特别是优惠政策的制定和实施，使第三方物流的发展有据可依；二是尽快建立规范的行业标准，实施行业自律，规范市场行为，使物流业务运作有规可循；三是发挥组织、协调、规划职能，统一规划，合理布局，建立多功能、高层次、集散功能强、辐射范围广的现代物流中心，克服条块分割的弊端，避免重复建设和资源浪费现象，促进第三方物流健康、有序发展。

第三节　第四方物流

与第三方物流不同，第四方物流不是简单地为企业客户的物流活动提供管理服务，而是通过对企业客户所处供应链的整个系统或行业物流的整个系统进行详细分析后提出具有指导意义的解决方案。第四方物流服务供应商本身并不能单独地完成这个方案，而是要通过物流公司、技术公司等多类公司的协助才能将方案得以实施。第三方物流服务供应商能够为企业客户提供相对于企业的全局最优，却不能提供相对于行业或供应链的全局最优，因此第四方物流服务供应商需要先对现有资源和物流运作流程进行整合和再造，从而达到解决方案所预期的目标。第四方物流服务供应商的整个管理过程大概可设计四个层次，即再造、变革、实施和执行。

一、第四方物流的基本概念

第四方物流（fourth party logistics）是一个供应链的集成商，是供需双方及第三方物流的领导力量。它不是物流的利益方，而是通过拥有的信息技术、整合能力以及其他资源提供一套完整的供应链解决方案，以此获取一定的利润。它是帮助企业实现降低成本和有效整合资源，并且依靠优秀的第三方物流供应商、技术供应商、管理咨询以及其他增值服务商，为客户提供独特和广泛的供应链解决方案。

预测表明，作为能与客户的制造、市场及分销数据进行全面、在线连接的一个战略伙伴，第四方物流与第三方物流一样，可以在可预见的将来得到广泛的应用。但是，业内人士认为，目前，第四方物流的概念还处于初级阶段，要想真正实现还需要一段时间。

二、第四方物流的特征与作用

（一）第四方物流的特征

第四方物流主要有以下三个特征：

（1）第四方物流有能力提供一整套完善的供应链解决方案，是集成管理咨询和第三方物流服务的集成商。

（2）第四方物流通过对供应链产生影响的能力来增加价值，在向客户提供持续更新和优化的技术方案的同时，满足客户的特殊需求。

（3）成为第四方物流企业需具备一定的条件，如能够制定供应链策略、设计业务流程再造、具备技术集成和人力资源管理的能力；如在集成供应链技术和外包能力方面处于领先地位，并拥有较雄厚的专业人才；如能够管理多个不同的供应商并具有良好的管理和组织能力等。

（二）第四方物流的作用

第四方物流是咨询服务和第三方物流以及技术支持相结合的产物。所以它综合了咨询管理和第三方物流的优点，能从比较大的范畴去改善整个供应链的管理，对供应链的复杂要求做出高效率的反应。第四方物流对供应链中的作用体现在以下几个方面：

1. 供应链流程再造或供应链过程的再设计

供应链过程中，真正的显著改善可以通过各个环节计划和运作的协调一致来实现，也可以通过各个参与方的通力协作来实现。供应链再造改变了供应链管理的传统模式，整合和优化了供应链内部和与之交叉的供应链的运作，将商贸战略与供应链战略连成一线，创造性地重新设计了参与者之间的供应链，使之达到一体化标准。4PL 服务供应商通过物流运作的流程再造，使整个物流系统的流程更合理、效率更高，从而将产生的利益在供应链的各个环节之间进行平衡，使每个环节的企业客户都可以受益。

2. 供应链节点企业之间的功能转化

4PL 通过采用领先和高明的技术，加上战略思维、流程再造和卓越的组织变革管理，共同组成最佳方案，实现对供应链活动和流程的整合和改善。

3. 业务流程再造

即流程一体化、系统集成和运作交接。一个第四方物流服务商帮助客户实施新的业务方案，包括业务流程优化，客户公司和服务供应商之间的系统集成，以及将业务运作转交给 4PL 的项目运作小组。项目实施过程的最大目标，是避免把一个设计得非常好的策略和流程实施得恰到好处，从而全面发挥方案的优势，达到项目的预期成果。

4. 开展多功能、多流程的供应链管理

第四方物流供应商可以承担多个供应链职能和流程的运作责任，工作范围远远超越了传统的第三方物流的运输管理和仓库管理的运作，还包括制造、采购、库存管理、供应链信息技术、需求预测、网络管理、客户服务管理和行政管理等。通常的 4PL 只是从事供应链功能和流程的一些关键技术部分。总之，4PL 通过提供一个全方位的供应链解决方案，这个方案关注供应链管理的各个方面，既提供持续更新和优化的技术方案，同时又能满足客户的独特需求。

三、第四方物流的运作模式

第四方物流结合自身的特点可以有三种运作模式来进行选择，虽然它们之间略有差别，但是都是要突出第四方物流的特点。

（一）协同运作模型

该运作模式下，第四方物流与第三方物流只有内部合作关系，即第四方物流服务供应商不直接与企业客户接触，而是通过第三方物流服务供应商将其提出的供应链解决方案、再造的物流运作流程等进行实施。这就意味着，第四方物流与第三方物流共同开发市场，在开发的过程中第四方物流向第三方物流提供技术支持、供应链管理决策、市场准入能力以及项目管理能力等，它们之间的合作关系可以采用合同方式绑定或采用战略联盟方式形成。

（二）方案集成商模式

该运作模式下，第四方物流作为企业客户与第三方物流的纽带，将企业客户与第三方物流连接起来。这样企业客户就不需要与众多第三方物流服务供应商进行接触，而是直接通过第四方物流服务供应商来实现复杂的物流运作管理。在这种模式下，第四方物流作为方案集成商除了提出供应链管理的可行性解决方案外，还要对第三方物流资源进行整合、统一规划，为企业客户服务。

（三）行业创新者模式

行业创新者模式与方案集成商模式有相似之处：都是作为第三方物流和客户沟通的桥梁，将物流运作的两个端点连接起来。两者的不同之处在于，行业创新者模式的客户是同一行业的多个企业，而方案集成商模式只针对一个企业客户进行物流管理。这种模式下，第四方物流提供行业整体物流的解决方案，这样可以使第四方物流运作的规模更大限度地扩大，使整个行业在物流运作上获得收益。

第四方物流无论采取哪一种模式，都突破了单纯发展第三方物流的局限性，能真正的低成本运作，实现最大范围的资源整合。第四方物流可以不受约束地将每一个领域的最佳物流提供商组合起来，为客户提供最佳物流服务，进而形成最优物流方案或供应链管理方案。而第三方物流要么单独，要么通过与自己有密切关系的转包商来为客户提供服务，它不太可能提供技术、仓储与运输服务的最佳结合。

四、我国第四方物流发展分析

（一）我国第四方物流的市场机会

现全国公路货运车辆统计数字为约 600 万辆，扣除停运、小吨位、短途等情况，按保守估计，活跃在长途货运业务方面的车辆有 100 万辆左右。长途货车作为独立运营、自我管理的生产资料已多数由个人拥有或承包性拥有。我国货运车辆的运营方式如下：

1. 车主在所在地通过运输公司承揽货源

在车辆出发地，车主通过运输公司承揽货源，处理当地关系，上缴利润和管理费。运价因货物、方向不同约在 0.5 ~ 0.9 元/（吨·千米），现运营（以现空驶率水平计算）成本约 0.4 ~ 0.45 元/（吨·千米）。

2. 车主在货物到达地寻找货源

在货物到达地，不论是个人车辆还是运输公司车辆，均表现为一辆返程的空车，迫切需要回程货物。但是作为外地的返程车辆寻找货源面临许多困难。例如，当地没有专人长时间负责承销工作，无法取得货源；不知合适的货源在哪里；很难取得货主信任；无法满足较大货主货运的多方向、多批量运力要求和提货计划性；无法有效地将零散货物集成一车承运；返程车的极强目的性（必须返回出发地）和时效性（不能等太长时间）更加重了以上各项困难。所以目前只能适用于临时和小型货主，运价一般在 0.15 ~ 0.25 元/（吨·千米），只有本地发车运价的 50% 左右。

3. 市场衍生了15万家小型货运代理公司

由于外地的返程车辆空车极多，市场衍生了大量专门以返程车为车源的小型货运代理公司，现时全国约15万家这样的配载站。他们利用本地优势和返程车的低价，专门寻找货源为返程车服务，从中赚取利润。其在形象、信誉、管理、没有异地配合及只擅长承运1～2条单线等方面受限制，只能承运那些小型货主和私人货物，承运价也较低。毛利率一般为整车的10%～30%，零担30%～50%，遇到个别大货主的临时货源则有50%～100%的毛利率。但因业务流程中没什么人工以外其他费用，纯利率较高。另外，也有少量大型运输企业派驻外地的办事处，作用等同于配载站，但不如货代公司效益好。

基于以上原因，这个市场存在以下两大新市场的需求和新增的利润空间：

（1）打造信息交流平台的需求。

配货市场供需之间急需信息交流、搭配、交易的网络平台，这也是第四方物流应用平台建搭起始点。将市场中极为分散、无序流动的信息集中起来交流和搭配，以增加信息的有效利用率和利用后的利润率。从市场的现状来看，每年已有400亿元～500亿元的运输营业额，有20亿元～30亿元的利润在市场的中间代理层中流动。仅对其中的物流做有效组织，提供真正的有效交流平台，至少可以新增利润10亿元～15亿元。例如，减少车辆等待时间，绕驶里程，增加利用量，增加搭载量等可以多使用返程车和使返程车多拉货，少绕驶等。这些效益是明显的，需求是急迫的，这也是行业内所共识的。

因此，现有公司欲以此需求为基础建网，有仅靠收取供需双方的一方入网费做利润来源的计划。例如，车/年收取增值服务费500元，首年度以吸收10万量车为目标，即有5000万/年收益，以此为基础，再寻求收取几十倍于此的交易费。

（2）为大中型货主实现配货行业的电子商务化。

除以上所述，实际市场上还有一个大得多的潜量，即现未使用返程车源的大、中型货主，只有实现配货行业的电子商务化才能符合他们的需要。现400亿元～500亿元营运额仅占总公路货运营运额的1/3，毕竟每个返程车都是那些以0.5～0.9元/（吨·千米）的价格，承运那些大中货主的货源后形成的。而2001年全部公路货运总量也仅占各项运输总量的18%，铁路运输所占比例更大，也就是说，在达到双程车之前，返程车这个市场至少还有额外200亿元的发展空间，如向铁路争货源那就大得多了。返程公路运价已不高于铁路运价，还具有门到门、快捷方便等优势。这个市场空间只能靠第四方物流公司，以网络优势和系统内部电子商务逐步与货主搭接来实现。

（二）如何发展我国第四方物流

在我国蓬勃发展的物流领域，正当第三方物流成为企业日益关注的焦点之时，业界已开始发展第四方物流。但我国的物流服务商真正要发展成第四方物流供货商，还有一段颇长的路要走。

中国加入世界贸易组织后，企业正面临着经济体制环境的变化，物流成为我国重点发展的主要事项。在不断增加政府的资源，企业物流的资源，以及中国对外开放、增加国外资本投入的情况下，大大提高物流业的效益，既可以为物流企业创造“第三方利润源”，也可以为第四方物流打好基础。

1. 以发展第三方物流为基础

我国如要发展第四方物流，首先要大力发展第三方物流企业，为第四方物流发展作为铺垫。因为第四方物流是在第三方物流整合社会资源的基础上再进行整合的。只有大力发展第三方物流企业，第四方物流才有发展的基础。

2. 结合电子商务和现代物流

我国目前正在推进信息化进程，同时物流业在国民经济中占一个很重要的地位，把当前蓬勃发展的电子商务和现代物流产业结合起来是培育第四方物流的最佳途径。

3. 打造第四方物流的应用平台

要发展第四方物流，必须打造第四方物流的应用平台（Application Services Platform），建立统一规范，通过统一网络平台，整合不同物流企业的资源。这样才能增加物流的透明度，提供更加全面的供应链集成服务给予客户。发展成真正的第四方物流企业，也可以大大提高中国物流业的水平。

4. 加强政府在物流政策上的支持

要求政府抓紧物流基础建设、产业服务和规范工作。例如，建立统一商品条形码标准，鼓励物流企业技术创新、加快物流人才培养、加大物流人才引进力度、鼓励外商投资我国物流业等。

五、第四方物流与第三方物流的异同

第四方物流与第三方物流相比，其服务的内容更多，覆盖的地区更广，对从事货运物流服务的公司要求更高，要求它们必须开拓新的服务领域，提供更多的增值服务。“四方物流”的优越性，是它能保证产品“更快、更好、更廉”地送到需求者手中。当今经济形势下，货主/托运人越来越追求供应链的全球一体化，以适应跨国经营的需要。跨国公司由于要集中精力于其核心业务因而必须更多地依赖于物流外包。基于此，它们不只是在操作层面上进行外包，而且在战略层面上也需要借助外界的力量，昼夜期间都能得到“更快、更好、更廉”的物流服务。

第三方物流要么单独提供服务，要么通过与自己有密切关系的转包商来为客户提供服务，它不大可能提供技术、仓储和运输服务的最佳整合。因此，第四方物流成了第三方物流的“协助提高者”，也是货主的“物流方案集成商”。第三方物流供应商为客户提供所有的或一部分供应链物流服务，以获取一定的利润。第三方物流公司提供的服务范围很广，它可以简单到只帮助客户安排一批货物的运输，也可以复杂到设计、实施和运作一个公司的整个分销和物流系统。第三方物流有时也被称为“承包物流”“第三方供应链管理”，以及其他一些称谓。第三方物流公司和典型的运输或其他供应链服务公司的关键区别在于，第三方物流的最大附加值是基于自身特有的信息和知识，而不是靠提供最低价格的一般性的无差异的服务。“第三方物流”的主要利润来自“效率的提高”及“货物流动时间的减少”。

然而，在实际的运作中，由于大多数第三方物流公司缺乏对整个供应链进行运作的战略性专长和真正整合供应链流程的相关技术，于是第四方物流正日益成为一种帮助企业实现持续运作成本降低和区别于传统的外包业务的真正的资产转移。第四方物流依靠业内最优秀的第三方物流供应商、技术供应商、管理咨询顾问和其他增值服务商，为客户提供独特和广泛的供应链解决方案。这是任何一家公司都不能单独提供的。

埃森哲公司最早提出了第四方物流的概念，从定义上讲，“第四方物流供应商是一个供应链的集成商，它对公司内部和具有互补性的服务供应商所拥有的不同资源、能力和技术能进行整合和管理，并提供一整套供应链解决方案”。

在埃森哲公司提出“第四方物流”这个专有名词之后，其他咨询公司也开始使用类似的服务，称之为“总承包商”或“领衔物流服务商”。无论称谓如何，这些新型的服务供应商可以通过其影响整个供应链的能力来为客户提供更为复杂的供应链解决方案和价值。第四方物流可以使迅速、高质量、低成本的产品运送服务得以实现，进一步向零库存的目标迈进。

【课后习题】

1. 第三方物流的优点不包括（　　）。

A. 灵活运用新技术　　B. 提供灵活多样的服务

C. 送货速度更快　　D. 企业集中精力于核心业务

2. 第三方物流的概念起源于（　　）。

A. 传统的对外委托　　B. 企业业务的外包

C. 专业的运输、仓储业　　D. 信息技术的发展

3.（　　）是对供应链流程进行再造。

A. 第一方物流　　B. 第二方物流

C. 第三方物流　　D. 第四方物流

4.（判断）第三方物流简称 TPL。（　　）

5.（判断）物流一体化是物流运作的更低级阶段。（　　）

6.（判断）第四方物流成功的关键在于为顾客提供最佳的增值服务，即迅速、高效、低成本和人性化服务。（　　）

7. 简述第三方物流的优势。

8. 简述第三方物流的特征。

附录一 物流标准

一、术语标准

1. GB/T 10113—2003 分类与编码通用术语
2. GB/T 12905—2000 条码术语
3. GB/T 17271—1998 集装箱运输术语
4. GB/T 18041—2000 民用航空货物运输术语
5. GB/T 18354—2006 物流术语
6. GB/T 18811—2012 电子商务基本术语
7. GB/T 1992—2006 集装箱术语
8. GB/T 3716—2000 托盘术语
9. GB/T 3730.1—2001 汽车和挂车类型的术语和定义
10. GB/T 3730.3—1992 汽车和挂车类型的术语和定义车辆尺寸
11. GB/T 4122.1—2008 包装术语 第 1 部分：基础
12. GB/T 4122.3—2010 包装术语 第 3 部分：防护
13. GB/T 4122.4—2010 包装术语 第 4 部分：材料与容器
14. GB/T 4122.5—2010 包装术语 第 5 部分：检验与试验
15. GB/T 4122.6—2010 包装术语 第 6 部分：印刷
16. GB/T 5620—2002 道路车辆 汽车和挂车 制动名词术语及其定义
17. GB/T 6104—2005 机动工业车辆术语
18. GB/T 7179—1997 铁路货运术语
19. GB/T 8226—2008 道路运输术语
20. GB/T 8487—2010 港口装卸术语
21. GB/T 8568—2013 铁路行车组织词汇
22. GB/T 14521—2015 连续搬运机械术语
23. GB/T 20839—2007 智能运输系统通用术语
24. GB/T 23156—2010 包装 包装与环境术语
25. GB/T 23418—2009 航空货运及地面设备术语
26. GB/T 25159—2010 包装术语 非危险货物用中型散装容器
27. GB/T 29108—2012 道路交通信息服务术语
28. JB/T 10823—2008 自动化立体仓库术语
29. JT/T 392—2013 港口装卸工属具术语
30. SB/T 10722—2012 生产资料流通术语
31. SY/T 7031—2016 油气储运术语

32. TB/T 1938—1987　铁路装卸名词术语
33. TB/T 2689.1—1996　铁路货物集装化运输 词汇
34. WB/T 1042—2012　货架术语
35. GB/T 26337.2—2011　供应链管理 第 2 部分：SCM 术语

二、综合类标准

1. GB/T 18769—2003　大宗商品电子交易规范
2. GB/T 19680—2013　物流企业分类与评估指标
3. GB/T 19580—2012　卓越绩效评价准则
4. GB/T 20523—2006　企业物流成本构成与计算
5. GB/T 21072—2007　通用仓库等级
6. GB/T 21334—2008　物流园区分类与基本要求
7. GB/T 22126—2008　物流中心作业通用规范
8. GB/T 23794—2015　企业信用评价指标
9. GB/T 18769—2003　大宗商品电子交易规范
10. GB/T 19680—2013　物流企业分类与评估指标
11. GB/T 19580—2012　卓越绩效评价准则
12. GB/T 20523—2006　企业物流成本构成与计算
13. GB/T 21072—2007　通用仓库等级
14. GB/T 21334—2008　物流园区分类与基本要求
15. GB/T 22126—2008　物流中心作业通用规范
16. GB/T 23794—2015　企业信用评价指标
17. GB/T 24358—2009　物流中心分类与基本要求
18. GB/T 24359—2009　第三方物流服务质量要求
19. GB/T 24361—2009　社会物流统计指标体系
20. GB/Z 26337.1—2010 供应链管理 第 1 部分：综述与基本原理管理
21. GB/T 27923—2011　物流作业货物分类和代码
22. GB/T 28531—2012　运输通道物流绩效评估与监控规范
23. GB/T 29184—2012　物流单证分类与编码
24. GB/T 29187—2012　品牌评价 品牌价值评价要求管理
25. GB/T 29590—2013　企业现场管理准则
26. GB/T 30331—2013　仓储绩效指标体系
27. GB/T 30333—2013　物流服务合同准则
28. GB/T 30334—2013　物流园区服务规范及评估指标
29. GB/T 30336—2013　物流景气指数统计指标体系
30. GB/T 30337—2013　物流园区统计指标体系
31. GB/T 30674—2014　企业应急物流能力评估规范
32. GB/T 30676—2014　应急物资投送包装及标识

33. GB/T 31863—2015 企业质量信用评价指标
34. GB/T 31870—2015 企业质量信用报告编写指南
35. GB/T 31950—2015 企业诚信管理体系
36. JT/T 947—2014 港口危险货物经营企业安全生产标准化规范
37. MH/T 0056—2015 民航国内货运简化联运开账数据规范
38. SB/T 10961—2013 流通企业食品安全预警体系
39. SJ/T 10466.12—1993 搬运、贮存、包装、交付质量控制指南
40. WB/T 1039—2008 物流定量预测
41. WB/T 1040—2012 物流企业客户满意度评估规范
42. WB/T 1055—2015 物流从业人员职业能力要求 第 1 部分：仓储 配送作业与作业管理
43. WB/T 1056—2015 物流从业人员职业能力要求 第 2 部分：运输 运输作业与作业管理

附录二　物流术语中英文对照

1. 物品 goods
2. 物流 logistics
3. 物流活动 logistics activity
4. 物流管理 logistics management
5. 供应链 supply chain
6. 供应链管理 supply chain management
7. 物流服务 logistics service
8. 一体化物流服务 integrated logistics service
9. 第三方物流 third party logistics （TPL）
10. 物流设施 logistics facilities
11. 物流中心 logistics center
12. 区域物流中心 regional logistics center
13. 配送 distribution
14. 配送中心 distribution center
15. 物流园区 logistics park
16. 物流企业 logistics enterprise
17. 物流模数 logistics modulus
18. 物流技术 logistics technology
19. 物流成本 logistics cost
20. 物流网络 logistics network
21. 物流信息 logistics information
22. 物流单证 logistics documents
23. 物流联盟 logistics alliance
24. 企业物流 enterprise logistics
25. 供应物流 supply logistics
26. 生产物流 production logistics
27. 销售物流 distribution logistics
28. 军事物流 military logistics
29. 国际物流 international logistics
30. 精益物流 lean logistics

31. 逆向物流 reverse logistics
32. 废弃物物流 waste material logistics
33. 军地物流一体化 integration of military logistics and civil logistics
34. 全资产可见性 total asset visibility
35. 配送式保障 distribution-mode support
36. 应急物流 emergency logistics

参考文献

[1] [日]阿保荣司. 物流基础[M]. 黎志荣，译. 北京：人民交通出版社，1989.
[2] 鲍吉龙. 物流信息技术[M]. 北京：机械工程出版社，2010.
[3] 储雪俭. 现代物流管理教程[M]. 北京：上海三联书店，2002.
[4] 崔介何. 物流学概论[M]. 北京：北京大学出版社，2004.
[5] 丁立言，张立. 物流基础[M]. 北京：清华大学出版社，2001.
[6] 董千里. 高级物流学[M]. 北京：人民交通出版社，1999.
[7] 董千里. 现代物流企业管理[M]. 北京：首都经济贸易大学出版社，2008.
[8] 庚晋，周洁. 漫话绿色包装[J]. 中国环保产业，2002（21）.
[9] 菊池康. 物流管理[M]. 丁立言，译. 北京：清华大学出版社，2005.
[10] 董海. 设施规划与物流分析[M]. 北京：机械工业出版社，2005.
[11] [美]科特勒，凯勒. 营销管理[M]. 王永贵，译. 北京：格致出版社，2009.
[12] 李国峰. 第三方物流[M]. 北京：哈尔滨工业大学出版社，2009.
[13] 李日保. 现代物流信息化[M]. 北京：经济管理出版社，2005.
[14] 李卫东，刘延平. 物流统计学[M]. 北京：北京交通大学出版社，2006.
[15] 梁金萍. 现代物流学[M]. 北京：东北财经大学出版社，2002.
[16] 孟祥如. 现代物流管理[M]. 北京：人民交通大学出版社，2001.
[17] 千高原，梭伦. 库存管理胜经[M]. 北京：中国纺织出版社，2001.
[18] 芮桂杰. 第三方物流[M]. 北京：中国财政经济出版社，2008.
[19] 宋华，胡左浩. 现代物流与供应链管理[M]. 北京：经济管理出版社，2000.
[20] 孙林岩，王蓓. 逆向物流的研究现状和发展趋势[J]. 中国机械工程，2005（10）.
[21] [日]田中一成. 库存管理[M]. 顾月花，译. 北京：文汇会出版社，2002.
[22] 王长琼. 逆向物流[M]. 北京：中国物资出版社，2007.
[23] 王欣兰. 物流成本管理[M]. 北京：北京交通大学出版社，2010.
[24] 王之泰. 新编现代物流学[M]. 北京：首都经济贸易大学出版社，2008.
[25] 翁心刚. 物流管理基础[M]. 北京：中国物资出版社，2002.
[26] 叶怀珍. 现代物流学[M]. 北京：高等教育出版社出版，2006.
[27] 叶杰刚. 配送：运行与发展[M]. 北京：经济管理出版社，1999.
[28] 伊启泰. 铁路货运组织[M]. 北京：西南交通大学出版社，2009.
[29] 詹姆士・斯托克，丽萨・埃拉姆. 物流管理[M]. 北京：电子工业出版社，2003.
[30] 张理物. 物流管理导论[M]. 北京：清华大学出版社，2009.
[31] 张耀平. 仓储技术与库存管理[M]. 北京：中国铁道出版社，2007.
[32] 周启蕾. 物流学概论[M]. 北京：清华大学出版社，2009.
[33] 朱强，阎子刚. 运输管理实务[M]. 北京：中国物资出版社，2006.